她來了

後五四新文化女權觀，
激越時代的婦女與革命，
1920～1930

柯惠鈴——著

自序

一九八〇至九〇年代間，臺灣婦女與性別研究正方興未艾。美國女性主義學者的理論著作，以及西方有關中國婦女歷史的學術研究，如 Kate Milllett、Margery Wolf、Emily Honig、Judith Stacey、Elisabeth Croll、Kay Ann Johnson 等人的專著，在我知識欲望的渴求下貪嚼狂嚥，幾乎通通讀完。此後一頭栽進近代中國婦女與性別研究，以迄於今。現在回頭看看這些對我具有震聾發聵影響力的學術作品，多半是以「左派」觀點來看待中國革命與婦女解放，他們所關注的是社會主義與中國女權究竟能否攜手並進。隨著二十世紀遠去，一九八〇至九〇年代的議題不僅重要性沒有消減，反更見其為引導研究二十世紀關於近代中國女權與婦女運動一個重要的線索。

在逐步增加的研究與閱讀中，關於近代中國女權與婦女解放在歷史轉變中的「延續」與「斷裂」問題，漸漸深植在我的腦海中，特別是關於近代中國的婚姻、家庭變遷研究，隱然都觸碰這個問題。回想最初在摸索近代中國女權與性別研究的門徑時，我已懵懂地認為「延續」與「斷裂」，在近代中國婦女歷史研究中有獨特的轉變脈絡可尋。所以，追尋歷史中的婦女運動圖像，不但須聯繫近代中國歷史的其他研究領域，同時還要構築婦女與性別研究自身的歷史解釋。

屬於我個人研究經歷的「延續」與「斷裂」，也有跡可尋。二〇一六年十一月十三日，我與友人特意前往臺北凱達格蘭大道前，貼近觀察由「下一代幸福聯盟」主辦的群眾集會，藉以深入瞭解在臺灣已經熱議沸騰的同性婚姻合法化議題。這次親臨其境的訪查，走入群眾中，不久手上就多了張「公民意見連署書」，標題寫著「婚姻家庭，全民決定，子女教育，父母決定」，或許是為了凸顯反同性婚姻合法議題，這個標題簡潔有力，但我當下卻不能馬上明白這四句話該如何解讀？我把這份資料當成「歷史資料」，鄭重留了下來。這次的集會、文宣標題釋放時代遽烈變革的矛盾訊息，而我卻不由自主跌進歷史深邃幽遠的莫測變化中。我一再對身旁友人說，你知道嗎？他們所談的，要修改的那部界定婚姻制度的《民法》，是國民政府一九三〇年在南京公布的，這部民法有繼承五四婚姻觀也有當時德國、日本一夫一妻制精神的模仿。《民法》的歷史性與當下贊成同婚與反對同婚，看起來似乎沒有太密切的關係，事實上，對我一個始終對近代中國婦女與性別研究有濃厚興趣的人來說，卻是一幕幕歷史變動中，婦女運動及女權起起落落的真實歷史場景。

上個世紀的一九二四年三月八日，中國婦女在廣東迎接第一個「三八婦女節」，自此這個由國民革命運動介紹給婦女的節日，成為中國婦女與國際接軌，宣示性別權利與號召團結的特定紀念日。三月八日，算是全球性的婦女節，各國婦女在當日的慶祝活動，有時會跨越國族、跨過階級，有些地區則始終難逃政治的擺弄。近代中國歷史反覆印證，婦女運動及女權若離開政治，往往就會迅速消褪，乏人問津，國家、法律向來是女權提升中可靠的支柱，這就是為什麼從辛亥革命到國民革命到二十一世紀臺灣，女權和婦女運動與革命、政治牽連如此之深。女權議題，真的都是為婦女嗎？在與政治合作時，婦女的利益是否也被出賣了？或者政治永遠擺脫不了權力的操弄，婦女的權利不過是塗抹政治面目的胭脂？

二十一世紀臺灣的婚姻權議題，與上個世紀三八婦女節進入中國的兩個情節有了呼應，觸動了我重新回頭整理這十年來，陸續寫出有關中國一九二〇年代婦女與革命的研究成果。一九二〇年代距今已近百年，那是中國從五四走向以黨治國，最關鍵的十年，當年國、共兩黨對於婦女運動及女權都有明確的主張與想法。後來，兩黨分家，再後來，兩黨各自建立政權，並治理國政，在婦女政策及女權保護上也走出不同的道路。十年以前，我的學位論文就曾經注意一九二〇年代國、共婦女運動的合與分，同時，還有兩篇文章寫到訓政及左派革命女性問題。不過，當時缺乏對二十世紀一個通貫性的理解。十年過去了，不論是近代史研究或是當代臺灣女權的進展，都給我新的啟發、視野與研究視角，對於一九二〇年代的婦女與性別做出了完全不同於十年前的詮釋，而這個看法，自信的說，當然更加成熟。

十年走來，在近代中國婦女與性別史研究上，又跨入抗戰時期。戰爭與性別，其歷史圖景又與革命、政治與性別，不盡相同。研究戰爭中婦女的掙扎、生存於國族愛國聲浪中的裂罅，當然有助於我重新釐清、認識一九二〇年代的婦女運動與女權問題的本質，畢竟，歷史臍帶難於割裂，而我也產生了書寫近代中國婦女史三部曲的想法。二〇〇五年拙作，《近代中國革命運動中的婦女（1900s—1920s）》，由山西教育出版社出版。今年二〇一八年，《她來了：五四新文化女權觀，激越時代的婦女與革命，一九二〇—一九三〇》，由臺灣商務印書館出版，三部曲中已完成二部。第三部，戰爭中大後方的婦女社會群像，正在醞釀中。

臺灣商務印書館出版我的近代中國婦女研究的第二部曲，也算是個人在學術歷程中一個小小的里程碑。要感謝的人好多，最重要的是我的家人，對我的敦促與鼓勵，書寫過程中的種種困難，在他們的打氣下，一一克服，同時他們也分享我思考後的興奮與收獲。此外，輔仁大學歷史系的林桶法教授，大力催生本書的出版，他是我在政治大學讀碩、博士班的學長，在學術道路上照扶提攜，令我感念。美國紐約大學的柯瑞佳（Rebecca Karl）教授，是一位灑脫、走在時代前端的女性，她的書、她的想法，引領也啟發了我一些獨特的思考。還有許多的師長，游鑑明教授、羅久蓉教授，研究上成績斐然，是對我愛護有加的老師。在同一領域研究行伍中的好友，如連玲玲教授，我們曾共同合作，努力推動婦女與性別研究在臺灣繼續扎根。重慶大學的張瑾教授，對查閱檔案的遠方女子照拂有加，深情厚意銘刻於心。此外，母校政大的李素瓊助教、蕭淑慧助理，她們對我的書，在校對上花了許多功夫，還有好友高純淑教授及學弟陳佑慎博士鼎力相助，他們幫我檢閱書中文字，可謂鉅細靡遺，這是繁瑣又累人的工作，我對他們心存感激也就不言可喻。最後要感謝的是臺灣商務印書館的幾位朋友，其中徐平先生對我的專書出版，不憚其煩地溝通、聯繫，總編輯李進文先生悉心閱後的建議，全都點滴在心。

個人的研究總是跌跌撞撞，有時「柳暗」，忽的又「花明」，一路走來，實不知前方將會碰見什麼。最近一趟四川行，在四川省檔案館裏蒐集有關抗戰四川婦女會的資料，偶然間，一個受訓並被派往四川省某縣視察的女性名字，躍入眼簾，她是呂曉道，一九二〇年代南京婦女部的一位知名職員，同時也是國民黨女黨員。四〇年代，她成了眾多視察地方政治的男士中，獨一無二的顯眼女性，一九五〇年代後在臺灣任國民黨中央婦女運動委員會執行委員，在臺灣的婦運經驗承續自大陸時期。與呂曉道同樣崛起於一九二〇年代，活躍又備受矚目的是左派女性胡蘭畦，抗戰期間，她是第三黨。進入一九五〇年代，在社會主義政權塑造新時代婦女身分時，卻受盡折磨與拷問。呂曉道與胡蘭畦對照，近代中國女權的曲折歷史，一覽無遺，令人唏噓。近代中國的時代變動，牽引著婦女與性別的跌宕起落，強烈吸引我且又常使我驚悚不已。這是我決定著手梳理上個世紀從晚清到抗戰中國女權發展軌跡的最主要動機。這第二部曲對我來說，是自己性別史研究的承先工作，更是惕勵自己的啟後事業，最近的未來，我一定得接著完成我近代中國婦女史的「第三部曲」。

柯惠鈴　誌

二〇一八年六月一日

目次

1920年代，中國國民黨上海執行部婦女運動委員會全體會員合照。，照片左邊男性是胡漢民，右邊男性是葉楚傖。

第一章　緒論

（一）

許多學者對一九二〇年代的研究，不約而同指出五四及後五四時期，是二十世紀乃至二十一世紀中國諸多變化的根本源頭。一九二〇年代的重大變化，如列寧主義式政黨的引進、極端民族主義、以階級觀點重組中國社會、思想界的分化，後來無一不影響近代中國政治、社會、思想各種歷史走向，以迄於今。[1]一九二〇年代的一個代表性現象是「革命」在中國取得至高無上地位，從北到南無人敢公然批評革命所指稱的激烈變革，因為這寄託了中國求存求強的集體心態。從此，「革命」就成了書寫二十世紀中國歷史的主要脈絡，不斷革命論實肇始於一九二〇年代。[2]搭配「革命」風潮，就是一黨執政的確立。深重的國家危機，給予政黨強

1 呂芳上，〈從改革與革命到告別革命：近代中國政治發展的省思〉，收入孫康宜、呂芳上編，《變：新局面的創格》（臺北：稻鄉出版社，二〇〇一）；鄒讜，〈研究二十世紀中國政治的新路向〉，《香港社會科學學報》，一九九四年第三期。

2 王奇生，〈「革命」與「反革命」：一九二〇年代中國三大政黨的黨際互動〉，收入中國社會科學院近代史研究所民國史研究室、四川師範大學歷史文化學院編，《一九二〇年代的中國》（北京：社會科學文獻出版社，二〇〇五），頁二三一三七。

化自身地位，壯大自身力量，並走向一黨執政的機會。政黨為組織起一盤散沙式的中國民眾，他們理直氣壯聲稱必須先鞏固自己的權力，甚至利用各種政治工具、組織方法來控制社會每個階層、每一個領域。[3]

一九二〇年代，儘管有意識型態的差異，羽翼未豐的中國共產黨（以下簡稱共產黨）助成中國國民黨（以下簡稱國民黨）的改組，兩黨合作建立了一黨執政的政權統治型態。誠如費約翰教授（John Fitzgerald）說的，一黨執政的政權統治，從一九二〇年代一直延續到一九八〇年代，跨越了近六十年。八〇年代末，臺灣的國民黨與中國大陸的共產黨一黨執政政權統治型態才遭到挑戰，不得不改弦更張或做出些讓步妥協。一九二〇年代在中國政治史上是重要的十年，前此，「自由民國」已然萌芽，但根基未穩，至少到五四時期，許多問題的討論，是極度個人化、多樣化並且沒有明顯的「派別化」。到一九二〇年代初、中期，尤其是一九二三年左右，階級學說的介入使許多問題討論趨於二元對立。[4]婦女、女權與男女平等，這些在十九世紀末就已大量進入公眾視野的政治社會改革議題，在一九二〇年代從問題本質、解決手段到預期結果也都起了天翻地覆的變化。一九二〇年代前，關於中國女性何去何從，言人人殊，你方唱罷我登場，五四新文化運動堪稱中國女權討論最多元的時期，知識分子、出版界菁英、大學年輕學子，把女權當成社會烏托邦或人生夢想來談。雖然女權問題也背負中國富強的重責大任，但畢竟浪漫謳歌、大膽放恣的成分不在少數，多元、熱鬧繽紛的女權討論在一九二〇年代初期已出現收束的趨勢。

一九二一年，中共成立，這個新生的黨服膺階級學說、經濟決定論，在他們沒有太大實力的情況下選擇加入國民黨，幫助後者進行國民革命並進而壯大自己。以孫中山為首的國民黨，一九二四年進行改組。孫中山本意是靠向英、美，不料英、美態度冷淡，當蘇聯向孫中山招手時，雙方可謂一拍即合。蘇聯加上共產黨的影響，國民黨一大後喊出「反帝」、「反軍閥」作為國民革命的主要政治號召。宣傳、組織與訓練伴隨蘇聯式政黨，一併成為新興國民黨進行國民革命時首重的政治工作。具一黨執政雛形的國民黨打著求國家統一、為人民謀福利，順天應人的國民革命大旗，毫無二念的把「人民」改編成各個階級，婦女有些怪異又勉強的從「女界」、「女性」變成國民革命的「婦女」，之所以怪異勉強是因為「婦女」無從指向特定的階級，因為想像或實質「婦女」都應是跨階級的集合體。「婦女」既不能指向任何特定階級，注定了階級學說碰到婦女，就只能閃躲或費力自圓其說。「婦女」是國民革命群眾的一個組成，但又缺乏階級明確界線，「婦女」這樣含糊的「群眾集體」，是理解國民革命婦女運動迅起

3 費約翰（John Fitzgerald），〈『吾黨』說：論中國小二十世紀的立憲基礎〉，收入中華民國史料研究中心編印，《一九二〇年代的中國》（臺北：中華民國史料研究中心，二〇〇二），頁六一－八五。

4 章清，〈一九二〇年代：思想界的分裂與中國社會的重組〉，收入中國社會科學院近代史研究所民國史研究室、四川師範大學歷史文化學院編，《一九二〇年代的中國》，頁三八三－四〇二。

忽落的關鍵，同時，也是後來國、共兩黨分道揚鑣後，各自擇取婦女運動主軸時，日漸清晰而斷難模糊的分野。

與階級觀點同樣重要的是，有關左派、右派與中派的政治劃分。[5]「左派」的說法不單單是國民黨與共產黨政治鬥爭中的產物，在革命至上的時代條件下，很快的，「左派」日漸與革命激進化劃上等號。左派海納百川，小資產階級也變成左派同路人。從五四新文化運動的脈絡下延，剛剛從城市資本經濟與學院知識群體中輪迴脫胎出來的「新女性」，因為作風大膽，也可能是虛榮、淺薄或好逸惡勞，總之身價及聲望大跌，輿論潛藏著對「新女性」的不滿與不屑，時間大概就在一九二〇年代初期。「新女性」一些被公認的負面形象，遭到輿論唾棄，至少現實社會中被認為有「新女性」嫌疑的，或多或少都進行著自我整飭，於是和「新女性」分庭抗禮，更有革命風采的是小資產階級女性站上了革命舞臺。「小資產階級女性」是伴隨革命誕生的婦女群體，這個婦女群體若要依據嚴格的條件來辨認，可以說是徒勞，但模糊的要件諸如支持革命、反對守舊、具有反叛精神、自由自主、外表素樸文雅、浪漫勇敢等等，條件可以繼續增加。模糊又清晰的「小資產階級女性」形象，她們伴隨革命的弔詭而存在，正好說明革命與婦女自一九二〇年代牽扯不清，你中有我，我中有你的歷史變化，往後，只要革命再起，無論時空條件的變化如何，「小資產階級女性」總是會一次又一次進入革命的論述，或翻新或除舊，起始的源頭通通是一九二〇年代。

一九二〇年代隨著社會主義學說進入中國知識界，一種嶄新的運用經濟角度來解釋婦女地位的看法，很快傳播開來，尤其是馬克思、恩格斯有關家庭私有制與婦女地位低下關聯所提出的看法，在患貧不患不均的中國具有極大的煽動性。一九二一年中共成立，對於婦女地位經濟決定論，更是傾所有黨員之力運用各種言論載體賣力推銷，國民黨受到婦女問題經濟決定論影響，認定婦女運動是婦女集體起來幫助國民黨完成國民革命，締造一個強有力政權，然後婦女集體福祉便可以在新政權主持下全部獲得保障。一九二四年第一次全國代表大會時，國民黨以人民利益代表的立場宣布對內政綱，其中第十二條就是以婦女地位經濟決定論變化而來的革命婦運概說，總之，國民黨牢牢掌握婦女全體利益仰賴的是國民黨保障的婦運方針。一大後，國民黨黨中央成立「婦女部」，作為指揮籌劃全國婦女運動的最高領導。同時，「婦女」取得與其他社會階層，包括農民、工人、商人、青年一樣平等的國民地位。婦女部是國民黨黨中央的群眾工作部門，兼有國家政府行政職權。一九二四年後，廣東境內大小軍事行動，都可見到婦女部組織省內婦女或搖旗助陣或救傷恤亡。國民革命軍揮師北伐，在婦女部組織、宣傳、訓練下逐漸成形的婦女幹部，她們帶領各自的婦女工作隊伍，有紀律、有計畫、講效率，

5 楊天宏，〈蘇俄、中共與國黨的「左右」分化〉，收入中國社會科學院近代史研究所民國史研究室、四川師範大學歷史文化學院編，《一九二〇年代的中國》，頁三八—五五。

配合國民革命軍事政治行動，成績亮眼。婦女部工作與國民革命相互加乘，彼此信心大增，於是一九二六年年初，國民黨二大時，再次重申婦女地位的提升與保障，和婦女為革命貢獻是一體兩面，國民革命成功之日，即婦女集體地位自然提升之時。

一九二〇年代的婦女運動，已看到兩個分歧點。經濟決定論致使「無產階級婦女」躍居成為婦女運動中的新要角，女工力量受到重視便是其中顯著現象。除女工外，廣東婦女工作已開始注意到「底層婦女」問題，底層婦女包括的範圍非常廣，對象不明確。就實際人口比例來說，底層婦女確實是婦女中的多數，問題是底層婦女大部分不識字，過著與世隔絕、蒙昧未開的生活，要動員這樣一群婦女並不簡單，革命的婦運卻試圖突破重重難關，組織與訓練「底層婦女」。知識菁英婦女與底層婦女大規模攜手合作，是一九二〇年代婦女運動走出五四新文化女權觀的一大特點。領導婦女工作的女幹部們，她們以底層婦女代言人或輔助者自居，脫離紙上談兵的婦女解放，婦女幹部面對的是底層婦女生活的真正現實，兩個婦女階級未必有共同的語言，在革命的「壓迫者」與「被壓迫者」的二元劃分中，很不幸的，婦女幹部、知識婦女、菁英婦女相對底層婦女，通通成了「被壓迫者」一員。無產階級婦女運動暴露不同階層婦女間存在的矛盾與緊張，待國、共分裂後，國民黨由菁英婦女全面掌控婦女工作，群眾只能被「救贖」，不能分享權力，此種格局一直維持到國民政府撤退來臺，始終沒有改變。至於共產黨，則奉行群眾婦運路線始終如一，不論是土地革命階段，抗日邊區經濟建設，乃至一九四九年在中國當家作主後的各類革命，都可見群眾婦運的威力。

一九二五年，由共產黨女黨員主導的廣東婦女協會組織完成，國民黨婦女部較穩健的婦運路線變成資產階級式，與原來婦女協會注意底層婦女解放的無產階級式婦運方向，形成出兩條路線之爭。因為國民革命大旗的遮掩，使國、共兩黨婦運領袖暫時維持表面合作，等到國民革命軍進抵長江流域各省，國、共兩黨婦運爭執逐漸白熱化到互相難容的地步。一九二六年，國民政府北遷武漢，左派勢力居上風，共產黨的無產階級婦運取得主導地位，武漢掀起革命婦運的高潮。激進化婦運壓縮穩健派的活動空間，整個武漢地區陷入女子解放的瘋狂浪潮，拿著剪刀到街上強迫婦女放足、剪髮，時有所聞，寡婦不准守寡，一律改嫁，據傳甚至還強迫分配給男同志。還有結婚、離婚權，男女同樣自由平等，甚至有人公開喊出打倒貞操、自由性交，武漢的婦女解放程度由那些從長江上游逃到下游的人們口中說出，光怪陸離，難辨真假，但過激的婦女解放鐵定令許多人備感威脅，「革命幼稚」現象使所有地方軍人、豪紳、商人等「反革命」勢力通通站到一起，「婦女」沒有武裝，注定在反革命力量發動時會犧牲慘重。

一九二七年四月，國民黨在南京、上海兩地發動清黨，宣告與共產黨的政治決裂，一場黨的屠戮爭權就此拉開序幕，武漢在汪精衛主導下，不久也奉行清黨分共。共產黨組織瓦解，黨員星散，不是改換身分就是隱沒地下。武漢婦女解放在分共風聲鶴唳情況下，迅速消聲匿跡。保守的地方軍事實力派與豪紳聯手，給予激進婦女運動深重打擊，許多聳人聽聞的對婦女羞辱性的殘虐迫害手法陸續傳出，青年女同志人人自危，暴力反撲使革命的婦女解放染上血腥。暴力反撲下，「革命」、「解放」等話語在近代中國婦女運動歷史上，填塞了更多黨派糾葛、複雜人格魅力與作風評價。

隨著武漢的婦女解放風消雲散，一九二七年年底，國民革命大致已完成底定中國的軍事任務。緊接著，廣大群眾何去何從的問題，迫在眉睫。一九二八年二月國民黨二屆四中全會，正式宣告群眾運動走入歷史，婦女部和其他各部同時撤銷。軍政階段既已結束，婦女工作相應就要有新方向。在軍政過渡到訓政的這段時期，國民黨著手進行黨務整理，工作重點放在清理各地不同的群眾運動。一九二八年，黨務整理時期，大部分的群眾組織都被取消，只有婦女機構因始終位在群眾運動的邊緣，於整理時期反得到組織復甦的機會。這時沒有國、共政治矛盾與紛擾，整理黨務時期各地婦女工作負責人便較能齊心協力，儘管不是邁著群眾動員那樣激情昂揚的步伐，婦女工作走向更加細水長流的從婦女教育與職業技能培養，這是後來國民黨婦女工作的基本走向，一九二〇年代眾聲喧譁的熱鬧、跳上竄下的群眾婦運，似乎從此一去不復返。

（二）

一九二〇年代的後五四時期，「革命話語」變成描述中國社會問題的辭源。什麼是婦女運動？什麼叫做女權？革命話語統攬一切解釋權，與其相應的是積極把俄國經驗移入中國。革命後的俄國，試圖與中國建立親善的外交關係，北洋政府為了外蒙主權與中東路爭議與俄國重開談判破裂，俄國轉而與南方孫中山領導的政府聯絡。一九二三年孫越聯合宣言發表，親蘇政策使南方廣東政府引入大量俄國革命經驗，其中婦女運動與婦女工作屢屢見到俄國模式移植中國的痕跡。

廣東婦女工作領導階層及婦女團體，首開先例於一九二四年三月八日慶祝國際婦女節，這個誕生在國際社會主義婦女革命脈絡中的「外來節日」，在親蘇的廣東革命風潮下來到中國。一九二四年三月八日，首次婦女節慶祝大會，廣東婦女向中國女界介紹這個「婦女」加「革命」共同締造出的節日。隔年一九二五年，廣東全省舉辦三八慶祝大會的縣市數目迅速增加，到一九二六年，國民革命軍進抵兩湖，廣東省以外其他省縣市也開始有三八節慶祝活動。三八節於一九二〇年代介紹到中國，起初俄國影響十分顯著，三八節在女界眼中是中國婦運與國際婦運接軌的象徵。待特定的國民革命階段結束，三八節被保留下來，俄國影響淡化，這個節日變成是中國婦女用來號召婦女團結、為國效勞服務的出發點，特別是在八年抗戰時期。

國民黨提拔與栽培的婦女工作領導，多半是黨員的女性親屬，或是具有黨籍的女黨員，這樣能夠保證婦女工作唯黨命是從。學習俄國婦女工作經驗，國民黨婦女們並非照單全收，如過激的俄國婚姻改革就不在國民黨婦女部的工作項目中。婚姻、戀愛在一九二〇年代後五四時期，已非五四新文化運動時那樣的遮遮掩掩。許多青年婦女以奔赴「革命」，離鄉、離家、離校，「反叛」、「解放」、「進步」糾結混成的革命話語，帶領青年女子衝出傳統網羅。國民革命反帝、反軍閥的宣傳，夾帶對保守、封建、腐敗勢力的攻擊，後者所包括的對象及範圍非常廣，北方軍閥幾乎全部成為革命的對象。南方婦女站在國民革命隊伍中，為北方軍閥統治下的女學校發動的各式各樣學潮助威，情況越演越烈，國民革命前後的女學生和五四新文化運動相較，她們更具行動力、意志更為堅決，當然也更難與校方、官方妥協。北方女學生學潮，拉抬南方政府的開明形象，「挾南制北」是一九二〇年代中國政治勢力版圖混亂中婦女運動的一個重要面向。

一九二〇年代，無論南方、北方，有關婦女問題的各類出版品，有些說是國民黨的喉舌，有些則公開否認有政治立場，無論哪種類型，都免不了政治與婦女問題間的牽扯。政治碰上婦女問題，「革命」、「反革命」的指控、對立也就跟著延燒到女同志。「反革命」帽子拋向誰，誰就可能身敗名裂，失去立足之地。很快的，男女同志的戀愛關係就被套進「革命」、「反革命」模式中，共產黨陣營更是發揚光大並且奉為圭臬。其中「一杯水主義」從蘇聯革命年代被提出後，一九二〇年代輾轉進入革命中國，有了這個外來法寶，中共黨員認為男女關係要更加開放，戀愛是小資產階級把戲，革命同志只要你情我願，自由性交是最簡便的方式。並非所有黨員都能接受一杯水主義，不過男同志顯然比女同志更加熱衷提倡自由性交。追求戀愛自由、婚姻自主明顯是接收五四遺產，一九二〇年代大跨度的「愛的自由」，使北方軍閥大肆放送革命黨「赤化」及「共產公妻」的攻訐，殊不知這個說法恰好迎合青年人不願受束縛的集體心態。關於中國現代的婚姻形式應該如何，家庭組成的男女雙方權利義務關係要怎麼安排，國、共兩黨各有不同盤算，往後兩黨各自透過法律確定下來，可以確定的是基本格局奠定於一九二〇年代。

國民黨清共後，全盤釐清婦女工作。狂放的婦女解放消聲匿跡，「賢內助」型的家庭主婦是國民黨建設現代國家所需要的「女力」。一九二〇年代後，中共政權被迫轉移至農村。在「不斷革命論」中，中共婦女工作走出與國民黨截然不同的發展道路。注重群眾婦女動員，並靈活運用此一無窮無盡的力量，是中共婦女工作主軸。一九四九年後，一波一波的政治運動，「革命」、「反革命」這個出現於一九二〇年代，用來劃分敵我的二元對立鬥爭方式，重新登場，力道似乎更猛於從前。一九二〇年代曾經奔赴革命洪流的共產黨以及左派的年輕女同志，儘管已近中年，卻無法逃脫再度被捲入革命的宿命。

關於一九二〇年代政治、革命與婦女性別的研究，致力最深、成果最豐碩的當屬已經過世的美國學者柯臨清（Christina Kelley Gilmartin）教授，她的專著 *Engendering the Chinese Revolution: Radical Women, Communist Politics, and Mass Moverment in the 1920s*，一九九五年出版，精緻又細膩的逐一釐清共產黨創黨後的組織、私人關係乃至重要婦女工作領導者的思想與作風，論述層次分明，作者用功頗深。柯臨清教授說過，她為寫作專著，曾在中國大陸對許多身歷一九二〇年代革命的女性黨員進行口述訪問，這些材料彌足珍貴，加上報刊、檔案以及各種文宣品，奠定柯臨清教授著作成為研究一九二〇年代共產黨與婦女運動歷久不衰的重量級專論。西方學者對一九二〇年代的革命與婦女，關注較少，自柯臨清教授專書出版後，近年來幾乎沒有同性質的專著出版了。

中文部分，呂芳上教授是最早投入一九二〇年代婦女問題研究的前輩學者，他的研究從五四新文化運動的女權觀開始，一路向下延伸到革命前夕、再到革命年代，脈絡清晰，解釋自成體系，許多觀察點出時代變幻的趨勢。呂教授的研究源於他對二十世紀乃至二十一世紀，中國長遠的政治、思想變化有全盤的理解，這使得他詮釋一九二〇年代不是切出十年，而是放在前後一百年中來解釋。和呂教授具有相同詮釋角度的是費約翰（John Fitzgerald）教授，費約翰教授的專著*Awakening China: Politics, Culture, And Class in the Nationalist Revolution*（California: Stanford University Press, 1996.）。他把一九二〇年代的政治當作文化處理，眼光獨到、說理細密，費教授的研究落在一九二〇年代，在直剖國、共兩黨的政權本質時，道盡兩黨往後將近六十年的統治道路，費教授通貫性的歷史眼光，每每發表文章都有令人耳目一新的感受，另一篇論文〈「吾黨」說：論中國小二十世紀的立憲基礎〉（《一九二〇年代的中國》，臺北：中華民國史料研究中心，二〇〇二，頁六一—八五）。對一九二〇年代一黨執政政權統治的產生，有極具歷史縱深的解釋。

有關一九二〇年代婦女運動研究，還有兩位學者可說是卓有貢獻者，他們各自建構了開拓性、扎實的研究成果。游鑑明教授是著名婦女史研究學者，她於一九九〇年完成〈中國國民黨改組後的婦女運動〉（《國立臺灣師範大學歷史學報》，第十八期，一九九〇年六月），已大量運用國民黨黨史館館藏的婦女檔案，開拓此一領域研究，功不可沒。另外張錦堂的碩士論文，以廣東省的婦女運動為研究範圍，對於廣東國民黨北伐時期的國、共婦女動員工作，有全盤介紹。國民黨、共產黨婦女運動從合作到分裂，許多研究往往都只專重一黨，忽略另一黨，張錦堂的著作至今仍是極少數能夠同時把兩黨婦女工作放在一起比較異同的研究成果，筆者的研究頗受啟發。

（三）

本書的內容含括了後五四時期，中國女權、婦女解放從風起雲湧的高潮跌到低谷，乃至受政治撥弄的歷史變化過程。研究的重點是以婦女與北伐國民革命做主軸，試圖以文化政治角度，鋪陳五四女性解放、婦女運動，走入社會、走進國家後的「異化」過程。而政黨的意識型態、一黨執政模式以及革命教條化與婦女問題間的關聯，尤其是本研究所特別著重之處。關於一九二〇年代的研究，政治、外交、學術思想、經濟、社會、文化，各方面都有豐碩成果，兩岸學界曾各自出版一九二〇年代研究論文集，臺灣由中華民國史料研究中心編印，《一九二〇年代的中國》（臺北：中華民國史料研究中心，二〇〇二）。中國大陸是中國社會科學院近代史研究所民國史研究室、四川師範大學歷史文化學院編，《一九二〇年代的中國》（北京：社會科學文獻出版社，二〇〇五）。上述兩本論文集，都沒有納入任何婦女史研究論文，研究者投入少加上難以超出前輩學者研究成果恐是主因，是以本研究希望能在一九二〇年代既有婦女史研究中尋求突破，同時嘗試參考一九二〇年代各個研究領域的成果，賦與婦女研究不同以往的新面貌。

本書共分五章，除緒論、結論外，主體共有三章八節。本書的整體架構，是延伸筆者博士論文主題而進一步發展出來的，該論文在七年前曾刪節出版，當時總有意猶未盡之感，近幾年來，個人對婦女史研究、對革命中國、對二十世紀政治史較十年前有更多閱讀與掌握，當然年歲也是歷史研究上非常奇特而令人驚喜的附加功力。自覺在歲月累積下，對歷史人、事、物的理解比十年前來得深刻。另外，個人自認還有一個較顯著的進步，那就是多少脫去了當年書寫博士論文時的生澀文筆，頗有我筆能寫我口，筆鋒略帶感情的喜悅。總而言之，從個人的為學研究歷程來看，一切一切的努力，都使得似乎在眼前這個時機出版本書變得更為恰當。

外在的情況是二〇一二年，在天津南開大學侯杰教授以及臺灣中央研究院近代史研究所游鑑明教授聯手策劃下，臺灣碩士博士歷史學術文庫出版問世，個人博士論文也榮列成為這套叢書的單本專著。負責出版叢書的是山西教育出版社，在籌劃出版期間，編輯曾多次溝通最後一章一九二〇年代指涉婦運左右派相爭，乃至革命變調的研究。彼方力陳完全刪去，原因不便明言，最終為了配合出版社要求，只能忍痛答允割捨。二〇一二年博士論文改成的專書，研究時間斷限是清末至五四新文化時期。最後一章講述國民革命與婦女運動，不留一字，個人實至感遺憾不捨。時隔數年，個人又在國民革命與婦女運動後增加兩個研究成果，一個是訓政初期的婦女工作，一個是近代中國不斷革命論中的左派女性。後兩個研究補足了國民革命婦運內涵，更充分表述了國民黨、共產黨如何整理婦運隊伍、如何定位婦女運動。這樣，竟讓原本停留在北伐前國民革命與婦女運動的研究，延伸研究時段，劃下一個更完整的句點，此時此地實在是本書出版的最好外在機緣。

近年個人參與政治大學人文中心「蔣介石與現代中國的形塑」研究團隊，有機會重新省視原來較散漫的研究架構及書寫方式，在一番努力後，完成了現在的專書內容，行行復行行，較為完整的一九二〇年代的國民革命與婦女運動，終於能在臺灣付梓出版。本書若干論點已與過去研究相去甚遠，主軸更明確之餘，對時代轉折的描寫也比十年前更清晰。一九二〇年代的「激越」走向，是本書的大背景，各章均環繞此一大背景展開。

本書第二章以「喚醒婦女」作為開端，探討階級觀點和政黨兩股力量影響女權的走向。重點放在國民黨改組前後對女權的重視，國民會議中的婦女運動轉變。另外，評述了共產黨成立以後，階級觀點與城市婦女運動間的關係。本章的另一個重點是探討國民黨婦女運動領袖崛起，以及她們對婦運路線主張的異同。

第三章以動員婦女為焦點，研究革命軍事政治與婦女工作間的關聯，重點放在革命文化中的婦女形象塑造、俄國的影響以及革命隊伍中婦女的種種表現。其次，是「革命新女性」，她們追求的戀愛觀、婚姻自由，引導出新的兩性及性的問題，特別是青年女同志是國民革命中最亮眼的一群，她們譜出許多個人及革命史的浪漫自由篇章，革命告終時，這群年輕女性何去何從，是本章最後想討論的焦點。

第四章走向激進，本章是革命走入尾聲時，廣東地區以及全國省域的婦女最終的命運。為了使「不斷革命論」與婦女運動間的聯結有更清楚的脈絡，除了探討國民黨的婦女工作在革命結束後收束的過程，最後一節把焦點放在一九二〇年代的左派女性，以她們的回憶錄作為研究的主要參考材料，理出線索，拉出一九六〇年代以後，一波一波的革命、反革命浪潮，使得這些經歷一九二〇年代國民革命的左派女性，只能一再被捲入政治風暴。這真是一段無休無止的革命磨難過程，時間延續接近二十個年頭。

本書最後一章結論，對於本書各章的觀點與研究的重要心得，重新做了一番整理與反省，同時更重要的是提供自己一些婦女史研究的新思考。當年博士論文脫稿時還是二十世紀尾聲，如今已進入二十一世紀，更有資格把二十世紀當成一個完整的一百年來檢視。一百年後的今天，中國已然崛起，在資本主義與社會主義聯手影響下，城市文化再度以璀璨奪目之姿扳回曾經被批鬥、被打倒的那段黯淡歲月和歷程，城市五光十色、魔幻迷離，許多場景似乎重回一九三〇、一九四〇年代，甚至更有過之而無不及。「解放」、「進步」這些一九二〇年代中國革命中，青年女性衝鋒陷陣，想要一步到位，最後卻風消雲散的女權呼號，如今似乎又一一取得。在物質文明快速成長的時代中，失去的卻是革命女性奉獻、堅貞、素樸的對理想的堅持。看起來，中國的女權與婦女地位無論走到什麼地步，回望歷史時，都不免有一些些遺憾與愁悵吧！

第二章　革命初起

第一節　女權爭取的激進化

民國初年婦女爭取參政權，最後失敗告終。辛亥革命以民主共和為號召，催生中華民國，而女子公權、私權上的平等卻沒有實現。[1]公權上，一九一二年後北京政府接連頒布參議院議員、眾議院議員、省議會議員選舉辦法，議員是民國政治新貴，號稱代表民意，但各法所列的各級議員選舉權、被選舉權及高等文官考試資格，只適用男子，女子被排除。[2]女子的公權不張，私權的保障也進展有限，民律、刑律涉及女子婚姻、財產平等權利，民初修訂時守舊大於創新，袁世凱擔任總統期間，聲稱為了切合時代風氣改變，《大清新刑律》委託專家刪修為

1 民國元年五月六日，孫中山在廣東女師發表「女子教育之重要」演講，宣稱「凡為中華民國之人民，均有平等自由之權」，問題是該思想並未真正得到落實。參見中國國民黨中央委員會黨史委員會編訂，《國父全集》，第二冊（臺北：中國國民黨中央委員會黨史委員會，一九七三），頁二三六—二三七。

2 張玉法，〈二十世紀前半期中國婦女參政權的演變〉，收入呂芳上主編，《無聲之聲 I：近代中國的婦女與國家（一六〇〇—一九五〇）》（臺北：中央研究院近代史研究所，二〇〇三），頁五〇—五一。

民國《暫行新刑律》。以民國立場，對清代律法進行修訂的工程陸續有了成果，一九一二年至一九一五年，隨著《暫行新刑律》頒布，《暫行新刑律施行細則》、《暫行新刑律補充條例》陸續頒布。讓婦女引頸期盼的民國《暫行新刑律》，修法結果令人失望，通觀刑律有關婦女權利的內容還是擺脫不了男尊女卑，執法上，處處從禮教考慮。[3]民國雖成立，革命、共和、民主並沒有改變婦女的不平等地位，女權本應隨民權提升而提升，如今成了一張空頭支票。

一九二〇年，中國有幾個省份不滿中央統治失效，軍事政治紛亂連年，興起省自治及聯省自治運動，最熱烈的是廣東、湖南、浙江、江西、四川、山東各省，「自治」帶起婦女參政熱潮，有些省份婦女籌組婦女聯合會，打算在省自治機構制訂省憲時，確定男女地位平等條款。[4]由省自治所引發的婦女爭取參政權熱潮，喚醒原本已沉寂的共和女權運動，這一有別於民初女子參政運動只有少數菁英婦女孤軍奮戰，到了一九二〇年省自治運動所帶起的婦女參政，由跨省的婦女群體共同投入，而五四女權覺醒的餘威，孕育與助長女子參政運動。不論參政目的、參與人數或最終成果，都可說是民國婦女追求男女政治平權的新里程碑。省自治中的婦女參政，打破政治向來是女子禁地的偏見，婦女在省區而不是中央從政，對於一般婦女的影響更為深入。追求自治的省份不斷傳出有女性當選省議員者，尤其是湖南婦女獨占鰲頭。一九二一年湖南省憲通過，各縣婦女團體推出省縣議會議員候選人，男女候選人競爭激烈，最終女性當選的有省議員王昌國、吳家瑛、周天璞等人，縣議員中包括桃源、衡陽、寧鄉都有女子當選，湘潭人數最多，有萬毓珍、文自謀、黃倫、黃文俊、陳光耿、徐舒、易庚吾七人，[5]湖南省女議員是中國歷史上第一批進入省級民意機構擔任職務者。

省自治運動帶動婦女參政，成果令人矚目，各地婦女團體重申婦女公權、私權保障，一波波的請願上書接踵而來。上海女權運動同盟會趁一九二二年北京舊國會編修憲法，遞呈一封請願書給憲法起草委員會：

> 近聞憲法起草委員會，亦有人提議於憲法上人民二字，加不分男女性之解釋，是則制憲諸公，亦知女權之應尊重。今請本此理由，修正參議院、眾議院、省議會議員各選舉法及文官考試法，將各該法中男子二字，一律改為男女二字，此關於公權請願者一。又查民律草案迄未頒行，而女子在法律上地位，仍多適用前清現行律，其蔑視女權，已可想見。即以民律草案論之，為人妻者亦被限制行為能力，凡為法律行為，非經本夫允許，得以撤銷。此外如婚姻、繼承、親屬等事，亦多乖平等之義，雖經粵軍政府將有關夫妻不平等各

3 華友根、倪正茂，《中國近代法律思想史》（上海：上海社會科學出版社，一九九二），頁四〇三。

4 山東省議會籌備制憲時，北京女子參政協進會幹事王存樸女士（濟南人）特別回鄉與省垣女界接洽，協商向國會請願女子參政事宜，〈魯省女子參政運動之開始〉，《申報》（上海），一九二三年八月二日；劉巨才，《中國近代婦女運動史》（北京：中國婦女出版社，一九八九），頁四五一—四五四。

5 談社英編著，《中國婦女運動通史》（南京：婦女共鳴社，一九三六），頁一〇七—一〇八。

條，刪除公佈，嗣因他項窒礙，延期實施，國內現無適當之民律。人民之私權不確定，女權更無何保障。應參照軍政府修正案，速定民律，俾女權於私權上得一平等地位。凡關於夫妻權義、婚姻、繼承等問題，務期不偏不倚，而廢止刑律補充條例禁止蓄婢納妾，已為西南各省所實施，其他如現行商人條例第六條，限制妻之經商能力，及法院編制法第六十條，不許婦人入公判庭旁聽，均背男女平等之精神，應請一並修正，分別督促政府實行，此關於私權請願者又一。[6]

請願書特別提到南方廣東軍政府作風開明，民律草案男女不平等條款已被廢除，可惜無法全國通用，運用「挾南制北」策略來爭取女權，以擴大一九二〇年代婦女參加中國政治的版圖。新文化運動後，政治分裂導致女權爭取局面複雜，而各種女權團體主張的女子公權、私權保障，已不再限於獲得個別婦女政治上的發言權，女界領袖們努力藉由法律修訂使婦女全體受益。一九二二年八月北京女權運動同盟會成立，發表宣言：「我們認為政治上、法律上的要求，在中國今日更是要緊。我們不但要把那些蔑視女子人權的法律，根本推翻，並且要求立定保障女權的新法律。不但要在私法上要求男女平等的財產權、行為權、親權、承繼權及離婚權，並且要在憲法上要求參政權，在刑法上要求『同意年齡』、『蓄妾者以重婚罪論』、『禁止買賣婢女』等種種新規定。」[7]湖南婦女取得參政權，同時呼籲女子應有遺產權，[8]廣東女子爭取參政，連帶目的是請求開放公共機關雇用女性辦事人員。[9]一九二二年北京中國大學女學生萬璞、法政學校女學生周桓、石淑卿等人，趁曹錕退位、法統恢復之際，組織女子參政會；南方上海婦女參與者有沈儀彬、黃苒芷、林惠貞、王瑞竹、鄭慧琛等人，該組織因地域隔閡，聯絡不易，力量薄弱，致無疾而終，不過她們所提出的兩個女權奮鬥目標，包括（一）推翻為男子而設的法律，求女權保障；（二）打破專以男嗣為限的襲產權，求經濟獨立。[10]對婦女參政的追求，女界已走出爭取參政權的狹窄目標，她們認為更重要的，是藉參政修訂保障女權的法律。參政、修法不可分割，這是女權新的躍進。

一九二〇年代女子爭取參政權的言論及行動，受到上海言論領袖的注意。一九二二年成立的婦女問題研究會，宣稱是為研究婦女問題而立會，會員有沈雁冰、周作人、周建人、胡愈之、章錫琛、程婉珍、楊賢江等人，[11]成員不分性別很多是上海重量級的媒體編輯與出版人，

6 談社英編著，《中國婦女運動通史》，頁一二七—一二八。

7 〈北京女權運動同盟會宣言〉（一九二二年八月），收入中華全國婦女聯合會婦女運動歷史研究室編，《中國婦女運動歷史資料，一九二一—一九二七》（北京：人民出版社，一九八六），頁五九—六〇。

8 談社英編著，《中國婦女運動通史》，頁一〇八。

9 王會悟，〈中國婦女運動的新趨向〉，《婦女聲》，第三期（一九二二年一月十日），頁九—一〇。

10 劉王立明，《中國婦女運動》（上海：商務印書館，一九三四），頁三三—三四。

11 婦女問題研究會和中華節育研究社共同編輯《現代婦女》於一九二二年九月六日創刊，為《時事新報》副刊。後於一九二三年五

他們對時論十分敏感，談到婦女問題，這群媒體掌舵者可說是一針見血，婦女問題研究會曾在成立宣言中針對法律與女權，提出具體的立法主張：

在民法上，怎樣改革親族法，使女子有和男子同樣的繼承權；怎樣改革婚姻法，廢除納妾制度，規定妻的完全權利和行為能力，並承認女子有結婚自由和離婚自由。在刑法上，怎樣廢除一切對於女性的特別規定，增加男子在性的領域的法律責任。在公法上，怎樣使婦女獲得參與國家及地方的政權。[12]

婦女問題受到上海言論領袖青睞，憑藉他們的社會影響力以及所掌握的出版資源，一九二〇年代初期女子爭取參政發展到了跨性別、跨省域並且跨黨派的狀況。

北京中央政權、南方廣東政府、追求省自治的少數省份，相互競逐給予婦女更多權利，這樣一來激勵了各地婦女成立團體互相聲援。一九二〇年代初，為追求婦女參政成立的團體有女子參政協會、女權運動同盟會、女權請願團等，不限時地，大家聲氣互通。[13]已躋身政治界的婦女，知名度大大提高，發言受到重視，影響可達全國。一九二四年六月九日，湖南女性省議員在復陶女校開會，提議恢復已解散的「女界聯合會」，藉此宣示女界團結。湖南政界女性名人王昌國，為了在即將召開的省議會中，保障女權的提案，得到議員重視，她號召女界全力支持。王昌國發言說：

湘省憲雖許女子參政，對於承繼財產權種種，尚未規定。我們應團結起來，力爭女子種種權利。……昌國忝列議席，凡有妨害女權者，無不力爭，各省政府咨來之十三年度預算案，昨交會審查，其第六款為花捐，昌國出席反對列入經常門，以求貫徹昌國去年所提之廢娼意見，最後結果，花捐列入臨時門。我們應該繼續大肆運動廢娼，以保存女子人格。至於女子參政，不能與男子爭衡之原因，雖說是女子無團結力，而經濟不平等，亦為一大原因。我們應力爭繼承財產權，比如鍾天氏要求繼承財產權，官廳決之不平，我們應竭力援助，使女子個個經濟權獨立才好。至現在教育司取締女校如同防賊，實屬侮辱我女界，我們應一致反對，以保女子人格。我等發起女界聯合會，就是想結緊我女界之團體，以求伸張女權。[14]

王昌國提到廢娼、女子財產繼承權以及廢除女子教育歧視，這不是湖南婦女的特殊要求，而是攸關全國婦女的共同權益。一九二〇年代婦女參政者或爭取婦女參政團體，都明白她們所爭的

月十五日與《民國日報》副刊《婦女評論》合併，改為《婦女週報》，參見上海市婦聯婦運史編纂委員會編，《上海婦女運動史，一九一九—一九四九》（上海：上海人民出版社，一九九〇），頁六七及註二。

12〈婦女問題研究會宣言及簡章〉，《婦女評論》（一九二一年八月二日），頁二—三。

13 呂美頤、鄭永福，《中國婦女運動，一八四〇—一九二一》（鄭州：河南人民出版社，一九九〇），頁三四二。

14〈湘女界聯合會復活會記詳〉，《婦女日報》，一九二四年六月十六日，第一版。

絕非一人、一省、一地的婦女權益。浙江婦女參政團體表明她們的女權立場跨出省域，對外宣言提到：「（為）喚醒大多數不了解女子究竟應該處於什麼地位的姊妹們，力爭女權。」[15]各婦女團體間的共同目標是爭取參政、提升女權，目的相同，手段未必一致，就是這樣各展所能的努力，使得原來侷限於區域的女權運動得以到處流轉，大江南北相互見習，彼此印證。論爭取女權的手段，南方比北方激進，南北不盡平衡，這是女子參政跨省聯合屢遭挫折的原因。

最早倡議修法提升女權的是一九一九年成立的廣東女界聯合會，廣東省憲制定時，女界聯合會不斷調整目標，最終提出四個訴求，包括：（一）聯絡女界開啟其自覺、灌輸其新知；（二）對於工商各業當提倡革命，使婦女在生活上得經濟獨立；（三）多設各種職業之專門以及大中小學校，並注重貧民婦女工業教育，使婦女得智識技能之解放；（四）注意道德以杜解放後誤入歧途，致有損人格而貽後患之虞。[16]在承認提升女權受惠是全體婦女外，廣東女界已考慮到「社會階層」問題，各階層應先注重的權利與全體婦女的普遍權利孰重孰輕，決定婦女運動路線。廣東省女子參政運動隨政治激進勢力在省內增長，作風日漸極端。一九二一年三月二十九日，廣東舉行黃花崗七十二烈士殉難十週年紀念，當天省內女界聯合會遊行示威，參加的有五、六百人，挾著龐大聲勢，女界聯合會向省議會提出婦女參政要求，[17]與會者有不達目的誓不干休的決心，據言：「有幾個作領袖的女子，在每次舉行示威運動的時候，都帶著手槍，這種激烈的運動，連續到兩年之久，結果只有香山縣舉出了一個議員。」[18]暴力威脅公然在婦女運動中上演，女權訴求方式的質變首先起於廣東。

上海女權團體及參與分子也有從溫和轉向激進的傾向，與廣東不同的是，上海女權爭取沒有出現暴力，而是向社會制度全面宣戰。一開始，上海女權團體的結合不分什麼派別立場，新文化運動後期，個人主義、共產主義、自由主義各擁勢力，婦女團體成員多樣，兼容並蓄大家相安無事，其中上海女界聯合會最具代表性。該會成立於五四運動時期，會長是鈕永建夫人黃梅仙、副會長是李果，此外還有黃宗漢、程孝福等人，與國民黨關係匪淺，卻不見黨的招牌。組織鬆散，會員各有熱衷的事業，如黃璧魂曾參與倡議上海女學生組織工讀互助團。[19]上海女界聯合會會務推展近一年，因人事關係未見有明顯成績，副會長李果因戮力工作不幸殞命，[20]該會出版的《上海女界聯合會旬報》，負責無人只好停刊。搖搖欲墜的團體，歷經一年起伏進行改組，易名為「中華女界聯合會」，籌備會員有黃宗漢、王劍虹、高君曼、王會悟等共

15〈全浙女界團體代表聯合會宣言〉，《之江日報》，一九二三年七月二十六日。
16 談社英編著，《中國婦女運動通史》，頁九六。
17《民國日報》（廣州），一九二二年三月三十日。
18 小岑，〈婦女運動的途徑（節錄）〉，收入中共天津市委黨史資料徵集委員會、天津市婦女聯合會編，《天津女星社：婦女運動史資料選編》（北京：中共黨史資料出版社，一九九五），頁一三二─一三三。
19〈女子工讀互助團〉，《上海女界聯合會旬報》（一九二〇年二月），頁七─一二。
20 淑夫，〈痛哭李果先生〉，《上海女界聯合會旬報》（一九二〇年二月），頁三七。

二十三人，上海共產組織及左派婦女大舉加入成為會員，中華女界聯合會的面貌與前身上海女界聯合會已判若二者，中華女界聯合會的對外宣言，擺脫溫和的求請，吹起激烈昂揚的行動號角：

（一）在兩性一體的理由上，在男女共同為社會服務的理由上，我們要求得入一切學校與男子受同等教育。（二）在減輕女子家庭痛苦的理由上，我們須幫助成年的女子一切言論行為概不受父母、翁姑或夫的干涉。（三）在納稅、參政、義務、權利平等的理由上，我們要求女子有選舉權、被選舉權及從事其他一切政治的活動。（四）在男女權利平等的理由上，我們要求在私有財產制度未廢以前，女子有受父或夫之遺產權。（五）在男女應有平等生存權的理由上，我們要求社會上一切職業都許女子加入工作，并要求工錢與男子同等。（六）在人權平等的理由上，我們努力擁護女工及童工底權利，為女工及童工所受非人道的待遇痛苦而奮鬥。（七）在男女勞動同一階級覺悟的理由上，我們主張女子參加一切農民、工人的組織活動。（八）在男女對於社會義務平等的理由上，我們主張女子與男子攜手，加入一切抵抗軍閥、財閥底群眾運動。（九）在民族生存權的理由上，我們須與外國帝國主義者之侵略奮鬥。（十）在人類利害共同的理由上，我們主張與國外婦女團體聯合。[21]

社會主義對家庭私有制的批評、馬克思主義的階級鬥爭觀點及反對帝國主義、反對軍閥專制獨裁等等，通通被吸收到宣言中，縱使政治或政黨沒有出現在宣言中，卻是呼之欲出，此實攸關女權能否伸張的關鍵力量。

與廣東、上海日趨激進的爭取女權行動相比，北方的情況可說是挫折連連，軍閥時時打壓，紛擾不斷的政治情勢，使得社會改革變成紙上談兵。北方知識界對時局悲觀，有言論說到：「到處是匪警兵變，那些軍閥的法寶——丘八太爺到處橫行，搶錢、殺人、放火、欺壓平民。行政官署是軍閥的附屬物，議會是軍閥的走狗、土霸惡棍的集合處。司法只是點綴品，武力就是法律，金錢就是法律。」[22]紊亂的政治使得走溫和路線的女權爭取所獲有限。軍閥亂政下的北方，婦女要求任何權利都只是與虎謀皮。一九二四年國會再度修訂憲法，天津女權請願團巡赴北京請願，表面上獲得承諾，結果卻是澈底欺騙，報紙刊登事情經過，指出：「國會議員佯許所請，始終並未提案，女界因不知法律手續，亦未催請辦理。」[23]憲法起草委員會以高姿態表明，女權團體所提的憲法建議內容，東西各國憲法沒有同樣例證，拒絕考慮女界

21〈上海中華女界聯合會改造宣言及章程〉，《新青年》（附錄），第九卷第五號（一九二一年九月一日），頁一—二。

22 魚常，〈今日中國婦女運動應取之方針〉，收入中共天津市委黨史資料徵集委員會、天津市婦女聯合會編，《天津女星社：婦女運動史資料選編》，頁一六六。

23〈我國女界爭權之失望〉，《大公報》（天津），一九二四年一月十九日。

請求。欺騙加上蠻橫拒絕，婦女覺悟到就算女子能在國會得到一、二席議員，如果沒有雄厚團體作後盾，議會決議不能改變，女國會議員能發揮的影響實在有限。一九二二年冬，天津女權運動同盟會成立直隸支部，一位署名「魚常」的支部會員說到：「於此我們知道今日中國婦女運動應取的方針了，我們一方面固然不應該放任婦女教育運動；一方面我們更應該加入改革政治運動，這種運動就是聯合國內被壓迫有職業的男女們，打倒國內的軍閥，阻止國際帝國主義的侵略，以謀中華民族的政治上、經濟上、教育上真正的獨立。」[24]天津女權運動的路線從向軍閥請願到推翻軍閥，方向調整也代表著女權奮鬥的方式不能再循老路了。

一九二〇年代時人最初討論婦女參政、法律修訂等問題，受惠的是全體婦女，中共女黨員向警予曾對婦女參政給予高度評價，她認為「以參政作目標」消泯婦女間的歧異，全部婦女都是同一陣線。向警予對女權運動的解釋，認為是為了「解決性的特殊問題」，不是為了專屬某幾個婦女或某部分婦女的問題，是婦女全體的問題，明確地說：「女權運動的意義在於免除性的壓迫，發展男女同等的本能，和爭回婦女應有的人權。」[25]爭回婦女全體權利，最有效途徑就是立法，從根本上創造保障女權的法律，其效力堪稱普遍而重大，「其成其敗，於婦女全體的利害息息相關。正惟其如此，所以能夠形成大群眾的婦女運動；正惟其如此，所以能夠有大群眾的婦女運動為之後盾，這是女權運動的特性。」[26]向警予後來成為領導婦女運動最重要的女性人物之一，也是國共合作前後上海婦運主要發言人，她對婦女以參政、立法為手段爭取女權保障相當肯定，並把它擴大解釋成婦女的群眾運動，這個看法在過去各種女權團體言論中從未出現。向警予的主張，提出「群眾」觀點來解釋婦女爭取參政權，釋放婦女運動路線轉變的訊息，向警予的看法引起新的女權爭議，問題就在誰代表婦女？婦女指誰？菁英婦女替誰發言？群眾一旦被提到女權的中心，個別婦女或婦女團體的重要性就會降低，向警予更進一步強調婦運成敗關鍵是「群眾」，她說：

「社會的基礎」祇能建設在一般婦女的需要之上，所以應當特別注意於婦女的利益。……記得民國元年唐群英、張漢英等所領袖的女子參政同盟會，她們最肯替女界打抱不平，長沙婦女或受丈夫蹂躪，或被別人侮辱，都哭哭啼啼告在唐、張跟前，她們居然成為女界的裁判官，替女界判決了不少的案件，激勵了不少群眾。……長沙婦女愛戴她們，在她們的旗幟之下，即此也可看出「社會的基礎」了。[27]

24 魚常，〈今日中國婦女運動應取之方針〉，收入中共天津市委黨史資料徵集委員會、天津市婦女聯合會編，《天津女星社：婦女運動史資料選編》，頁一六八—一六九。

25 向警予，〈評王璧華的女權運動談〉，《婦女週報》，第八期（一九二三年十月十日），頁二一。

26 同註25。

27 向警予，〈中國婦女運動雜評〉，《前鋒》，第二期（一九二三年十二月一日），頁五五。

向警予在一九二〇年代初對女子參政運動的新理解，日漸成為共識，請願、抗議為主的女權爭取處處碰壁，於是向警予所說的群眾婦運變成主流。

軍閥當政下，婦女團體的訴求一再受挫，於此同時，女校及女學生受到五四新思潮鼓動，對於各種保守、防微杜漸式的管理深感不滿，校方管理受制於昏聵專制的軍閥。為反抗校方不合理的嚴行監察，女校爭權風潮時有所聞。北方女校校規列入「三從四德」、「行莫亂步」、「莫出閨門」、「授受不親」之類的舊禮教並不稀奇，更為專制的作法是檢查信件、禁止女學生請假出校、限制男女交際，[28]把女學生當成傳統閨秀來教，與社會男女社交風氣開放背道而馳，女學生不滿，抗議管理方式進而驅逐校長也就不足為奇。保定直隸第二女子師範學校校長燕士奇，掌校期間管理女學生保守又嚴苛，他下令女學生一律穿前清服飾，不得敞褲腿，不得穿裙，出閣者，頭髮要梳成馬尾纘，學生大加反彈，批評燕士奇思想復古、手段專制。[29]以燕校長為首的保定直隸二女師校方與女學生關係緊張，一九二四年三月十四日爆發女學生被辱打事件，雙方衝突情勢升高。事件起因是女學生向校方提出校務改革主張，遭到拒絕，主張中最重要一點是學生請求校方嚴選教員，燕士奇校長本來答應後來反悔，令事件更加火上澆油的是學校中一位監學步某人，被學生指控濫用職權，指控是否屬實尚待查證，出面的六名學生卻被開除，這個決定激起女學生怒火，群起向校長質問，[30]燕校長斥責學生舉動無禮，命令庶務雷開祥和幾位差役驅趕學生，一時職員與學生打成一片，場面紊亂，報載：「致學生有頭破血流者，有衣裙粉碎者，有臥地不能起者，演出空前絕後大慘劇。」[31]暴力衝突沒有嚇退女學生，她們態度更強硬，決行集體罷課以示抗議，並揚言校長非下臺不可。

清末民初女學生偶爾也有小規模、有限度的抗議，卻從未出現如保定二女師學生罷課的激烈作風，也未有校外支援。一九二四年保定二女師學生抗議，遠在千里之外的南京愛群社發表聲援宣言，義正詞嚴地說到：「不錯，現在中國的學潮是太多了，然而全是學生不對嗎？即至於玩視功課，大擺官僚派的惡習，口出不遜，令女生改換前清裝束，破壞學生團體事業，……也是二女師的同學，自身不好嗎？」[32]離保定較近的天津有劉清揚挺身為二女師辯護，她認為二女師抗議事件不能看作是單純「教育風潮」，真正原因是軍閥摧殘女權，所以她主張女子教育應交女子掌理才恰當，劉清揚的看法是：

如現在直隸第二女師所發生的風潮，那乃是他們諸位姊妹，有奮鬥的精神，遂能把該校黑幕揭穿，暴露於眾，要求各地聲援，以驅逐此女子教育之蟊賊。至於其他如全國各

28 記者，〈女學校與女校長〉，《婦女日報》，一九二四年三月十日，第一版。
29〈學生會第三次宣言〉，《覺悟》（上海民國日報附刊）（一九二四年四月七日），頁三。
30〈學生會第二次宣言〉、〈直隸教育會調查員底報告〉，《覺悟》（一九二四年四月七日），頁二、四、五。
31〈直隸女學界空前未有的慘劇〉，《婦女日報》，一九二四年三月十七日，第二版。
32〈南京愛群社援助保定女師〉，《婦女日報》，一九二四年三月二十八日，第一版。

> 地的女校，被壓迫於這樣黑幕之下的還不知凡幾！如是則長此以往，我女子雖僅能稍受教育，又那能還有出人頭地的一日呢？以此種種，故我對直隸第二女師諸姊妹之奮鬥，起無限之希望與同情，第一則祈求伊等能團結堅固，奮鬥到底；第二則要求其繼任校長以女子為宜；第三則以前日的要求都能得美滿結果之後，必須都發憤勤學，而為二十年來黑暗的女子教育，一放光輝。[33]

二女師的連串抗爭，暴露北方軍閥統治下，校方違逆新思潮，種種措拖箝制女學生自由。南方政治環境較開明寬鬆，對北方女學生的反抗給予肯定支持，許多言論雖為聲援女學生而發，卻夾帶鼓吹反軍閥的政治主張。

一九二四年，北京司法部為壓制日益高漲的婚姻自主風氣，以咨文方式提出矯正風氣的手段，內容說到：「取締離婚，迭經通令在案，茲查各處女生，每受不正當之學說煽惑，以致臨嫁潛逃，日後如遇類似此等案件發生，應以姦非及詐欺罪論，倘當事人無從獲案，亦應究辦女生父母，藉正風化。」[34]五四新思潮提倡戀愛自由、婚姻自主，社會上青年男性、青年女性認定理想婚姻來自自由開放的選擇，父母之命、媒妁之言已是歷史陳跡了，因此「逃婚」案例層出不窮。青年男女視婚戀自主是個人獨立的根本，尤其女性自由戀愛結婚，更是女權伸張的表現，北京司法部認為自由婚戀有傷風化，什麼提升女權、什麼婚姻自主一概都不重要，南方知識分子對壓制婚戀自由，表達強烈不滿。楚女（蕭楚女）發表文章反駁說，女性臨嫁時下決心，不顧名譽、羞恥潛逃，原因當然不簡單，就算法律強迫，也不能求得回復原狀。蕭楚女從法律條文上找出北京司法部所提咨文與民律、刑律牴觸，按《民律草案》一三四〇條規定「當事人無結婚之意思」是婚姻無效判定依據之一，而女學生臨嫁潛逃明白就是「無結婚意思」。又按《民律草案》一三四五條規定「因詐欺或脅迫而婚姻者，當事人得撤銷之」，女子不願嫁男方，男方一定要娶她，並且用法律強迫女子結婚，這樣算不算是用詐欺、脅迫得到婚姻？至於刑律，《現行刑律》二八三條至二九五條，有關姦非罪及重婚罪所列刑罰中，沒有一個字可以用來判定逃婚女學生有罪；相反，女子不願嫁對方因而潛逃，硬要用法律強使就範，可據《現行刑律》二八四條規定「對婦女以強暴脅迫……或他法至使不能抗拒而姦淫之者，判男子以強姦之姦非罪」，[35]蕭楚女以法理來駁斥北京司法部任意妄為，北京當局權威備受挑戰。

33 劉清揚，〈對保定女師風潮的感想〉，收入中共天津市委黨史資料徵集委員會、天津市婦女聯合會編，《天津女星社：婦女運動史資料選編》，頁一二一。

34 〈臨嫁潛逃的罪〉，《婦女日報》，一九二四年二月二十九日，第一版。

35 蕭楚女，〈取締女學生離婚問題〉，《覺悟》（一九二四年十月十八日），頁二一四；楚女，〈取締女學生離婚問題（續）〉，《覺悟》（一九二四年十月十九日），頁三。

面對司法部對女性婚姻自主權的敵意，女界不甘示弱也挺身維護自己權利。和蕭楚女路見不平式的抨擊不同，女界對北京執法當局的不滿集中指責咨文扶植男權、壓抑女權，她們反問司法部如果臨婚潛逃有罪，為何單單責罰女子，卻放過男子？這樣不就等於暗示男性不願娶某某女性時，大可潛逃；同一刑罰，為什麼只用於規範女性，縱容男性？婦女說這個法令的作用根本是為獻媚軍閥，所以「如果不推翻這種反動的政府，女子的人格是天天在危險之中」。[36]

一九二〇年代中期以後，女權的爭議越來越複雜，女校不平靜，男女共學的校園也暗潮洶湧。山東職業學校校長秦福堂，被指控濫用經費，學生為表達不滿，議決全校停課，藉以逼迫校長辭職。秦福堂校長絲毫不妥協，反過頭來指控二十八名學生代表及二名教員毀謗，進而開除這些人。學生憤然不平，上書教育廳請求查明，並聲明如果教育廳同意校長決議，全體將誓死以示抗爭，學生的強硬態度逼使官方、校方讓步，事件以學生大獲全勝落幕，校長最終接受學生提出的兩個主張，包括（一）財政公開；（二）開除學生須由自治會通過。[37]

號稱較開放自由的南方，軍閥也成為眾矢之的，女學生的反抗此起彼落，和北方相比，南方女校已少見封建禮教式的校規，女學生有較多自由，但反抗仍然有各式各樣的訴求。湖北女子師範一九二四年爆發學生抗議事件，起因是鄂省省長蕭耀南任命舊派學者王式玉接掌校長，王式玉到任後雷厲風行整頓校風，校內幾位剪髮並崇尚社會主義學說的學生被開除，學生中有支持校長作為者、也有反對者，擁王、倒王判然而分，立場相持，為平息校園中的風波，王校長只好去職，訓育主任江俊華女士暫行代理校務，[38]最後新校長確定是周敏，[39]學生認為此種安排合乎期望，一場驅趕校長的女校學潮才算落幕。

江蘇、浙江兩省學風開放，不料南京、紹興各地也紛有女學生抗議學校管理過當。南京明德女校風波，肇因是一九二四年五月九日，南京各界舉辦五九國恥紀念大會，明德女校有二十六位同學不顧校長反對，擅自離校參加遊行，待遊行結束，校長提出五條訓令，要學生簽字照辦，內容有：（一）我們是明德女校的學生，當守校規的本分；（二）我們參加遊行，未得校長許可，乃違抗校長；（三）我們當認錯，正式向校長請罪；（四）我們的五月假日，不得回家，以示懲罰；（五）我們當宣誓從此以後，不犯校規及校長命令。參加遊行學生認為規定壓迫人格因而拒簽，她們宣稱自己作為是反對學校專制、要求人格應受尊重。[40]明德女校校方與女學生的衝突，問題是否出在校方管理失當，是有爭議的，畢竟上課期間不經校方許可，學生任意出校參加遊行，會妨害到學校整體教學，這樁發生在女學生與校方誰是誰非的

36〈告國內的婦女團體〉，《婦女日報》，一九二四年三月八日，第四版。

37〈婦女教育界彙聞〉，《婦女週報》，第三十八期（一九二四年五月七日），頁三。

38〈幾經摧殘之鄂女師範又起風潮〉，《婦女日報》，一九二四年四月十二日，第二版；〈鄂女師學潮風波再起〉，《婦女日報》，一九二四年四月二十四日，第一版；〈湖北女子師範改委女校長〉，《婦女日報》，一九二四年五月十八日，第二版。

39〈婦女教育界彙聞〉，《婦女週報》，第四十期（一九二四年五月二十一日），頁六。

40〈南京明德女校離校學生宣言〉，《婦女日報》，一九二四年六月一日，第一版。

爭議中，明德校方是少數能夠維持立場不受輿論攻擊的例外，女學生宋蕙英、李松貞、黃家珍、楊景芳、錢旭光、宋淑賢、房仲民、方懷德、朱麗卿等九位被開除，黯然離校。[41]明德女校校方站得住腳，違紀女學生被逐出校園，並沒有改寫強勢女學生、弱勢校長、無能官方的諸多學潮結局。與江蘇毗鄰的浙江省，省內紹興縣立女師風潮，女學生又一次獲勝。事件起因是女學生演出「卓文君」一劇，遭到省議員批評，省議員說女學生表演這類劇目，等於倡行男女混雜，事關風化，不應放縱，要嚴行查禁，女師關門停辦、校長必須嚴罰，紹興縣署不欲爭議擴大，而為對省議員有所交代，輕罰校長申誡了事。[42]有些學校學生不滿官方作為，校長甚至選擇與學生同進退。湖南省學生抗議省長趙恆惕禁止男女同學的命令，省會長沙原來有些男女同學的學校，開始不收女學生，指標性的長沙第一師範也是男女合校，校長李濟民公然反抗趙恆惕，宣布不會拒收女學生，當局對李校長發出嚴重警告。[43]

女學生鬧學潮，廢除不合理校規是主要動機，至於合理校規是什麼，女學生並沒有完整的想法與說法，各校隨時而起的抗爭激化官方、校方對女學生不滿，管束更趨嚴格，尤其對穿著衣飾等外表裝扮，到了寸土必爭的情況。以女學生髮型為例，新文化運動帶動女子剪髮風氣，[44]頂著一頭短髮申明拋舊迎新，女子獨立從「頭」開始，知識分子推波助瀾，提倡短髮，認為那是女子人格提升的象徵，[45]女子們也以實際行動回應這股時代新風氣，一位女士名叫劉靜君，投書期刊表達剪短頭髮是多麼重要的個人抉擇，她說剪髮是為掙脫家庭羈絆，「不是講衛生，也不是想女子的改造」而是「隱含著獨身主義」。[46]女作家丁玲回憶五四女學生把剪髮當成反叛，當時她在湖南省桃源省立第二女子師範就讀，五四運動發生後，一些同學倡議成立學生會，她們跑到街上去遊行，女學生五、六十人，包括丁玲通通剪掉髮辮，到了暑假丁玲回到家鄉常德，她的舅父母看見她短髮的模樣，怒火衝天，舅父責備丁玲，怎能為了好玩，連個尾巴都玩掉，丁玲不服氣地答道：「你的尾巴不是早已玩掉了嗎？你既然能剪髮在前，我為什麼不能剪髮在後？」又對舅母說：「你的耳朵為何要穿一個眼，你的腳為什麼要裹得像個粽子？你那是束縛，我這是解放。」[47]剪髮不僅是「獨立」，還是「解放」，這些與短髮連接的女子

41〈南京明德女校部分學生退學宣言〉，收入江蘇省婦女聯合會編，《婦女運動史資料，一九一九—一九二七》（南京：江蘇省婦女聯合會，一九八一），頁四五。

42〈教育原理〉，《婦女週報》，第三十九期（一九二四年五月十四日），頁七。

43〈禁止男女同學的上諭〉，《覺悟》（一九二四年三月二十四日），頁七。

44洪喜美，〈五四前後婦女時尚的轉變——以剪髮為例的探討〉，收入國立政治大學文學院編，《五四運動八十週年學術研討會論文集》（臺北：國立政治大學文學院，一九九九），頁二八六—二九三。

45陳望道指出五四時期開始女子剪髮運動，「那時許多人大聲地從人格提倡。」陳望道，〈中國女子的覺醒〉，收入范祥善，《現代婦女評論集》（上海：世界書局，一九三〇），頁五。

46劉靜君，〈女子剪髮問題〉，《曙光》，第一卷第三期（一九二〇年九月），頁三九。

47丁玲，〈我的中學生活的片斷——給孫女的信〉，《丁玲文集》，第五卷（長沙：湖南人民出版社，一九八四），頁三三一—三三二。

新人格，引發保守勢力的敵意，女子該有什麼樣的髮型成了世道、校風能否維繫的關鍵。

女子剪髮將釀禍端，這些怪誕的看法為軍閥接受。軍閥控制下的省份，一些女校擺明了拒絕剪髮學生入學，如湖南衡粹女校。[48]一些女校雖沒有明言拒收剪髮女學生，不過卻有來自上層的命令，減少剪髮女生入學就業的機會，湖北各縣教育行政聯合會就向省教育廳提出〈約束女子剪髮〉議案，請求：「……通令教育局及各女校，如有剪髮女生回籍，概予謝絕，倘有師範生剪髮者，畢業的先即不給旅費，次則無論何校決不聘為教職員，並拒絕到校參觀，以免禮教沈淪，而大阻女學之進步。」[49]教育當局排斥女學生剪髮，並非全然是為壓抑女子自由解放，有些人以為剪髮沒有什麼特殊危害，只是不喜歡年輕女學生盲目跟風。安徽省立第三女子師範學校校長葉沛青是位女性教育家，不同於那些取締剪髮的保守軍閥，葉校長指出剪髮不過是學生追逐流行的膚淺行為，她說：

……查女子剪髮一端，當我國改革之際，間有行之者，以為可免梳粧之煩，可獲清潔之益，所持理由，固尚充足；然因禮俗相沿，先進各國，更無此種舉動；實際則無剪髮之必要。言仿效則《申報》尚有鄂省禁止之新聞，皖北風氣閉塞，敝校僻處壽城（安徽省壽縣），求文化之地也，乃今年上學期開學之始，遠道學生陸續到校，其中竟有二、三學生，乘寒假在家自動剪去頭髮，致貽社會以不講學名、專務形式之譏，招人誤解，被人批評，不獨敝校蒙其影響，即該生等個人前途，亦受打擊矣。經該校長再三勸勉，自悔孟浪者已有人在，深恐道路傳聞，或有失實之處，更恐其他學生習焉不察，相率效尤，除由本校隨時訓諭外，相應函達，請貴家長來信告誡。[50]

教育主持者看不慣女學生短髮，當然也難接受新式打扮。清末民初沿海城市受西方影響，社會風尚快速變遷，服裝樣式西化，女裝翻新簡直目不暇給。城市女性追逐潮流，放足、短髮、束胸、高跟、低跟、長衫、短衫、露臂，流行花樣求新又求變。[51]模仿西方、追求洋化，不只令一些追求時髦女性疲於奔命，旁觀者也體會到女性穿著不能看作是個人愛好，它影響社會風氣，不可小覷，輿論就說了：「看見女子把褲腳管吊得那麼高，覺得太不雅觀了。」[52]那些

48〈湖南的女子教育方針〉，《婦女日報》，一九二四年三月二十日，第四版。

49《婦女週報》，第七十三期（一九二五年二月二十二日），頁二。

50 友鶴，〈禁止剪髮之女教育家〉，《婦女週報》，第八十一期（一九二五年四月十三日），頁三。

51 Antonia Finnane, "What Should Chinese Women Wear? A National Problem," in Antonia Finnane and Anne McLaren eds., *Dress, Sex and Text in Chinese Culture* (Clayton: Monash Asia Institute, 1999), p. 3.

52 秋蘭，〈道德家眼中的「女」〉，《婦女週報》，第八十三期（一九二五年四月十九日），頁五。辛亥革命後，女子時裝流行高至與鼻尖平行的元寶領，袖子截短至手肘，短襖腰部改緊，因為放腳的關係，女子穿裙或褲都變短，短至可以露出腳踝，衣領放低，甚至被蠲免，領口挖成圓形、方形、雞心形、金剛鑽形。參見張愛玲，〈更衣記〉，收入來鳳儀編，《張愛玲散文全編》（杭州：浙江文藝出版社，一九九二），頁二〇—二一。

鎮日無所事事的婦女好追逐流行還可睜一隻眼閉一隻眼，女學生是中國新知識群體，不能放任她們與其他婦女相同。一九二四年召開的全國教育聯合會，會上有一項提案〈各校女生應依章一律著用制服〉，內容如下：

衣以蔽體，亦以彰身，不衷為災，昔賢所戒，矧在女生，眾流仰望，雖曰末節，所關實巨。查學生制服，教育部原有定章，其在男子尚無大差，惟女生衣質色澤，多乏整齊，非質料華麗，即形式詭異，甚或故為寬短，豁敞脫露，揚袖見肘，舉步窺膝，殊非謹容儀尊瞻視之道，應請教育部通令各省區最高教育機關，嚴飭各校，凡在學女生務須一律按照定章，著用制服，其制服製作，袖必齊腕，裙必及脛，不得自由改易，有抗不遵行者，施以相當之懲戒，庶足以挽靡習而端校風。[53]

提案內容指出女學生本來規定有制服的，不過向來不嚴，導致有人穿的質料華麗、有人穿的形式詭異，而穿過度裸露身體的衣服者也大有人在。女學生沒有女學生該有的「儀容」，這就是邪僻，外表行為不是細微末節，一不稍加管束，就是個人及社會敗壞之兆，道德家們信誓旦旦地說：「（女學生）稍不自檢，小之為名譽身家之累，大為人心世道之憂，關係至巨，不可忽也。近查有學校女教員及女校女學生，頭剪短髮，身著長衣，標新領異，廬山之真面目已非，駭俗驚時。」[54]五四新文化運動提倡獨立自主，女學生擁抱精神上的「革新」，外表卻最好不要太新，官方、校方、教育當局全力矯正女生外表，得到的結果不是臣服，而是陷入故步自封的窘境。一九二〇年代中期，教育當局認為導正女學生髮式及穿著，就等於培養女學生品德，這種家父長心態，知識分子不以為然，大加諷刺，崇尚社會主義的陳望道就說：

近年來一班青年，對於女子問題很熱烈，什麼女子教育問題、女子擇偶問題、女子離婚問題、女子剪髮問題，都很有一些聰明的意見顯現在日刊或別的定期刊上。但是這種家庭解放的議論，大半脫不掉「哀求式」的慣習。譬如對於女子教育問題，總是希望父兄肯施與，女子擇偶，希望父兄不加壓迫。……哀求無效呢？不是手段窮了嗎？[55]

一九二〇年代中期女權議題漸趨多樣，某方面有所提升、另方面又退卻保守，輿論對女權熱議之餘，同時揭發軍閥迫害女權的種種舉動。一度婦女團體走向跨地域結合，具有極大聲勢，不過卻因菁英婦女安於現狀，因此後繼無力。有些軍閥統治下的女學生不甘任人擺佈，挺身出來抗議學校管理。上述各式各樣的奮鬥，結果都是失敗收場，證明溫和路線缺乏效用，失望者尋求其他方式，或者更正確地說，求取式的女權沒有政治做後盾，缺乏可靠同盟者，

53〈社評〉，《婦女週報》，第五十九期（一九二四年十一月五日），頁二。
54〈社評〉，《婦女週報》，第三十五期（一九二四年四月二十三日），頁一。
55 陳望道，〈女子問題和勞動問題〉，《勞動界》，第十五冊（一九二〇年十一月二十一日），頁二。

她們要麼星散，要麼重整隊伍，加入其他陣營，其中左派及共產黨人標示出的婦女運動道路，具有強大吸引力。五四新文化運動所孵育的女權，似乎已遭逢瓶頸，女子參政、女子教育、婚戀自由等等女權喊得震天價響，軍閥卻倒行逆施，依然守舊，菁英婦女的女權主張不能獲得保障，大多數婦女更身陷痛苦，不滿與挫折逐一匯流，助長了激進的以社會主義為指導的婦女運動路線。

一九二二年上海出現一所共產黨人主持的女子學校，名為平民女校，該校學生數不多，五四時期許多在原就讀學校就很激進的女學生，登記進入平民女校，著名者如丁玲、王一知、王劍虹。平民女校課程除了上課、聽演講外，學生需要參加勞動，藉此體驗勞動者生活，而上海一九二二年後興起的女工罷工潮，成為平民女校見習群眾運動的機會。浦東、閘北日本紗廠罷工、南洋煙草公司罷工，都看得到平民女校學生參與，[56]她們為支持罷工工人，擔負募捐、工廠演講、街頭宣傳等工作，平民女校這所不重教學、傾向學習群眾動員的女校，未滿一年就因內外在壓力無法維持而關閉。以政治為導向辦學，還有一九二二年國民黨人于右任所辦的上海大學，上大前身是原私立東南高等專科師範學校，于右任接手後將校名改為上海大學，重新整理校內各科系為社會學、中文、外文、藝術四個系，因平民女校關閉而失學的女學生大部分轉入上海大學。上大具有強烈政治色彩，北方保定二女師爆發學潮時，上海大學校方發表宣言、編印特刊，呼籲各界重視女子教育，[57]社會學系是上海大學最活躍的系，共產黨人瞿秋白、施存統、彭述之先後擔任系主任，[58]學生深受政治化教學影響。上大培養了一批後來在國民黨、共產黨中極為活躍的年輕女學生，著名的有楊之華、張琴秋、鍾復光、錢希均、王一知、王劍虹、丁玲、童國希、趙君陶、劉尊一、熊天荊等人，這些女學生有的嫁給男性黨員，有的憑自己表現受到矚目，她們與辛亥加入革命的女性相較，同質性更高，出身更接近，受教育的歷程相似，在政黨中所拿到的權力不相上下，最後命運也雷同。

平民女校與上海大學的崛起，使女學生有機會全面接觸社會主義。社會主義提出的婦女運動主張也由知識分子傳授給一些年輕女學生，年輕女學生對婦運所接收的新觀點，為中國女權未來進展投下新變數。社會主義學說認為「階級」及「經濟」是婦運兩大要素，典型的闡釋就如陳獨秀在〈婦女問題與社會主義〉一文中所說的：

> 在社會主義之下，男女都要力作，未成年時候，受社會公共教育，成年以後，在社會公共勞動。在家庭不至受家庭壓迫，結婚後不會受男子壓迫，因社會主義認男女皆有人

56 王一知，〈回憶太雷〉，人民出版社編輯部編，《回憶張太雷》（北京：人民出版社，一九八四），頁八－九。

57 黃美真、石源華、張雲編，《上海大學史料》（上海：復旦大學出版社，一九八四），頁一五、五九。從社會文化與政治角度切入討論上海大學校園文化，可參考 Yeh, Wen-Hsin, *The Alienated Academy: Culture and Politics in Republican China, 1919-1937* (Cambridge, Mass.: Harvard University Asia Center, 1990), Chapter 4.

58 王會悟，〈入平民女學上課一星期之感想〉，《婦女聲》，第六期（一九二二年三月五日），頁一五。

格，女子不能附屬於父，也不能附屬於夫。[59]

最初輸入中國的社會主義理論，內容龐雜，許多以歐洲為分析對象的社會主義學說套進中國現狀，對婦運的分析最為明顯。沈澤民翻譯 Beatrice Hale，*What Women Want* 一書，解釋歐美婦女運動歷史，指出婦女解放有三個要件，分別是教育、獨立和餘閑，而只有中產階級婦女具有這樣的資格。[60]沈氏可說是最早譯介馬克思主義的青年學者，與馬克思主義激進的革命理論相較，比較溫和的社會主義似乎對他更具吸引力，沈澤民介紹的婦運重視中產階級地位及貢獻，這是社會主義的看法。李大釗是北大教授，他是時人所說第一位有系統研究社會主義學說的中國學者。沈澤民所說婦女解放仰賴中產階級婦女，李大釗另有一番解釋，他以歐洲婦女參政運動歷史作基礎，綜合眾多觀點所得的結論是，參政是女權運動的另一種型態，不過中流階級婦女不能單獨行動，要有勞工婦女運動輔助，李大釗說：「因為多數勞工婦女在資本階級壓制之下，少數中流階級的婦女斷不能圓滿達到女權運動的目的。」[61]李大釗的看法是歐洲經驗的描述，不同歷史經驗就有不同發展與結果，時人卻全盤接收外來主義，而「階級」這個社會主義中的關鍵語詞，成了女權問題的指引。婦女團體所能發揮的影響力越來越微弱，「階級團結」殺出重圍成為婦運急先鋒，上海沈澤民、北京李大釗，南方年輕女學生、北方學界知識分子，都吹起集體、抗爭式婦運號角，上層菁英婦女所主張的溫和、求取式女權，漸漸退居婦女運動邊緣。

第二節　婦女的國民會議

國共合作為上海婦運開出新天地。一九二四年一月國民黨改組，廣州的中央執行委員會及北京、上海、漢口各處執行部設置婦女部，上海、廣東兩地是政治活動重心，增設婦女運動委員會。一九二四年三月一日，上海國民黨執行部婦女部成立，部長由執行部祕書處常委葉楚傖兼任，助理是向警予，祕書是楊之華，實際工作由向、楊兩人負責。[62]國民黨在上海樹起婦運大旗，首先著手的是掌握宣傳。國民黨人葉楚傖、邵力子主持的上海《民國日報》，政治意味濃厚，副刊《覺悟》及《婦女評論》是國民革命策動婦運的重要傳媒。[63]有了婦運宣傳利器，軍閥所作所為無所遁形，南方可以痛加批評指責，舉例來說，軍閥對婦女逃婚祭出懲罰條例，上海國民黨抓緊機會號召婦女加入反軍閥陣營，《婦女週報》上的〈告國內的婦女

59 陳獨秀，〈婦女問題與社會主義〉，收入中華全國婦女聯合會婦女運動歷史研究室編，《五四時期婦女問題文選》（北京：生活．讀書．新知三聯書店，一九八一），頁八二。
60 沈澤民，〈婦女主義的發展〉，《少年世界》，第一卷第七期（一九二〇年七月一日），頁七—一六。
61 李大釗，〈現代的女權運動〉，《李大釗全集》，第二卷（石家莊：河北教育出版社，一九九九），頁二〇三。
62 中共上海市委黨史資料徵集委員會編，《中共上海黨史大事記（一九一九—一九四九）》（上海：知識出版社，一九八九），頁五九。
63《婦女評論》於一九二一年八月出刊，由陳望道主編。

團體〉說到：「我們的婦女團體決不忘記了國民革命的運動，我們的婦女團體應該號召全國的覺悟女性，都集中到國民革命的主力軍——國民黨的旗下，一齊來負國民革命的重任！」[64]北方軍閥壓迫婦女、制裁女校學潮，[65]只有零星婦女團體出來抗議，軍閥對抗議採取蠻橫鎮壓，如天津《婦女日報》，因反對曹錕政府，出刊不滿一年就被封閉停刊。國民黨在上海立足後，傾全力支持婦女與軍閥抗衡，喊出「有特權的社會，要根本改造」。[66]國民黨的宣傳媒體為婦運拉開戰鬥序幕，具有行動能力的婦運組織接著成立。一九二四年四月一日上海國民黨婦女運動委員會成立，委員有向警予、楊之華、王一知、吳先清、李劍秋等共三十人。在成立大會上，婦女運動委員會宣布她們主張的女權運動目標：

> 中國女權運動，其理想目標不僅僅在於得到一般中國男子平等的地位，而是一面要求法律上、經濟上、教育上、社會上的男女平等，一面熱烈的參加一般民眾打倒列強和北洋軍閥的國民革命運動，以免除中國民族內外的壓迫，以實現國民黨政綱中關於確認男女平等的原則，助進女權發展的規定。[67]

上海國民黨婦女部及婦女運動委員會成立，使政黨、國民革命與婦運綑綁一起，而目標是打倒軍閥、打倒帝國主義。

中國國民黨第一次全國代表大會於一九二四年一月在廣州召開，會上通過由何香凝草擬的女權保障提案，會後被歸併為《一大宣言》對內政策第十二條：「於法律上、經濟上、教育上、社會上確認男女平等之原則，助進女權之發展。」[68]國民黨婦運有了總指導綱領，黨中央以此綱領發號施令，各地國民黨黨部劃一婦女工作，各地區組織建立，負責工作的人員有法可循，系統化的婦運在各地展開。女權遭軍閥打壓，助長國民黨婦女運動聲勢，有關婦運宣傳指出婦女受到壓迫，第一重根源是帝國主義侵略，第二重是不平等法律及禮教束縛，國民革命是為掃除帝國主義，婦女受到的第一重壓迫率先解除，第二重壓迫也形同瓦解，國民黨主政一定會保障女權：「所謂法律待遇的不平等，舊禮教、舊習慣的束縛一起都可以破除，因為我們黨綱早就規定男女平等。」[69]女權爭取所累積的資源與經驗，是國民黨婦運的開路前鋒，而政黨掌握下的婦運是由受過培訓的婦女幹部充當領導，比起一盤散沙式的女權爭取，

64〈告國內的婦女團體〉，《婦女週報》，第二十八期（一九二四年三月五日），頁二。

65一九二〇年後北京政治空氣愈趨緊張，具有激進思想的出版品被封禁，婦女問題的文章只能在《益世報》及《晨報》及其附刊上發表。參見 Christina Kelley Gilmartin, *Engendering the Chinese Revolution: Radical Women, Communist Politics, and Mass Movement in the 1920s* (Berkeley: University of California Press, 1995), p. 28.

66碧遙，〈廿四年來中國婦女運動走過的道路〉，《婦女生活》，第一卷第四期（無出版時間），頁一〇。

67《時報》（上海），一九二四年四月一日。

68梁占梅，《中國婦女奮鬥史話》（上海：建中出版社，一九四三），頁九三。

69何香凝，〈國民革命是婦女唯一的生路〉，《婦女之聲》，匯刊九（一九二六年五月三十一日），頁一四。

不論工作方法或影響幅度都不可同日而語。

一大後，國民黨黨組織挾著豐沛的金援與人才，或接收或取消原來各省、各市獨立運作的婦女團體，婦女運動很快轉變成是國民黨獨門經營的事業，同時婦運不再是單打獨鬥，而是跨省越縣、兼容並包，「上流」、「中流」、「底層」各階層婦女並肩合作。經歷過國民黨婦運風起雲湧階段的談社英，她的《中國婦女運動通史》一書寫於北伐結束後，書中以親歷者的觀感對國民黨婦運做出正面評價，她認為國民黨領導婦運具有遠大目標，想做到的是統一婦女團體、教育大眾婦女注意社會國家及解決婦女本身問題。[70]五四新文化運動後女權團體呈現遍地開花的情況，經費與人才兩缺是女權團體普遍的缺陷，大部分成員屬於菁英婦女，一段時間後，因故步自封自然與大眾婦女脫節，國民黨整理婦運隊伍，著重宣傳、訓練、組織，缺乏紀律的女權團體難與政黨領軍抗衡。國民黨婦運有黨作奧援，不循老路，一開始就注意到婦運對象要先分類，至少有四個類別包括職業婦女、家庭婦女、勞動婦女和女學生，針對各類別婦女，採取的工作方式有所不同，推動婦運最重要的是主動深入群眾宣傳，進行平民教育。[71]政黨領軍下，婦運朝著群眾運動方向邁進，一九二四年年中，中共提出婦運報告，指出中國婦女運動發展到一九二四年初期較有系統，領導各地婦女團體者都是善於宣傳和組織的人才。[72]

一九二四年開始，國民黨逐漸取得各省、各市、各地區婦女運動的發言及領導權，而進一步將婦女運動推向「黨化」進程的是召開國民會議。一九二四年直系曹錕、吳佩孚兵敗，孫中山應馮玉祥邀請，北上共商國是，孫主張召開國民會議，受到公眾肯定，上海、浙江、廣東、湖南各地更有具體回響，國民會議促成會陸續成立。孫中山建議召開國民會議，用意是「國是由人民團體解決」，孫中山提到的人民團體，包括工、商、農、學各界，婦女不列為單獨人民團體。國民會議在全國各處展開，因婦女不被承認是單一的人民團體，婦運領袖不服氣，她們認為婦女占國民一半人口，理應得到重視，上海國民黨女黨員遞呈一份請願書給孫總理，說到：「據總理宣言國民會議，係以現代實業團體、商會、教育會、大學、學生聯合會、工會、農會、共同反對曹吳各軍、政黨等九團體組織而成。……在理論上所謂九團體，自然婦女亦包含在內，而實際上九團體中的婦女分子乃占絕對的少數，甚且有無一婦女者，故理論上九團體個個團體可以包含婦女，而實際上國民會議席上，必無代表婦女利益之代表。」[73]婦女有特殊、獨立的權益，不能打散在其他人民團體中，這個由女性角度出發的權益主張，是一九二〇年代婦女運動最響亮的口號，它收割了經歷辛亥革命、五四新文化運動，中國婦女追求獨立、

70 談社英，《中國婦女運動通史》，頁一四四、一四五、一四六。

71 上海市婦聯婦運史編纂委員會編，《上海婦女運動史，一九一九—一九四九》，頁九一。

72 〈中國共產黨婦女部關于中國婦女運動的報告（節錄）〉（一九二四年六月二十四日），收入中華全國婦女聯合會婦女運動歷史研究室編，《中國婦女運動歷史資料，一九二一—一九二七》，頁一七六。

73 〈上海國民黨女黨員上總理書〉，《婦女週報》，第六四期（一九二四年十二月十四日），頁三。

自主的所有成果。

一九二四年，向警予已算得上是上海最有能力的婦運領導者之一，她在報刊上公開籲請「婦女」應該單獨成立一類代表團，婦女權益是不能由其他非婦女們代為提出，女權要由婦女作主體才能爭取得到，向警予說到：

各職業團體、各政黨及學生團體等並沒標出性的區別來，婦女為何不可在各團體中奮鬥，使自己得著參加國民會議的機會，而必主張要有一個性的標識的婦女團體來參加呢？事實完全是兩樣。因為一般婦女受歷史條件的限制，還沒有進步到在各團體中奮鬥當選的能力，而且事實上各團體中的婦女分子本來就很少，甚且有沒有一個婦女在內的。……縱然有一二傑出婦女能在各團體中當選為代表之一，然而一種團體有一種團體的性質，一種團體代表負有一種團體代表的使命，婦女本身的要求如母性保護權、結婚離婚自由權、財產繼承權、職業平等權、教育平等權、參加政權以及社會上一切地位上之男女平等的權利種種，可以學會代表、工會代表、商會代表……等等的名義來提出呢？有人說參加國民會議的有各政黨，如中國國民黨，他的對內政綱十二條便是代表婦女利益的，別的團體不能提出，國民黨一定是會提出的。說話的人，他并不了解現在中國的保守勢力凌駕於進步的勢力，在這樣根本解決國是的國民會議裡，婦女團體如不列席，即將來關於婦女的本身要求即令有人提出，而座中沒有要求的主體即是沒有抗爭的實力，不能激起婦女群眾的擁護與奮鬥，別人雖代為提出，力量微弱，也必終歸於打消。[74]

向警予是一位道地的共產黨女黨員，一九二四年國共合作進行順利，她所捍衛的是婦女集體權益，這個立場超越黨派，和她相同的是，國共兩黨最優秀的婦運人才都持同樣態度，這段時間中國婦女空前大團結，締造近代中國女權史上少見的由婦女來替婦女說話的時代。婦女幹部在政黨培育、澆灌下日益茁壯，她們在國民會議運動中的表現是響應黨的號召，卻走自己獨立的路。

上海各婦女團體首先響應孫中山召開國民會議宣言，各活躍女權主義分子、大學女學生及勞動婦女等到處奔走，聯絡組織女界國民會議促成會，十二月七日籌備會議在上海大學召開，[75]女界出席踴躍，共有二十一個學校、機關、團體派代表出席，包括大夏大學女學生團、群治大學女生團、上海大學女生團、女子自悟社、上海婦女運動委員會、南方大學女生團、景平女學學生會、商務印書館總務交通科女職員、中國女子體操學校、東方藝術研究社女社員、東方藝術專門學校女生團、南洋職工同志會女會員、上海大學平民學校、虹口婦女平民學校、

74 向警予，〈國民會議與婦女〉，收入戴緒恭、姚維斗編，《向警予文集》（長沙：湖南人民出版社，一九八五），頁一八〇—一八一。

75《民國日報》，一九二四年十一月二十八日、十二月八日。

楊樹浦婦女平民學校、勤業女子師範、愛國女學校、女子參政協會、滬北婦女節制會、競勵女校、上海女界戰士慰勞會、華商煙草公司女工等，以個人資格與會者有十多人。[76]為使國民會議爭取婦女代表受到重視，上海籌備會議一面開會，一面對外發表宣言、通電，女界積極的作為，獲上海各團體國民會議促成會籌備處邀請入會。[77]上海婦女們為爭取國民會議婦女代表所採取的一連串行動，已見群眾支持的効力。籌備上海女界國民會議促成會的婦女們以自己經驗作號召，向全國婦女喊話，呼籲成立相同組織，一致行動，強化婦運陣容，她們的宣言洋溢信心：

將來國民會議既成時，全體人等除於政治上將提出一般最低限度的要求，如實行廢督裁兵；廢除一切不平等條約，收回海關，收回租界，收回領事裁判權；收回教育權；廢止治安警察條例及罷工刑律，保障人民集會結社出版言論罷工之無限制的自由權；庚子賠款完全充教育經費；沒收此次戰爭禍首的財產；賠償東北東南戰地人民的損失……等等外，並將提出婦女本身之要求；一切公私法律凡有礙於女權發展者一概廢除，另訂男女平權及特別助進女權發展之憲法與法律。……姊妹們卓識偉抱，對於此舉諒能表熱烈的同情，望即時發起，就地聯絡各婦女團體各女學校各女學生，成立與敝會相同的組織（某地女界國民會議促成會），為婦女行伍一壯聲色，為國民會議增加實力。[78]

上海婦女於十二月七日開完國民會議籌備會，十二月二十一日女界國民會議促成會正式成立，運作上採行委員制，委員共十七人，有向警予、張琴秋、劉清揚、劉王立明、唐家偉、李劍秋、楊雄、鍾復光、湯潔如、吳先清、范志超、張惠如、李一純、林惠貞、汪開竺、應令言、賀敬揮。[79]上海女界國民會議促成會宣告成立當天，會議主席是劉王立明，她致詞時提到組織女界國民會議促成會的目的是為「爭回女權、參與國政」，[80]女界不分畛域，目標一致，爭取國民會議參與權有方法、有步驟。楊之華是上海傑出的共產黨婦女工作領導之一，幾年後她回憶一九二四年的婦運，提到：「中國婦女運動的進步，開始於促成國民會議的運動。從此民族運動得到了婦女運動的生力軍，而婦女運動本身也就發展起來。」[81]思想左傾的女共產黨員，對國民會議中婦女們合力開創的新局，給予高度評價，這個評價是考察國民會議與婦運間關聯的重要線索。

76〈上海女界國民會議促成會籌備之經過〉，《婦女週報》，第六十四期（一九二四年十二月十四日），頁七。

77 同註76，頁七—八。

78〈上海女界國民會議促成會籌備處對全國女同胞宣言〉，《婦女週報》，第六十四期（一九二四年十二月十四日），頁二一。

79《民國日報》（上海），一九二四年十二月二十二日。

80〈上海女界國民會議促成會成立大會〉，《時報》（上海），一九二四年十二月二十二日。

81 楊之華，〈上海婦女運動〉，《中國婦女》，第六期（一九二六年一月三十日），頁一三。

參與國民會議成為全國性的婦運目標，各地女界國民會議促成會紛紛成立，上海之外，北京、天津、保定、河南、湖北、青島、浙江等地都有女界國民會議促成會，[82]許多地區是在已有的婦團活動基礎上，建立更緊密的團結，天津的例子就是如此。五四運動後，天津地區有女權運動同盟會、女權請願團、女子家庭救國會、女星社及婦女日報等婦女團體，各自有各自的主張。一九二四年十二月四日，孫中山北上抵達天津，天津各界代表召開歡迎大會，會上婦女代表趁機提出成立天津婦女國民會議促成會的主張，獲得廣大回響。第一次籌備會議隨即在南開女中召開，主席由鄧穎超擔任，在籌備會上鄧穎超向與會者強調婦女國民會議促成會的重要，她說：「現在經北京政變後，新政府之宣言，亦有以民意為依歸之表示，孫中山先生又發起國民會議，謀完全根據民意以解決國是，此正吾女子參政之絕好機會。吾人應在事前努力宣傳吾女子之要求，謀使中國政治上、經濟上、社會上，均有兩性平衡之原則，使女子與男子得平等之地位。」主席講話後，出席婦女踴躍發言，最終通過成立婦女國民會議促成會的決議。[83]鄧穎超以主席身分發表的談話，不提婦女運動，而是將參與國民會議定義為婦女參政。北方的女權意見領袖立場不像南方那樣開口革命、閉口民族主義，南北方政治立場不同，卻無礙她們寄予婦女參與國民會議的熱切期待。天津婦女在第一次籌備會後，緊鑼密鼓地在十二月十四日召開第二次籌備會，這次籌備的對外宣言指出國民會議從籌備到成立，為天津女權爭取帶來新契機，尤其是婦女團結已邁出腳步，所謂「聯絡天津女界同志，從事大規模運動」。[84]十二月二十一日，天津婦女國民會議促成會宣布成立，成立大會共有五十多人出席，大會討論國民會議促成會的宣言及簡章，決議會務運作由成員十五人的委員會主持，委員會委員有鄧穎超、陳祖香、汪醒庸、江韻清、潘麗蓀、趙岳齡、鄧婉葳、馬漫清、彭百城、張少蘭、胡淑英、陳學棨、王南羲、董瑞琴、袁蘊貞。[85]天津婦女國民會議促成會成立當天，有會員提議加入天津各界國民會議促成會，以壯大聲勢。[86]天津婦女國民會議促成會從立會、會議運作與爭取活動舞臺，所採取的步驟幾乎和上海女界國民會議促成會一樣，北方婦女熱衷爭取參與國民會議，雖不是明目張膽反軍閥，至少也算是借孫中山之口批評軍閥統治無道。天津婦女國民會議促成會引用孫中山的說法，提到孫中山國民會議是由國民解決國是，國是指的是：「收回經濟政治全權於帝國主義者之手」、「將政權從軍閥過渡於人民」，[87]北方婦女的作法儘管迂迴，卻堅定地和南方婦女站在同一陣線。

---

82 楊之華，〈中國婦女運動之過去現在及其將來〉，《中國婦女》，第十二期（一九二六年四月二十日），頁二一。

83 〈天津婦女籌組國民會議促成會〉，《大公報》（天津），一九二四年十二月十二日。

84 〈天津婦女國民會議促成會第二次籌備會記〉，《大公報》（天津），一九二四年十二月十六日。

85 〈天津婦女國民會議促成會成立大會情形〉，《益世報》（天津），一九二四年十二月二十三日。

86 《民國日報》（上海），一九二四年十二月三十一日。

87 〈天津國民會議促成會成立〉，《益世報》（天津），一九二五年一月六日。

婦女為爭取國民會議參與資格到處成立促成會，各地婦女籌備立會、發布宣言，互相鼓勵，彼此借鑒，宣傳、組織、運作一氣呵成，越晚成立的，提出的主張越完備，兼顧的面向越廣泛。一九二五年二月二十八日，北京女界在中國大學集會，宣布成立北京婦女國民會議促成會，此時各地婦女國民會議促成會多半已成立，北京婦女的行動明顯較遲。北京婦女國民會議促成會成立大會上，出乎意外的是南方何香凝、伍智梅、鮑羅廷夫人等與國民黨關係密切，政治立場鮮明的婦運領袖應邀出席並發表演講。[88]北京婦女國民會議促成會成立時發表的宣言，遠遠超出婦女參與國民會議的有限目標，它洋洋灑灑觸及政治革新與社會改良，要點如下：

一、一般的要求

（一）廢除一切不平等條約，收回海關租地，改定稅則，廢止一切不合法的法令。如治安警察法、罷工刑律、報紙律等。（二）切實的實行廢督裁兵，取消督軍巡閱使及變相的督理等軍職。一方面積極改善兵士生活。（三）取消一切雜稅苛捐。（四）沒收曹錕及一切禍首財產，救濟兵水災區。（五）規定教育基金不得移作別用，並極力恢復教育原狀。（六）改善工人生活，實行八小時工作。（七）市民自治，省長民選。

二、婦女特殊的要求

（一）婦女在政治上、經濟上、教育、職業上，絕對的與男子人格平等、權利平等。

（二）女子與男子有同等襲產之權利。（三）保護婦女運動，女工在生產之前後，應停止其工作，並照發工資。（四）廢除蓄婢、納妾、童養媳、娼妓等制度。（五）婚姻絕對的自由。（六）嚴格制裁溺女、虐待妻媳、纏足、穿耳之惡俗。（七）取締獎勵虛偽的貞操之典儀。[89]

此顯示婦女參與國民會議的初衷越來越模糊，以婦女為主體爭取婦女權益的運動開始發生質變。

針對孫中山國民會議的主張，北京段祺瑞政府以召開善後會議來抵制。一九二四年十二月二十四日，段政權擬就的《善後會議條例》公布，條例規定參與國政的團體及個人，門檻更窄，大大激怒女界。廣東婦女率先發難，她們不滿會議只容許少數特定身分者參加，不是向全體國民開放，質問到：「讀其所宣布之善後會議十三條例，雖名為解決時局糾紛，籌議建設方案，實則除所謂有勞動者及軍民長官與一般官僚政客外，並不許我等國民參加。」[90]廣東女界發表抗議宣言外，還與各省婦女國民會議促成會聯絡，請選派代表到上海開聯席會議，提出建立全國女界國民會議促成會，作為總指揮部，這樣才能統一各地婦女國民會議促成會。

88〈北京婦女國民會議促成會成立紀〉，《京報》，一九二五年三月一日。

89 同註88。

90〈廣東女界之激昂通電〉，《京報》，一九二五年一月三十日。

廣東婦女的提議得到上海婦女響應，上海婦女國民會議促成會出面，接下統一工作的第一棒，她們通知各處婦女國民會議促成會推派代表共同研議籌組「中華全國女界國民會議促成會」，開會地點不一定在上海，北京也可以，對於以各地婦女國民會議促成會為基礎，進一步聯合為全國女界國民會議促成會。上海婦女提出婦運長遠發展的藍圖，通知宣言上說：「（中華全國女界國民會議促成會）不獨是國民會議運動的長城，而且由此必然形成一個將來專為婦女解放奮鬥的全國集中統一的機關，使全國各地的婦女運動在同一的目標、同一的策略之下，有系統、有計畫的進行。」[91]婦女們支持孫中山的國民會議，摒棄段政權的善後會議，全國婦女前仆後繼加入這場抗爭。

一九二五年二月一日，北京善後會議開幕，會上對《國民代表會議組織條例草案》進行討論，條例關於代表選舉權及被選舉權資格限定是二十五歲以上男子，[92]封殺婦女任代表的機會，女界激烈撻伐如排山倒海，楊之華直指善後會議所擬定的《國民代表會議組織條例草案》代表性不足，她說：「該條例所列的代表資格為元勛、為此次戰爭勝利之首領、為督軍省長、為名流，試問我們久坐牢獄的女子在歷史上的地位是怎樣？」[93]上海女界替婦女叫屈，認為條例內容：「侮辱女國民人格，玩視女國民公意」，進一步通電促請各地婦女國民會議促成會、各婦女團體、各女學校一起出來抗議，尋求對策爭取婦女權利。[94]善後會議對婦女的歧視，使婦女在國民會議促成會外，再次找到聯合行動的理由。因應善後會議所提的《國民代表會議組織條例草案》，上海婦女召開聯席會議，國民黨及親國民黨的婦女團體代表，與女校學生代表是這次大會的主要組成分子。包括婦女運動委員會向警予、張惠如，女權運動同盟會陳藝芳，東方專校李潔冰，平民學校蔣松如，婦女同志會馬瑞英、王瑞芳，南洋煙草公司失業工人杜筠貞、陳倩如、唐景，群治大學張懿，楊樹浦平民學校吳向溽、何葆珍、睢雙成、南方大學賀敬揮、上海大學女生團王秀清、上大平校女職員黃淑聲、家庭革新社孔德沚、胡墨林、黃玉衡，新中學院沈祺，大夏大學李劍秋，上海女界國民會議促成會王一知、張琴秋，華商公司女工詹惠文，女子參政會朱劍霞，勤業女師劉寄塵，戰士慰勞會等共有三十多人出席。與上海婦女國民會議促成會的集會比起來，反對善後會議出席婦女代表名單，政黨色彩益加濃厚，出席大會的婦女運動機關、女學校、女工團體代表，與國民黨都有或深或淺的關係。上海婦女大陣仗開會宣判善後會議違背民心，婦女們通電請求北京方面修正草案，同時決議全國性婦女參與的女國民大會要加速成立。[95] 上海婦女反對善後會議，爭女權同時也暴露軍閥不如國

91 向警予，〈女界國民會議促成會在中國婦女運動中的地位〉，《婦女週報》，第六十八期（一九二五年一月十一日），頁四。
92 上海市婦聯婦運史編纂委員會編，《上海婦女運動史，一九一九－一九四九》，頁九四。
93 楊之華，〈女同胞們快起來反對善後會議〉，《婦女週報》，第六十五期（一九二四年十二月二十七日），頁二。
94〈滬女界國民會議促成會通電〉，《大公報》（湖南），一九二五年三月七日。
95〈上海女界聯席會議記〉，《民國日報》（上海），一九二五年三月九日。

民黨作風開明，婦運已然捲入反軍閥的政治鬥爭，婦運不受政治影響的獨立路線已渺不可期。

三月十日，北京召開國民會議促成會全國代表大會，婦運領袖認為代表大會包含全國各類團體，婦女們更可以大展身手，引起公眾注意。因為看重國民會議促成會全國代表大會的作用，女界派出代表人數眾多，共有來自全國不同地區十五個婦女國民會議促成會推出人選與會，出席大會婦女達二百多人，國民會議促成會全國代表大會有鑒於婦女力量眾多，決議組織女界代表團，代表團名單囊括了女界中具有全國知名度的婦運要角，上海是劉清揚、鍾復光、李劍秋，廣東是曾醒，天津是鄧穎超，北京是夏之栩，浙江是周自強、黃文霞，溫州是戴賓，湖南是石道睿，山西是劉亞雄，保定是張錫瑞等，成員共二十餘人，[96]她們互推五人主持工作，包括向國民會議促成會全國代表大會提出婦女運動報告，大會中決議婦女運動報告是各地婦女國民會議促成會的最高指導。[97]女界代表團附屬於國民會議全國代表大會中，為使婦女能夠持續團結，代表團成員四處奔走請命希望建立「女界國民會議促成會」，而這個號稱「是我們全國姐妹第一次的大結合，亦即是我們全國滔滔的新生命」的女界國民會議促成會不負眾望最終誕生。[98]女界國民會議促成會網羅了婦運菁英，又有各地婦女的奧援，會務運作採民主集中制，既尊重各地婦女團體意見，又有固定的領導班底，婦運以全國為目標卻避免各行其是，這是女界代表團所追求的理想。女界代表團聯絡各地婦女成立女界國民會議促成會時，曾對婦運現狀有深刻的反省，提到：

吾國之婦女運動，發軔於辛亥革命時，繼而中斷。迨一九一九年五四運動之役，我女界亦興起參加，迄今已有十數年之歷史，然每次皆歸失敗。考其原因，約有二種：（一）無強大統一之組織與一定之目標。（二）組織不普遍。無廣大的女界群眾為組織之後盾，因此敝團以為今後婦女運動，即須注意此二點，以謀迅速之發展。故前向各地姊妹提議，發起全國統一之大組織，以集中和增大我們運動的力量。並以極普遍之組織方法，期收廣大之效果。前電發出後，蒙湖南、江西、山東、上海、保定、天津等處先後回電贊同。並有推選在京之人作代表參加籌備者。敝團原有十餘處代表，加上湖南、江西等處，已達二十餘處，故敝團決定聯合北京各女學校、各女界團體以及各界姊妹，發起中國女界聯合會，並期以最短期內，使其成立。盼各地姊妹速派代表來京，共同籌備。或推舉原在京之人，就近參加均可。[99]

就在女界開完國民會議促成會全國代表大會後十天，負責審查《國民代表會議組織條例草案》的善後會議專門委員會，於三月二十日公布審查建議，認為條例草案第十四條原內容：

96 青長蓉、馬士慧、黃筱娜、劉宗堯編著，《中國婦女運動史》（成都：四川大學出版社，一九八九），頁七五。
97 〈全國各界婦女聯合會之重要消息〉，《婦女週報》，第八十七期（一九二五年五月十七日），頁五。
98 〈全國各界婦女聯合會成立宣言〉，《婦女週報》，第八十八期（一九二五年五月二十四日），頁五。
99 〈國民會議促成會全國代表大會女界代表團二通電〉，《京報》，一九二五年四月九日。

「凡中華民國男子年滿二五歲以上」及第四十八條原內容：「大學男生云云」，應可將「男子」改為「國民」，建議未獲接受，條例原文於四月十七日通過，[100]婦女們大感不滿。上海婦女國民會議促成會聞訊，派李劍秋作為代表前往北京與女界代表團共商對策，決議對國民代表會議條例賤視女權擴大抗議，激烈派揚言不要向充滿軍權、男權思想的段政權請願，要求重開能夠真正代表國民的國民會議。[101]國民黨上海執行部婦女部在歷來有關國民會議的婦女代表會議上，始終不願親自站上火線，這次例外，軍閥踐踏女權使國民黨贏得更多同情與支持，黨的婦工組織大大露臉，她們控訴軍閥，說：

> 軍閥蔑視吾人為玩物、為奴隸，故敢在國民會議條例上明目張膽定為剝奪女權之條文，吾人應以國民資格反抗到底，「人而無恥，胡不遄死」，吾人決不屈服於軍閥強權之下，吾人當努力促成真正國民會議，貫徹婦女團體參加國民會議之主張，婦女本身，如無堅固統一組織，則一切皆等於零，故同人希望各地婦女團體捐除成見，為婦女本身利益互相扶助，共圖進展。[102]

從辛亥革命以來，菁英婦女以各種方式證明女性和男性都應被視為國民，而男女間的各種公權、私權都應平等，到了一九二〇年代，政黨接收「女國民權」長達二十年的奮鬥歷程及目標理想。孫中山的國民會議與段政權的善後會議，都把婦女有無資格參與國是端上枱面，女界認為國民會議對婦女的善意較高，毅然決然與軍閥對抗到底。一九二〇年代的婦運，本就有政黨奧援，宣傳、組織、動員已初步成形，為與軍閥奮戰，婦女更為團結，她們不再以自己所在省份、縣市為活動地盤，而是參加全國性的聯合行動，婦女強大聲音不容被忽視。北京三月十日國民會議促成會全國代表大會開完，三月二十一日女國民大會在上海成立，對外宣示成立目的是為了「努力於普遍的民權運動中去爭女權」、籲請「修正國民代表會議組織條例草案第十四和四十八條」。[103]婦女們發表聲明反對善後會議及所擬定的代表條例，這次規模與北京參與國民會議促成會全國代表大會的婦女人數相比不遑多讓，出席大會有二百多人，代表了近四十個婦女團體，向警予擔任大會主席，她向與會人士發表演說，指出：「今日到會的婦女在上海全體婦女比例中雖然是少數，在全國婦女比例中雖然尤其是少數，然而我們少數人的呼聲就是代表全中國婦女的呼聲，少數人的意志就是代表全中國婦女的意志，我們少數人所要求的就是全中國婦女的普遍的權利、普遍的地位，我們的責任是何等重大呵！」[104]

100〈上海女權運動同盟會反對國民會議條例之通電〉，《婦女週報》，第八十四期（一九二五年四月二十六日），頁四。
101〈女國民大會赴京代表已回滬〉，《民國日報》（上海），一九二五年五月十日。
102〈上海婦女運動委員會反對國民會議條例宣言〉，《婦女週報》，第八十八期（一九二五年五月二十四日），頁二。
103 向警予，〈女國民大會的三大意義〉，《婦女週報》，第七十九期（一九二五年三月二十九日），頁三。
104 同註103，頁二—三。

反善後會議促成各地婦女大串聯，除了北京婦女代表團、上海女國民大會成立外，北京中華婦女協會也因國民會議爭議崛起，這也是一個跨省婦女團體，比前面兩個婦女團體要更激進，她們身處軍閥眼皮子底下，竟無畏打壓，對女界喊話說：請願、拍電報太溫和，從今以後要改變方式，「自己團結起來，不斷地向人奮鬥，這才是婦女解放的途徑。」[105]

國民黨上海婦女運動委員會原是婦女國民會議促成會的團體會員，乘著女界大團結的風潮方興未艾，婦女運動委員會建議婦女國民會議促成會改組，為使女權爭取走出國民會議婦女代表的單一問題，建議更改會名為「上海各界婦女聯合會」，這樣能招納更多婦女加入婦運行列，工作目標除了持續關注國民會議召開，同時能為婦女爭取更多利益共同奮鬥。[106]上海婦女運動委員會擴大婦運內容的建議，超越婦女國民會議促成會的格局，國民會議促成會的領導權轉移到上海婦女運動委員會已成定局。婦運聯合的成果到一九二五年年中後逐漸被國民黨接收，南方婦運政黨化首開其例的是四月二十九日，當天「全國各界婦女聯合會」召開成立大會，陣仗不同凡響，單是女會員出席就有四、五百人，國民黨著名的老資格黨員吳稚暉、雷惠南、李石曾應邀發表演說，大會選舉執行委員會委員二十一人，當選者中如劉清揚、鍾復光、周自強、劉巨全、戴賓、曾醒、夏之栩等都有深厚婦運資歷，[107]在全國各界婦女聯合會成立後，同一年五月一日，上海、南京、浙江三地女權運動同盟會聯合發起組成「中國婦女協會」，[108]朱其慧、張默君、沈儀彬、談社英、黃紹蘭、陳鴻璧、舒蕙楨七人被推選為執行委員，七人中要麼是黨員偶配，要麼是一向親國民黨者。[109]這兩個婦女團體出現後，再也沒有聲稱代表全國婦女聯合的組織成立，國民會議爭取婦女代表權一連串運動劃下句點。[110]

國民會議所引發的婦女代表爭議，引導婦運消泯歧見走向統合，地域、省域、黨派分野都退居其次，重要的是婦女替自己爭權利，一時間婦運力量膨脹，許多婦運領袖在女界中躍升為全國知名人物。不論是婦運組織或是婦運領導人物，因為所從事的婦女運動太貼近政黨立場，以致運動發展中所累積的能量，很快就轉移給政黨，婦運與政治再也切不開，婦運本意是爭取婦女權益，但在政治鬥爭激烈、革命號角響徹雲霄之際，婦運迅起迅落，國民會議退潮，與其附生的爭取婦女代表運動終將被取代，然婦運不會消亡，不過主角換作另一群能為革命注入更強活力的婦女群體。這顯示了一九二〇年代婦運的質變，由個人走向集體。惲代英是一九二〇年代共產黨明星刊物《中國青年》的主編，一九二五年三月他以冷靜的筆觸寫出對

105〈中華婦女協會緣起〉，《京報》，一九二五年二月十五日。
106〈上海女界國民會議促成會代表大會〉，《婦女週報》，第八十七期（一九二五年五月十七日），頁六。
107〈全國各界婦女聯合會開成立大會〉，《京報》，一九二五年四月三十日。
108 原有名稱是全國女界聯合會，成立未久，即改名為中國婦女協會。參見〈中國婦女協會宣言〉，《民國日報》（上海），一九二五年一月十九日。
109 談社英編著，《中國婦女運動通史》，頁一四九。
110 青長蓉、馬士慧、黃筱娜、劉宗堯編著，《中國婦女運動史》（成都：四川大學出版社，一九八九），頁七六。

婦女運動的觀察，婦女在國民會議中一波又一波的造勢全不在惲代英眼中，對他來說達到婦女解放只有一途，那就是「社會革命」，絕無妥協之道，惲代英說：

> 不打破現在的家庭，婦女永遠是不能免於為家事奴隸的，他們仰賴男子的經濟供給，那為了養育看護，總有一天會完全被束縛住。不打破現在社會的經濟制度，婦女永遠是不能到獨立自由的地位的，私有資本主義已經使許多男子陷於工錢奴隸的地位，甚至於求為工錢奴隸而不可得，他雖然亦可有助於打破家庭，但他如何會有為婦女謀獨立自由生活的餘地呢？只有打倒私有資本主義，一方面發達產業，使一切家事，無論是洗濯、烹飪、撫育、看護，都變成社會化的事業，使婦女脫離家事奴隸的運命，一方面又保證一切男女都可以有平等的工作生活的權利，使他們不至於陷為工錢奴隸，或甚於為工錢奴隸而不可得。只有到那時候，才說得上真正的婦女解放運動。[111]

其言打破家庭、打破現有社會經濟制度、打倒私有資本主義，這與國民會議所提出的女權目標，相差何止十萬八千里，而「社會革命」實比國民會議爭取婦女代表更具破壞性，對婦女衝擊更大。

第三節　從女工革命到革命女工

一九二〇年代，上海興起聲勢浩大的勞動婦女罷工。上海女工罷工事件頻傳，女工不論身分或是行動，與國民革命反軍閥、反帝國主義主張一拍即合，政黨介入女工罷工有跡可尋。不論從女性或工人哪種身分切入，女工都是備受剝削壓迫的一群。近代中國城市工業化吸納大量勞動人口，其中紡織業堪稱發展最快、雇用勞工最多，包括絲織、棉織等工廠因為勞力密集、工資微薄，大部分勞工是年輕女性。在近代中國城市勞動人口中，勞動女性最初以職業作為群體身分的識別，她們的處境大同小異，多數女工來自農村底層貧困家庭、集居在破落的城市邊緣地帶、人際關係由兩個脈絡決定，要麼同鄉、要麼同廠，她們又都是城市資本家利潤至上、剝削勞工權益的典型犧牲品。上海是近代中國開埠較早、工業化迅速的通商口岸，二十世紀初以來，紡織廠日益集中在楊樹浦、小沙渡、閘北等地，女工人數快速增加，她們主要在英國和日本人開辦的工廠工作。一直以來，貪婪的「外國資本家」對待本地女工極為苛刻，故這類的衝突並不罕見，不過在一九二〇年代前都算是零星之火，一九二〇年代在政黨與革命的帶領下，星星之火就要燎原。

111 惲代英，〈婦女運動〉，《中國青年》，第六十九期（一九二五年三月七日），頁二〇一二一。

一九二一年七月，中共召開第一次全國代表大會，共產黨黨員主持的機關刊物大量刊載勞動婦女問題，典型如上海勞工部出版的《勞動週刊》以及陳獨秀在廣州創辦的《勞動與婦女》，[112]這些原有的或新生的共產黨報刊，不約而同將焦點移到城市勞動婦女，而刊物刊載的言論，通常跳脫五四以家庭為抗爭對象的「爭女權」，強調的是婦女走進社會變成勞工後的無望，共產黨人論斷女權的侷限性，認定當時的活動不會有出路，無法成為婦運主流，典型如陳望道的觀點：

近年來一班青年，對於女子問題很熱烈，什麼女子教育問題、女子擇偶問題、女子離婚問題、女子剪髮問題，都很有一些聰明的意見顯現在日刊或別的定期刊上。但是這種家庭解放的議論，大半脫不掉「哀求式」的慣習。譬如對於女子教育問題，總是希望父兄肯施與，女子擇偶，希望父兄不加壓迫。……哀求無效呢？不是手段窮了嗎？對於這個問題，論者或許回答可以脫離家庭，不錯，脫離家庭。脫離了家庭，家庭的鎖鍊，自然立時脫卻，但是工廠底鎖鍊，卻是候著伊了。[113]

思想上和共產黨的刊物編輯接近，指出女權向家庭宣戰並不會得到真正的解放，因為社會有更多黑暗吞噬女性。

《婦女聲》是中共創黨初期討論婦女運動的主要刊物，王會悟是編輯之一。一八九八年出生的她，一九一六年在湖州湘郡女校就讀，在校期間，喜閱《新青年》，本身也算是一位「女新青年」，一九二〇年末王會悟與李達結婚，思想「共產黨化」。在共產黨創黨初期，王會悟的經歷及興趣，使她成為出色的女權與婦女運動言論家。一九二二年，刊登在《婦女聲》上，王會悟所寫的〈中國婦女運動的新趨向〉，指出爭女權所進行的運動有各式各樣的弱點，腳步紛亂、想法不切實際是致命要害，王會悟的文章說到：

就婦女的生活狀況說，可以分為上中下三等。所謂上等的婦女們都是資本家或官僚家裡的妻小，自有那向平民搜括而來的財產供伊們消費，所以伊們的寄生生活是很穩當的。至於中等的婦女生活便不安了。伊們專靠結婚謀生活的陳腐方法，也靠不住了。因此伊們不得不暫時離開家庭來到社會上謀一職業，以便取得生活資料，而所謂經濟獨立的要求於是發生了。但是婦女們向來伏處舊習慣舊制度之下，缺乏著知識的職業的訓練，而且社會上種種偏見和習慣，都是阻礙伊們謀職業的進路的。伊們既不願到工廠去做女工，而又不能超過種種障礙，取得高等的職業，所以伊們就不得不起來向社會要求教育和職業的門戶開放，不得不起來向男子要求法律上、社會上、經濟上的兩性平等，而所謂女權運動、

112 該刊於一九二二年二月出版。

113 陳望道，〈女子問題和勞動問題〉，《勞動界》，第十五冊（一九二〇年十一月二十一日），頁二。

參政運動於是發生出來了，所以女權運動是由經濟組織的變換產生的。……現在我要說那所謂下級的婦女們的現況了。近年以來，伊們因為產業革命的結果，……勢不得不離開家庭，同男子一同跑到資本家的工廠去做工錢的奴隸，取得些少許生活資料以補家用之不足，……女子為經濟獨立的美名所欺，不惜犧牲青春、健康、和自由，和人生的幸福，換得一個工錢的鐵鎖。[114]

另一位對婦運有更深刻認識，並具有中共黨籍的女性理論家是向警予。一九二三年，向警予在左傾的《婦女週報》上發表〈中國知識婦女的三派〉一文，貶低知識婦女對改革社會所能發揮的作用，向警予文章中將知識婦女分成三種：（一）小家庭派：求小家庭的幸福快樂，西洋女留學生多屬之；（二）職業派：生活獨立及為社會服務，多半分布在教育、實業、宗教三方面；（三）浪漫派：又稱笑罵派，一部分新女青年屬此派，她們的行為絕對不為現社會負破壞或建設的責任，向警予認為知識婦女都有可指摘的弊病。[115]陳望道、王會悟、向警予等人在一九二〇年初，毫不掩飾對女權爭取的悲觀，連帶指出熱衷女權的知識婦女要讓出領導位置，依循舊思維、老方式是行不通的，共產組織及左傾的言論都指明婦運要有新對象、新方式。

左傾報刊上的婦運言論，與各地上演的勞動罷工相互呼應。一九二二年廣東、湖南、湖北接二連三有工人罷工。首先是一九二二年一月十一日香港海員工人因加薪問題和資方談判破裂，以集體罷工方式與資方周旋，罷工持續至三月八日，港府當局出面調解，工人條件被資方接受，罷工達成目的。[116]在廣東北面的湖南，省會長沙的華實公司工人要求廠方加發賞金，勞資交涉原已達成協議，卻因省政當局懷疑工人運動背後有人指使，為壓制工運，省府宣布解散一九二〇年成立的湖南勞工會，逮捕工會活躍分子黃愛、龐人銓，[117]湖南工運受挫。共產組織成立後，黨員積極投入工運，工人運動進入新階段。一九二二年五月一日，第一次全國勞動會議在廣州召開，共產黨成為全國工運領導中心。參加第一次全國勞動會議的工會代表來自北京、天津、唐山、長辛店、山東、武漢、長沙、江西、南京、上海各地，加上廣州共計有一百六十多個代表與會，他們所代表的總勞工數約三十多萬，號稱全國勞動者空前聯合。[118]會上做出的重大決議是推動「勞動立法」，由中國勞動組合書記部負責草擬的《勞動法大綱》，攸關勞動者權益，關於女工保障也載明於條文中，破天荒，勞動女工的身體狀態被特別照護，

114 王會悟，〈中國婦女運動的新趨向〉，《婦女聲》，第三期（一九二二年一月十日），轉引自中華全國婦女聯合會婦女運動歷史研究室編，《中國婦女運動歷史資料，一九二一—一九二七》，頁三二—三三。
115 向警予，〈中國知識婦女的三派〉，《婦女週報》，第十五期（一九二三年十一月二十六日），頁五—六。
116 馬超俊，《中國勞工運動史》（上海：商務印書館，一九四二），頁九二。
117 陳達，《中國勞工問題》（上海：商務印書館，一九二九），頁一八一—一八二。
118 〈全國勞動大會之所聞〉，《新申報》（上海），一九二二年五月二十四日。

條文規定：「對於需要體力女子勞動者；產前產後予以八星期之休假，其他女工應予以六星期之休假，休假中工資照給。」[119]第一次全國勞動會議後，中共社會主義青年團召開第一次全國大會，大會提出行動綱領，再次申明保護女工勞動權益，包括：「男女工人待遇平等，女子在分娩期兩月中應停止工作，并須照常發給工資。」[120]男女工資要平等寫入共青團行動綱領，凸顯長久以來女工待遇遠遠不如男工，而造成女工工資比男工低，原因有很多，站在工運領導者的立場，不論男、女工工資差距原因是什麼，明顯的事實是男工、女工因工資不同，資方往往利用一方打壓另一方，男、女工人存在競爭關係無法團結，工資差異導致男工、女工間的矛盾，資方操弄兩方，進而使罷工瓦解，勞動者（男女工）地位難獲改善。[121]共產黨對待女工問題，一開始是籠統地將女工劃歸在以男工為主的集體工人中，性別不同所產生的勞動條件、勞動待遇差異，並未被特別提及，直至一九二二年各地爆發一波又一波的勞動婦女罷工，勞動婦女問題才獨立成為一個有別於男性工人運動的工運陣營。

一九二二年，發生在各地的勞動婦女罷工，如表列所示：

表一：一九二二年各地勞動婦女罷工運動說明表

地點	廠名	人數	時間	原因	結果
上海楊樹浦	日華第二紗廠	千餘人（粗細紗間女工全體）	二月二日	要求廠主允工人自帶飯食進廠，並要求按發給全薪。	一致堅持，完全勝利。

上海楊樹浦	三新紗廠	千餘人（細紗間日夜班女工）	二月十三至二十日	因日食艱難，要求增加工資。	因不能一致堅持，失敗。
上海宜昌路	中新紗廠	八十餘人	二月某日	因管車擢升私人為工頭。	因捕房派警彈壓上工工人，失敗。
上海楊樹浦	日商東華紗廠	七十餘人	三月二十九日	因不服帳房扣減工資。	領袖被捕，工人失敗。
上海浦東	日華紗廠	三千八百餘人（男女工）	四月十六日至二十六日	要求增加工資。	男女工一致，工人勝利。
上海浦東陸家嘴	英美煙公司	三百餘人（葉子間女工）	五月三日至五日	要求廠主取消新定章程。	工人勝利。
上海浦東洋涇濱	源茂織布廠	二百餘人	六月十五日	要求增加工資。	勝利。
上海新閘北一帶	四十四家絲廠	二萬餘人	八月十五日至九月十四日	要求廠主承認女子工業進德會，增加工資，減少時間。	首領被捕，大多數女工不能堅持，完全失敗。

119 鄧中夏，《中國職工運動簡史》（上海：東北書店，一九四八），頁六四—六五。

120 中共中央黨校黨史教研室編，《中共黨史參考資料（一）：黨的創立時期》（北京：人民出版社，一九七九），頁三二九。

121 王會悟，〈中國婦女運動的新趨向〉，《婦女聲》，第三期（一九二二年一月十日），轉引自中華全國婦女聯合會婦女運動歷史研究室編，《中國婦女運動歷史資料，一九二一—一九二七》，頁三三。

上海楊樹浦	日商大康紗廠	工人全體	十月二日	要求廠主勿苛待工人。	工人勝利。
上海中華路	萬生織襪廠	工人全體	十月十七日至十九日	要求增加工資。	工人為生活所迫，不能堅持，自行上工，完全失敗。
上海浦東	日華紗廠	全體女工	十一月一日至二十五日	要求啟封紡織工會及其他條件。	不能堅持，失敗。
上海浦東陸家嘴	英美煙公司新廠	二千餘人（錫包間女工全體）	十一月二日至二十四日	要求增加工資。	不能一致堅持，失敗。
上海	英美煙公司狄思威路十號	一百五十人（哈德門捲煙女工）	十一月十三日	要求增加工資。	領袖被捕，群眾無主，自行上工，工人失敗。
上海浦東	恒大紗廠	全體	十二月十七日	為虐打女工。	一打散場。
湖北	英美香煙廠	三千餘人（男女工）	一九二二年十一月約一星期之久	要求承認工會，增加工資。	完全一致，工人勝利。
湖北	英美香煙廠	三千餘人（男女工）	一九二三年一月（一星期之久）	要求承認工會，履行條件。	完全一致，工人勝利。

廣東	車衣女工會	五百餘人	未詳	要求軍衣鋪照原訂價目付資。	一部分工人受資本家誘惑，破壞團體，工人失敗。
廣東	織襪女工會	未詳	未詳	要求資本家承認工會。	罷工領袖被開除，團體瓦解，失敗。

資料來源：向警予，〈中國最近婦女運動〉，《前鋒》，第一期（一九二三年七月一日），轉引自中華全國婦女聯合會婦女運動歷史研究室編，《中國婦女運動歷史資料，一九二一—一九二七》（北京：人民出版社，一九八六），頁八六－八八。

女工罷工，資方最後占上風的情況居多，就連人數最多、工作環境最難忍受的絲廠女工所發動的罷工，也難與資方抗衡。以當中規模最大的一次絲廠女工同盟罷工為例，一九二二年八月該次罷工起因於大來絲廠一位女工因忍受不了廠內過高的熱度，痧疾爆發，女工想出廠求診治，向廠方請假被拒，女工發痧不治而喪命，[122]事件引發同廠女工抗議，聚眾到女子工業進德會請求出面聲討，廠方與進德會間的緊張關係升高。事件爆發時，上海新聞、閘北一帶三十八家絲廠女工加入集體罷工，藉此向各廠廠方提出女工共同的權利主張，包括增加每日工資五分，每日工作時數由十二小時減至十小時。[123]絲廠罷工，工業進德會成了女工運動的

122《民國日報》（上海），一九二二年八月十六日。

123〈上海絲廠女工亦全體罷工〉，《晨報》，一九二二年八月九日。

領導中心，一位出身鹽城的工業進德會成員，人稱九姑娘的，她帶領絲廠女工頭目名叫阿大者及其他女工代表，向各絲廠提出四個復工條件，包括：（一）允許設立女子工業進德會；（二）工作時間減為十小時；（三）工廠條例，本定每二星期休息一天，應要照章實行；（四）不論冬夏寒暑，工作時間不得隨意增減。[124]絲廠同盟女工罷工力求擺脫女工一盤散沙的罷工模式，要求資方允許設立女子工業進德會，目的就是有一個領導團結的中心，女子工業進德會宣稱它成立的目的是幫助女工，所謂：「非合群不能成立，非進德不能修業」，職業團體的想法已在絲廠女工中逐漸生根。城市的女工離鄉背井，農村社會中的親族互助不存在於城市中，對個人更有用的保護傘是職業結合起來的團體。城市紡織女工職業團體的衍生，不能不提到她們危險與受威脅的實際生活經驗。上海各絲廠雇用了大量年輕女工，一些稍具姿色者受到管工騷擾，[125]更多情況是女工上、下工時被惡棍或黑幫成員跟蹤、調戲、詐騙，為了自保，女工間會義結金蘭，或乾脆拜有權有勢的年長女子作聖母，通常這個年長聖母是女工的領工車頭，個人經驗助長女工對結成團體的迫切需要。[126]

絲廠同盟罷工參與人數最高達二萬多人，各廠承受很大壓力，但罷工最終仍以女工失敗收場，主要原因是各絲廠女工立場不一致。罷工運動開始於八月五日，到了七日，有些租界內的絲廠女工已復工，八日華界內的絲廠也有復工者，九日閘北一帶的絲廠陸續復工，至此，罷工宣告失敗。針對女工所要求的各項條件，各廠廠方一開始就敷衍誘騙，有些女工以為廠方答應，上工後第一天，工時果真減少兩小時，第二天後又完全不減，[127]待罷工結束，各廠對女工的待遇更趨嚴苛。和一九二二年稍早的男女工人聯合的浦東日華紗廠罷工相較，絲廠女工同盟罷工的純女工罷工弱點一一顯現。日華紗廠工人因廠方不允提高工資，男工、女工四千多人集體罷工，租界當局逮捕工會人員，工運沒有因此退縮，反而因上海各工團聯合會的支援，組織成立罷工經濟後援會、工團執行委員會，廠方受到極大壓力只好答應工人條件，工人與工會聯合大獲全勝。[128]反觀絲廠女工同盟罷工，沒有男性工團介入，女工意志及行動都算不上堅定，上海慈善團體、工團聲援也派不上用場，[129]雖然罷工後隔年江蘇省長宣令女工每日工作

124 朱枕薪，〈一九二三年的中國婦女勞動運動〉，轉引自中華全國婦女聯合會婦女運動歷史研究室編，《中國婦女運動歷史資料，一九二一—一九二七》，頁一一七。

125 一九二三年發生東華紗廠翻譯陸大賢調戲十八歲女工沈陳氏，沈陳氏羞憤服毒自殺。《婦女週報》，第三十八期（一九二四年五月七日），頁七。

126 Emily Honig, *Sisters and Strangers: Women in the Shanghai Cotton Mills, 1919-1949*（California: Stanford University Press, 1986），pp. 148-153.

127 朱枕薪，〈一九二二年的中國婦女勞動運動〉，轉引自中華全國婦女聯合會婦女運動歷史研究室編，《中國婦女運動歷史資料（一九二一—一九二七）》，頁一二四。

128 馬超俊，《中國勞工運動史》，頁九八。

129 其餘團體只有代為陳情，如工團執行委員會向南京韓省長陳言，要求省長容納工人要求，予以增加工資，減少時間。〈上海各工團為絲廠女工呼籲〉，《申報》（上海），一九二二年八月十七日。

至多九小時，一個月要休息二天，沒有任何工廠遵辦。[130]女工罷工有點虎頭蛇尾，不過運動所帶起的能量，仍然是當時社會上令人矚目的現象，中共所設定的婦運新路線，所找尋的婦運生力軍，看來非女工莫屬了。楊之華在稍後一九二六年，以上海婦運領袖身分寫下〈中國婦女運動之過去現在及其將來〉一文，提到一九二三年前後勞動婦女問題已被看成是政治動員的可能方式。[131]向警予在上海眼見女工罷工一波又一波，她的評價是女工運動比起爭女權，行動要更團結，動機要更強烈，她的看法是：「爭自由、爭本身利益，……用罷工的手段一致與資本家積極作戰，忍饑挨餓，犧牲工錢或被革除，都在所不惜。這支勇敢奮鬥、有組織而能戰爭的新興婦女勞動軍，不獨是婦女解放的先鋒，而且是反抗外國掠奪者的國民革命之前衛！」[132]向警予對女工運動的肯定，釋放婦運加入生力軍的訊息。革命藉婦女問題擴大宣傳，並不是國民黨的創舉，近代中國內憂外患，女權、婦女地位、婦女問題一再捲入改革、革命浪潮中，清末如此，五四依然如此，但到一九二〇年代卻有重大變化，先是女工們起來「革命」，然後革命陣營才相中女工。

廣東與上海是一九二〇年代工人運動最活躍的兩個地區，上海有許多政黨建立的工運外圍組織，他們的目的是接近工人，進而影響工運，比較知名的如平民夜校，由上海大學與國民黨上海執行部婦女部合辦，共招收了三百名學生，其中有女學生八〇人，[133]平民夜校不重上課學習，而是注重師生與工人、平民打成一片，上海大學學生連同平民夜校學生，以深化平民教育為名，在滬西、楊樹浦、南市、吳淞各工人集中地區聯絡活動。[134]一九二四年八月，中共祕密建立滬西工友俱樂部，對外宣稱俱樂部傳授工人讀書識字，暗地裡吸收會員，會員一旦有足夠人數後，就在工廠中成立祕密小組，強化會員罷工鬥爭教育，團結工會，最終目的是引導工運加入反帝陣營。[135]

女工爭取利權，行動一次比一次果決，罷工後，廠方答應的條件往往是同一行業的所有女工通通受惠，得到好處者越多，越能一致行動。上海絲廠女工最多，其次是紗廠，一九二四年一月十四日，絲紗女工聯合成立絲紗女工協會，[136]目的是團結兩業女工爭取更好工作待遇，協會對外宣稱：「合計絲紗兩廠女工，已不下數萬人，既未受良好之教育，又少習專門之職

130 向警予，〈一個緊急的提議〉，《婦女週報》，第六期（一九二三年九月二十六日），頁二。
131 楊之華，〈中國婦女運動之過去現在及其將來〉，《中國婦女》，第十二期（一九二六年四月二十日），頁二。
132 向警予，〈中國最近婦女運動〉，《前鋒》，第一期（一九二三年七月一日），轉引自中華全國婦女聯合會婦女運動歷史研究室編，《中國婦女運動歷史資料，一九二一—一九二七》，頁九一。
133 〈中國共產黨婦女部關于中國婦女運動的報告（節錄）〉（一九二四年六月二十四日），收入中華全國婦女聯合會婦女運動歷史研究室編，《中國婦女運動歷史資料，一九二一—一九二七》，頁一七三。
134 任建樹、張銓，《五卅運動簡史》（上海：上海人民出版社，一九八五），頁二六—二八。
135 上海社會科學院歷史研究所編，《五卅運動史料》，第一卷（上海：人民出版社，一九八一），頁二七六—二八〇。
136 〈上海絲紗女工協會發表宣言〉，《婦女週報》，第二十二期（一九二四年一月十六日），頁四。

業，使自食其力，服務絲紗之辛勞，博得衣食之代價，而我女工同胞又皆散漫雜處，各自為謀，飽受痛苦，飲泣吞聲，由來已久。」一向全體女工喊話，歡迎加入。[137]城市中的女工，身心承受巨大折磨，一進廠就被嚴格監視，工時長、休息短，連吃飯、上廁所都有規定，下班後又是另一種痛苦。一般情況是在籍女工下工後可回家，孤身在外的，為便於管理起見，廠方安排女工住在廠裡，這些女孩大部分從農村出來，沒有親人在旁分憂解勞，連下班都不能行動自由，廠方管控嚴密，居住內部空間狹窄，人數過多，窗戶一般都被釘死，只有一個門供進出，女工形同遭到監禁。一九二四年三月十日，上海祥經絲廠夜間起火，大火燒死住在工廠底層及二樓的女工將近百人，造成嚴重死傷的原因是木料樓板，樓上玻璃窗用鐵柵欄擋住，夜間又全部上鎖，人多門小樓梯窄，裡面的女工逃生困難。[138]按照廠方說法，女工住宿的地方安裝鐵欄窗並在夜間上鎖，是為防止女工偷盜廠中貨物。這樣完全不顧及人命安全的作法，輿論替女工抱不平，斥責廠主罔顧人命，邵力子是激進刊物上的著名社論主筆，他說：「（廠方）這些舉動和心理都是把女工看做盜賊這一點來的，可憐呀！死了女工當然不必說了，活著的女工也有什麼能力來反抗？」[139]燒死女工事件，社會沸議，受害女工及家屬卻沒有申冤管道，婦女團體中只有女權運動同盟會出面替女工與廠方交涉，[140]所得有限，廠主僅願意付給家屬每人二十元了結此事，沒有任何法律可以制裁廠主的疏失。[141]

女工悲慘遭遇，比起任何女權議題都更能引起社會同情、輿論關注，而女工能夠藉以和廠方對抗的資源及支援均不足，政黨抓住機會打進女工陣營，把女工收編為婦運隊伍，女工有政黨撐腰，不怕得不到外援，政黨、女工合作互蒙其利。一九二四年六月，上海五個絲廠集中地之一的虹口區，爆發十四家絲廠一萬四千名女工罷工，[142]罷工起因是女工不滿廠方待遇苛刻，無法忍耐，鄧中夏是當時共產黨上海工運的出色幹部，他的觀察是：「女工出此最後罷工之一舉，實係為了自救。除此外，無他法，故不知不覺的各不相謀而『一致行動』、『一致響應了』。」[143]罷工聲勢達到鼎盛時，女工向廠方提出「四不」要求，包括（一）工資不恢復到四角五分不上工；（二）工作時間不恢復到十點鐘不上工；（三）不釋放被捕的姊妹不上工；（四）不恢復工會不上工。[144]女工不進廠工作，廠方損失巨大，而罷工拖延的時間越長，女工收入斷絕，生活陷入困頓，因此女工、廠方二者都希望儘速解決罷工爭議。絲廠女工參加

137〈上海絲紗女工協會徵求會員〉，《婦女日報》，一九二四年二月十六日，第二版。
138〈上海祥經絲廠焚斃女工百餘人大慘劇〉，《婦女日報》，一九二四年三月十五日
139 邵力子，〈關于上海祥經絲廠女工被焚的社評〉，《婦女週報》，第二十九期（一九二四年三月十二日），頁三。
140 上海市婦聯婦運史編纂委員會編，《上海婦女運動史，一九一九—一九四九》），頁三一。
141 中華全國婦女聯合會婦女運動歷史研究室編，《中國婦女運動歷史資料，一九二一—一九二七》，頁五九—六〇。
142 力子，〈社評〉，《婦女週報》，第四十二期（一九二四年七月二日），頁二。
143 鄧中夏，〈絲廠女工罷工平議〉，《覺悟》（一九二四年六月二十一日），頁五。
144〈虹口絲廠女工罷工底回憶〉，《婦女週報》，第四十二期（一九二四年七月二日），頁六。

罷工人數近萬人，引起公團關注，為調解廠方與女工的衝突，公團組織聯席會議，聯席會議成員中最有分量的是中國國民黨上海執行部婦女部及農工部。六月二十五日，借女權運動同盟會會址，聯席會議召開大會，共出席二十多個團體，[145]大會通過成立一個委員會負責處理罷工問題，六月二十六日，一部分委員分頭找廠方及女工疏通，[146]得到雙方友善的回應。官方淞滬警察廳也有動作，他們邀請絲繭公所總經理沈聯芳及朱靜庵到警廳，要他們慎重考慮女工漲工薪的要求，另派督察長張桂榮到虹口與當地五區三分署署員孟荼蓀兩人，對女工進行勸導，女工方面主張雙方要妥協，條件是至少加資一分，並釋放兩名遭到拘捕的代表。六月二十七日，虹口絲廠女工宣布停止罷工，兩位被拘禁的代表曾胡氏、陸王氏也在女工開工後，獲得交保釋放。[147]罷工落幕，女工一開始所提的四項要求，只有增加工資一項達到目的，不過漲工資受惠的是全上海十多萬女工。除漲工資外，廠方對釋放被捕女工代表，比較不堅持。談到減短工時、合法組織工會兩個條件，廠方堅決不允，在中間斡旋的國民黨代表主導局面發展，最後解決是讓女工得到一些好處，廠方又能持續經營，重要的是保住女工運動持續不斷引起社會同情與注意。邵力子的批評很敏銳，他說：「得相當的勝利，然後可以鼓勵伊們今後的勇氣，不至於拋棄其正當的主張；但根本上應覺悟此次所以不能得全部或大部分勝利（其實即是失敗）的原因，而趕快謀所以補救將來的辦法，這是全社會的責任，而尤其是表同情於婦女與勞工者的責任呀！」[148]

要把純粹由女工參與的罷工，轉變為政治可運用的群眾運動，首先遭遇的是女工罷工只顧眼前利益的弱點，底層女性與政治向來疏離，上海的女工絕大多數不會在工廠工作太久，絲、棉廠要的是年輕女工，她們手腳俐落，效率高，過了一定年紀這些人就得離廠，工作既然短暫，在女工間宣傳社會改良、政治革命引不起她們的熱情。男工不同，養家活口的壓力容易變成階級對立，對抗資方，男工不輕易讓步，同時，工運也較可能變成政治運動。一九二四年後，政治力介入，女工罷工被整體工運拖著走，越來越由不得女工自行其是了。

一九二五年二月，日本紗廠工人同盟罷工，當時在中國境內的日本紗廠總共四十一家，雇用華工八萬八千餘人，上海據估就有日廠二十七家，工人五萬八千人。在日本紗廠中，最有實力並且背後有日本國家資本作後盾的是內外棉紗廠，分布在中國各處共計十六家廠，上海數目最多有十一家、青島三家、東北二家，[149]一九二五年上海內外棉紗廠廠址及雇用男女華工人數如下表：

145《民國日報》（上海），一九二五年六月二十七日。
146《民國日報》（上海），一九二五年六月三十日。
147〈虹口絲廠女工罷工底結束〉，《婦女週報》，第四十二期（一九二四年七月二日），頁六—七。
148〈社評〉，《婦女週報》，第四十二期（一九二四年七月二日），頁二。
149鄧中夏，《中國職工運動簡史》，頁一一三—一一四。

表二：上海棉紗廠雇用工人人數表

廠名	地址	男工	女工
三廠	小沙渡路蘇州河轉角	八四八	四九五
四廠	小沙渡路蘇州河轉角	九五九	九四九
五廠（東）	宜昌路十四號	九二〇	六一六
五廠（西）	宜昌路十四號	一、一九七	五九一
七廠	宜昌路十四號	二五二	一、二七三
八廠	宜昌路十四號	三五二	四二八
九廠（紡）	麥根路六十號	七二八	九一
九廠（織）	麥根路六十號	三三〇	一、一二二
十二廠	宜昌路十四號	三三六	二八〇
十三廠	勞勃生路六十二號	三四三	八六六
十四廠	勞勃生路六十二號	二三九	八四九
十五廠	普渡路一四六號	二九八	九四六
共計		六、八〇二	八、五〇六
內外棉株式會社共雇用華人一五、三〇八人			

資料來源：上海市檔案館編，《五卅運動》，第二輯（上海：上海人民出版社，一九九一），頁五。

內外棉紗廠各廠雇用男工、女工比例不一，總人數統計男工六、八〇二人，女工八、五〇六人，相差只一千七百人左右。男、女工受雇人數相近，彼此競爭工作機會的可能性大大提高，而女工工資和男工工資相比，也算不上是廉價勞動力。一九二四年上海粗工男子工薪每月八．五元，女子工薪每月六．八元；細工男子工薪每月十四．一元，女子工薪每月十一元，相差有限。[150]工人以罷工方式對資方施壓，希望改善工作環境、提高工作待遇，資方往往利用男工、女工的工作機會競爭來瓦解工運。發動罷工並能堅持到底，男工表現始終比女工出色，男工較服從團體決定，行動積極，講求紀律，女工軟弱得多，受到一點威脅，立場就動搖，廠方或誘惑或說情，女工可能就乖乖復工。現代上海逐漸浮顯的工人文化，最明顯的特徵就是女工既堅強又柔弱的兩面形象，左派的知識女性王一知，來往於上海、廣州兩地，對工運有深入瞭解，她一語道破女工的兩面形象：

> 勞動婦女每每不能與男工合在一起，只顧目前苟延殘喘，不知工人全體的利益即是他們的利益，所以常常破壞罷工。就上海的屢次罷工的情形來說，一個罷工總是男工首倡，女工中雖亦有熱心奮鬥的，但那是少數。一些女工抱怨著「一天不作工一天就沒有工錢」

150 天翕，〈婦女與五月〉，《新女性》，第三卷五期（一九二八年四月），頁四九七－四九八。

的恐懼，大多都是抱怨男工多事，不肯一致進行，雖是被強迫罷了工，但每天總在工廠門前徘徊數次，或到廠內表示他們不願意罷工的意思，向資本家討好。在罷工期間，資本家的走狗工頭們總威誘許多女工去上工，以致資本家有所牽制，所以罷工往往失敗。[151]

女工工運就算不夠團結，論到激起國人對外國資本家的敵意，女工處境比男工更具煽動性，若再加上童工的遭遇，帝國主義吸吮中國人血汗的邪惡就更具體了。下面是上海一家三萬錠日商紗廠雇用工人年齡的調查：

表三：上海紗廠雇用工人年齡調查表

年齡		男		女		合計	
		人數	百分比	人數	百分比	人數	百分比
十五歲以下	十歲	……	……	一	……	一	……
	十一歲	……	……	八	……	八	……
	十二歲	六	……	三十七	……	四十三	……
	十三歲	十三	……	六十	……	七十三	……
	十四歲	二十二	……	一二八	……	一五〇	……
	十五歲	二十九	……	一三八	……	一六七	……
小計		七十	十二·一	三七二	二十七·八	四四二	二十三

十六歲以上二十歲以下	十六歲	二十三	……	一三五	……	一五八	……
	十七歲	二十七	……	一一六	……	一四三	……
	十八歲	十六	……	一〇八	……	一二四	……
	十九歲	三十三	……	九十二	……	一二五	……
	二十歲	三十二	……	一一一	……	一四三	……
	小計	一三一	二十二·六	五六二	四十一·九	六九三	三十六·一
二十一歲以上二十五歲以下	二十一歲	二十三	……	六十三	……	八十六	……
	二十二歲	二十五	……	五十一	……	七十六	……
	二十三歲	二十四	……	四十	……	六十四	……
	二十四歲	五十	……	四十	……	九十	……
	二十五歲	二十六	……	四十	……	六十六	……
	小計	一四八	二五·六	二三四	一七·五	三八二	一九·九
二十六歲以上	二十六—三十歲	一一六	……	一一六	……	二三二	……
	三十一—四十歲	九十一	……	四十七	……	一三八	……
	四十一—五十歲	十四	……	八	……	二十二	……

151王一知，〈勞動婦女運動之重要〉，《光明》，第三期（一九二五年十一月十日），頁一五—一六。

五十一—五十五歲	七	……	……	……	七	……
小計	二二八	三十九・四	一七一	十二・八	三九九	二十・八
不明	二	〇・三	一	……	三	〇・二
合計	五七九	一〇〇	一三四〇	一〇〇	一九一九	一〇〇
平均年齡	二十四・五	……	十九・六	……	二十一・一	……

資料來源：上海社會科學院歷史研究所編，《五卅運動史料》，第一卷（上海：上海人民出版社，一九八一），頁一九八。

日紗工廠的工人隊伍中，十五歲以下女工占受雇女工人數超過四分之一，男工部分，十五歲以下占男工百分之十二，十五歲以下的男女工合計占全部工人百分之三十。[152]按年紀來分，受雇男童工最小是十二歲，女童工最小十歲，幼童所處的工作環境和大人相同，暴露資方剝削的本質，極不人道。輿論多半把女工和童工問題合起來討論，這兩類勞動人口，被認為受資本家殘害最深。一九二五年有一份期刊所登載的報告調查上海女工、童工人數，指出上海各紡織工廠，雇用女工占全部工人百分之七十至八十，其他產業，如繅絲、煙草、火柴業，女工也是占多數。一九二四年的調查，全上海受雇的童工，十六歲以下有一七三、二七二人，其中女童工有一〇五、九二一人，[153]女童工在全部童工占了絕大多數，她們是弱勢中的弱勢，這些女童年紀小、自主性低，比起成年人更好操控，女童工的工資極低，又不會反抗，稍加訓練就能應付技術水平低、簡單的操作，[154]如果沒有外援，女童工恐怕只能一直任憑廠方擺佈，活在暗無天日的社會底層。一九二〇年代上海宗教及社會福利團體開始注意童工問題，他們把焦點放在慈善救濟，革命者看待童工、女工問題，突出的是帝國主義不人道虐待的作為。[155]一九二五年三月八日，這天是國際婦女日，國民黨上海婦女部對全國婦女發表宣言，內容提到：

> 在工廠做工的幾十萬姊妹，哪一日不被資本家及其監工的剝削責罰拷打侮辱和調戲？幫傭的婦女，哪一年不出一些被強姦被侮辱的事情？八十年來，中華民族逐漸淪為帝國主

152 一九二四年李大釗曾有一分研究指出，上海市雇用童工的小大工廠共二百七十五間，童工總數有十七萬三千二百七十二人，十二歲以下男童工有四、四七五人，女童工一八、一三五人。不過其中雇用童工的廠家，日本三十二家、英國二十四、美國十二、義大利七、法國五、葡萄牙、瑞典、比利時各一、英美合辦者二、其餘一百九十廠均為華人所辦。童工問題是嚴重社會問題，卻只變成愛國運動中的一個控訴帝國主義侵略的依憑。參見李大釗，〈上海的童工問題〉，《婦女週報》，第六十五期（一九二四年十二月二十七日），頁二一—三。

153 天裔，〈婦女與五月〉，《新女性》，第三卷五期（一九二八年四月），頁四九六。

154 同註153，頁四九七—四九八。

155 一九六三年上海曾辦過一個關於「解放前」勞工工作展，展覽重現童工與女工擠在骯髒狹小工作間，動不動就遭到工頭毒打的現場。這個展覽採取的觀點完全是「革命者眼中」的勞工問題，而展覽真正的用意是傳達「解放」，解放前勞工過的是慘無人道的生活，解放後勞工變得有尊嚴。Emily Honig, *Sisters and Strangers: Women in the shanghai Cotton Mills, 1919-1949* (California: Stanford University Press, 1986), pp. 132-135.

義之奴隸，十三年來，中華民國無日不成為軍閥殺伐宰割的屠場……總括一句，在帝國主義與軍閥的惡勢力的壓迫之下，一般人民固然莫不遭殃，而婦女更是遭殃之遭殃！[156]

南方國民革命蓄勢待發，婦運是言論造勢的武器，國民黨指出女工苦楚是軍閥、帝國主義作惡的結果，要改善婦女處境必須支持國民革命。一九二五年始，上海、南京、杭州、青島、漢口、北京等地連續發生罷工，不同於前面時期，一九二五年以後的罷工，生活、經濟困難居次，大部分出於愛國。[157]改組後的國民黨，一九二五年五月一日，在廣州召開第二次全國勞動大會，會上提出「工人階級政治鬥爭」議案，進一步升高工人的政治作用，為培養職工運動的領導分子，大會結束，著手在大城市和產業中心，開設短期補習學校，作為職工運動人才的養成基地。[158]

一九二五年的工運，宣傳、組織發揮動員作用，工人運動的規模及影響力大大提高。[159]女工的受害、受難是工運最好的導火線，一九二五年二月，上海爆發一連串罷工，起因是日商內外棉紗廠第八廠，一位夜班工作的粗紗女工，下工前的半小時在車間倚機小睡，管理人員發現後打傷女工腿部，因妹妹被打傷，女工姊姊向日本廠方抗議，日人不予理會反毆打姊姊，第八廠日班粗紗部五十多個工人見廠方無理，群情激憤，聲言如果廠方一味包庇管理人員，大家就一起停工，[160]廠方面對工人威脅，絲毫不讓步，宣布所有鬧事工人通通開除。二月四日，被開除的工人回到廠裡，要求工資結算付清，廠方不予理會，反當場逮捕六個工人，第八廠留廠工作的工人看到事態擴大，不再忍耐，加入停工並打算採取更激烈行動警告日本廠方。[161]二月十一日，日本人經營的內外棉五、七、八、九、十二、十三及十四各廠工人，加起來共一萬七千多人全部停工，[162]同屬日本人產業的大康、日華、豐田、同興、裕豐等廠數目眾多的工人，同感氣憤，紛紛採取罷工呼應。[163]二月十八日，抗議日廠的罷工人數已達三萬多人，[164]由女工受虐引起的罷工，女工的聲音卻十分微弱，男工是這次罷工的主體，他們與廠方談判所提的條件，是以約束廠方不得濫用暴力為主，不是專門為女工討公道。工人方面對廠方有八項要求：

156〈國民黨上海婦女部告全國婦女〉，《婦女週報》，第七十六期（一九二五年三月八日），頁一。

157 陳達，《中國勞工問題》（上海：商務印書館，一九二九），頁一五六附表及頁一七〇—一七二。

158 馬超俊，《中國勞工運動史》，頁一〇四。

159 劉明逵、唐玉良主編，《中國工人運動史》，第三卷（廣州：廣東人民出版社，一九九八），頁五七—六三。

160〈上海內外棉八廠、同興紗廠工人罷工〉，收入中華全國婦女聯合會婦女運動歷史研究室編，《中國婦女運動歷史資料（一九二一—一九二七）》，頁三三六。

161《民國日報》（上海），一九二五年二月六日。

162 任建樹、張銓，《五卅運動簡史》，頁四〇。

163《民國日報》（上海），一九二五年二月十七日。

164 鄧中夏，《中國職工運動簡史》，頁一一六。

一、不准打人罵人，不准無故罰工錢；二、工錢加十分之一，並不得無故克扣；三、不准無故開除工人；四、賞工每星期一天，不得缺少；五、開除工賊大石和藤田，永久不得任用；六、不得調戲女工、任意嬉笑怒罵；七、搖班期中工錢一律照常發給，不得扣減；八、援助內外棉、日華、豐田、大康棉紗廠全體工友，一律達到勝利。[165]

八項中只有一項是專門為女工提出的，其他都照顧到全部工人，這場日廠工人大串聯的罷工，女工的貢獻小之又小。一開始以領導女工運動自許的左派婦運領袖，如楊之華、王一知、張琴秋等轉變立場，她們和全國學生總會代表劉清揚一起出席二月十三日召開的罷工工人大會，婦運領袖們並沒有在大會上提出有關女工權益保障的特殊要求。[166]勞方、日本廠方經過折衝，最後結果是勞工所提八項條件，日本廠方修改接受成為四項，各廠工人陸續復工，持續二十七天的二月罷工潮才宣告結束。[167]

日本資方在上海產業界實力雄厚，他們與日本政府侵華的策略配合，向來對華工極盡侮辱苛待，二月初工人對抗日本廠方雖不是全然勝利，但日廠最後願意妥協，不僅對工人，對中國革命所激起的民族主義也有提振作用，工運的革命色彩越加濃厚，工會是工運指揮中心，要操縱工運勢必要掌握工會。三月一日，閘北潭子灣七百個工人舉行群眾大會，六十名女工到會，工運領袖劉華發言鼓動工人成立大型工會，劉華不被政黨信任，同場而在劉華後面上臺發言的楊之華，意有所指地暗示工人們要謹慎行事，不要被任何派系指使。[168]工會的分裂局面，因為政黨介入更形複雜，滬西工友俱樂部是左派掌握的工運指揮中心，他們在工人中吸收黨員，也把黨員送到工人間，發展新會員擴大工會力量，有系統地組織工人支持罷工，[169]工會及工運充斥職業工運分子，工運朝向計畫性罷工以及暴力流血衝突，這些遠遠超出廠方可以應付的範圍，女工運動的質變也很明顯，原本爭權益的女工讓位給不以女工自居，但以革命者自居的「革命女工」，一九二五年後的工運令資方膽怯。[170]

五月初，因棉紗價格波動，工人工資被廠方拖欠，勞、資衝突一觸即發。先是日方內外棉紗廠十二廠的工人提出抗議，接著八廠的工人聲言不接受減資，[171]三廠、四廠一千三百名工人鬧罷工，這兩廠罷工工人大部分是女工，她們罷工是因一位童工王小妹被廠方指控是工運

165《時事新報》（上海），一九二五年二月十七日。
166《警務日報》（上海），一九二五年二月十四日。
167上海市婦聯婦運史編纂委員會編，《上海婦女運動史，一九一九—一九四九》，頁一〇一。
168《警務日報》（上海），一九二五年三月二日。
169劉明逵、唐玉良主編，《中國工人運動史》，第三卷，頁六〇—六一。
170鄧中夏，《中國職工運動簡史》，頁一一八—一一九。
171上海社會科學院歷史研究所編，《五卅運動史料》，第一卷，頁五四七。

煽動分子，在沒有確實證據下王小妹遭開除。[172]各廠抗議目的不同，廠方分別處置，風波暫時平息，但一有風吹草動，工人們就擺出抗議姿態，廠方與勞工敵對，隨時都可能釀成血腥災難。五月初的風波過後，事隔數日，內外棉紗廠十二廠開除幾名工人，五月十五日，七廠一些工人被日方攔阻不准上工，工人與廠方武力相向，衝突中工人顧正紅中槍身亡。[173]日本對待工人的暴行激起大規模抗議，五月三十日，學生站出來聲援工人，大批群眾集結於租界舉辦演講並遊行示威，遊行隊伍行經南京路時，英國巡捕為阻擋群眾悍然對遊行隊伍開槍，當場十三人死亡，五十三人被捕，[174]是為「五卅慘案」。三十一日，女工和女學生共一千多人站上街頭，她們在南京路散發傳單，鼓動商人罷市支持工人，英國巡捕四處驅趕，女工、女學生們堅持不退，[175]四位上海大學女同學包括鍾復光在內被逮捕。[176]男工浴血，女工、女學生、各界婦女結成一體，一改散漫軟弱的習性，積極支援罷工。六月五日，上海各種身分的婦女第一次擺脫差異集會於西門方濱橋的勤業女中，這次集會決議成立「上海各界婦女聯合會」，以集體名義向租界請求撤退武裝、釋放被逮捕民眾、懲兇道歉、賠償死傷、工人可以自由組織工會及進行罷工、取消不平等條約。[177]上海各界婦女聯合會沒有動員女工加入罷工，她們是有步驟、有組織地擴大罷工影響。為了使罷工工人能夠堅持下去，婦女們上街募款來救濟工人。六月七日，婦女們又一次召開大會，抱定奮鬥到底的決心，對外宣言：「凡屬本會會員，均須分赴華界散發傳單及演講，勸告各界堅持到底，一致力爭。」[178]在閘北募款的婦女，藉機向路人宣傳說：「如果外國雇用的阿媽、廚司和西崽想回家鄉而無路費，可去閘北寶興路寶興里二十號申請，他們會在那裡得到款項。」[179]上海一些女校紛紛投入罷工支援中，包括宏偉女學、民生女學、啟明女校、女子文學專門學校、啟英女學、愛國女學、群賢女學、神州女學、城東女校、華東女學、本立女學等各校女學生宣布罷課。[180]上海女學生不進校，不是為了自身權利，而是為了同情工人，開了女學生政治、社會運動抗議的新動力，女學生比起女工更有能力帶領群眾運動，藉著工運，女學生很容易就變成婦運幹部。支援罷工的婦女們，來自各方，若沒有具有經驗及組織能力的指揮者，很難有什麼作用。政黨中有能力的婦運幹部自然而然擔起訓練工作，他們分配各種任務，組織糾察隊、演講隊，演劇籌款各司其職，工運中的女工

172《警務日報》（上海），一九二五年五月八日。
173 任建樹、張銓，《五卅運動簡史》，頁五二—五四。
174 馬超俊，《中國勞工運動史》，頁一〇六。
175 鄧中夏，《中國職工運動簡史》，頁一五九。
176 鍾復光，〈被捕女學生的一封信〉，《京報》，一九二五年六月八日。
177《申報》（上海），一九二五年六月六日。
178〈宣傳募捐支持反帝鬥爭〉，《申報》（上海），一九二五年六月八日。
179《警務日報》，一九二五年六月九日，頁一六四。
180 中華全國婦女聯合會婦女運動歷史研究室編，《中國婦女運動歷史資料（一九二一—一九二七）》，頁三五三—三五八。

只剩外表形貌，真正發揮力量的是年輕婦運幹部，幹部中有男學生、有女學生。[181]楊樹浦一帶一些罷工工人生計艱困，范振華、陳達前往安撫，鼓勵大家堅持到底。浦東一帶是婦運女學生兼年輕幹部孔德沚負責，大夏大學女學生劉德昭照顧的是小沙渡一帶女工。[182]女學生、婦運幹部與勞動婦女結合，集結了一支空前浩大的以女工為名的抗議力量，據估計五卅運動時期，參加罷工示威的婦女至少二百萬人。[183]

五卅運動後，上海工人集會頻繁，放下工作加入群眾的女工不可勝數。一九二五年六月十一日，西門公共體育場舉行群眾大會，現場約有二萬人，記者強調有不少女工混雜在其中，會上年輕幹部范振華向群眾發表演說。[184]六月十七日，在閘北天通庵路宋家花園對面空地，群眾舉行大型集會，有二萬多人擠到會場，女工到會的主要來自內外棉廠和一部分紗廠，集會結束時二萬群眾一起呼口號，他們齊喊：「打倒現代帝國主義」、「收回國內所有外國租界」、「收回海關主權」、「反對增加碼頭捐」、「抵制英貨日貨」、「發展中國實業」、「廢除治外法權」、「和外國人斷絕一切經濟關係」、「千百萬中國人民一條心並堅持到底」。[185]這時上海的群眾集會只把女工算做一分子，女工在群眾大會沒有發言機會、她們不再要求任何屬於女工群體的特殊權益。

一九二五年七月，女共產黨員鄧穎超為了聯絡南北婦運，從北京出發要去廣州，途經上海順道出席上海各界婦女聯合會第十次代表大會，在會上鄧穎超發表演說，她說婦女運動未來要放棄偏重職業、參政、婚姻等女權主張，擁護民族獨立運動，[186]鄧穎超的意見預示了「革命婦運」的來臨。一九二五年九月十八日，段祺瑞政府駐滬奉系軍閥邢士廉以強制手段，封閉了代表二十一萬工人的上海總工會，[187]政黨藉此擴大宣傳，指責這是英國、日本帝國主義和段政府三者勾結壓迫的結果，[188]上海各界婦女聯合會替上海總工會抱不平，她們發表宣言，政治意味濃厚，一字一句指出軍閥封閉工會是暗助帝國主義，詞鋒犀利已是成熟政論，宣言內容說：

上海總工會乃滬上二十餘萬工人所組織，自罷工以來，迄今三月有餘，挨飢受餓，堅忍奮鬥，秩序井然，未嘗稍有軌外行動，其所以能至此者，皆賴該會維持之力，此有目共睹，勿待多說。夫當此外交毫無頭緒之時，正賴後盾，為政府者，宜如何愛護鼓勵，

181〈演劇募捐〉，《民國日報》（上海），一九二五年七月四日。
182〈熱烈宣傳〉，《民國日報》（上海），一九二五年六月十五日。
183 上海市婦聯婦運史編纂委員會編，《上海婦女運動史，一九一九—一九四九》，頁一〇六—一〇七。
184《民國日報》（上海），一九二五年六月十七日。
185《警務日報》（上海），一九二五年六月十八日。
186〈鄧穎超在上海各界婦女聯合會發表演說，號召各界婦女參加民族獨立運動〉，《民國日報》（上海），一九二五年七月二十日。
187〈中共上海區委關於上總遭封事件的宣傳大綱〉，收入上海市檔案館編，《五卅運動》，第一輯（上海：上海人民出版社，一九九一），頁七一。
188〈中共中央為總工會被封告上海工友書〉，收入上海市檔案館編，《五卅運動》，第一輯，頁六八—六九。

使達圓滿勝利，為國家吐氣。孰意計不出此，突於本月十八日下午遭淞滬戒嚴司令部封閉，並逮捕職員，使二十餘萬愛國工人無所依歸，坐令外交失敗，良為惋惜。同人等除電陳政府，請其俯順輿情速予啟封開會外，特敬告全國各婦女團體及各界同胞，一致起而作有力之援助。[189]

陳達一九二〇年代參與勞工運動，後來成了研究勞工問題的知名學者，一九二九年他出版《中國勞工問題》一書，書中檢討一九一八年一月至一九二六年十二月，其間九年所有罷工事件，以發動原因、性質區分，可以歸納出幾個類型：（一）經濟壓迫：包括生活艱難、要求加資、反對加捐、反對加租；（二）待遇問題：包括工作時間、反對雇主虐待或苛刻、要求改革工作情形、反對雇主或官廳的辦法或命令、反對上級員司；（三）群眾運動：愛國或對外、受新思潮影響或受人利用；（四）組織工會；（五）外界衝突；（六）同情罷工；（七）雜項。[190]第一及第二類在後來工運中，越來越少成為罷工主因，三、四、五、六類已不是為工人爭權利，而是假借工人之名，號召群眾對抗「不合理」的壓迫，壓迫者可以從資方延伸到軍閥及帝國主義，政治意味越來越濃烈。

另外一位一九三〇年代的婦運史作者郭箴一，在他的《中國婦女問題》書中提到一九二〇年代從女權到女工運動的轉變。郭箴一的看法是新文化運動所倡導的女權一直受到當局迫害，婦女爭女權沒有太大進展，到參政運動時，各省菁英婦女提出「參政」、「自由」、「平等」、「解放」口號，混雜女權與女工問題，「此後且注意於勞動婦女的參加，以求婦女解放運動的澈底，婦女運動亦就由上層婦女而走入勞動群眾的婦女隊伍中了。」[191]郭箴一的梳理，從另一角度說明「上層婦女」女權路線過渡到勞動婦女運動的過程。婦運陣營中能冠上「群眾」的非女工莫屬，女工訴求被政黨吸收成為婦運資產，是國共合作中婦女幹部出色的工作成果，工運屢屢重創軍閥及帝國主義立足的基礎，革命陣營有了女工助陣吶喊，婦運氣勢如虹，而婦女幹部也在女工中間鍛鍊群眾運動工作的能力，同時培養大批婦運人才。

五卅運動擴大了工運，女工卻流失運動能量，政治作用在女工罷工中漸漸消褪，女學生嶄露頭角。五卅運動中，女學生深入群眾得到工作訓練，她們原有的知識加上社會歷練，很快地就成了婦運生力軍，政黨展開懷抱大舉吸收政治化的女學生。江蘇省境內支援五卅的各種運動，女學生功不可沒。徐州三女師曾舉辦過一場聲援五卅慘案的大會，從此之後，三女師成了徐州宣傳革命的中心。江蘇省內各縣市女學生，包括南京的一女師、匯文、明德女中；

189〈上海各界婦女聯合會援助上海總工會函〉，《民國日報》（上海），一九二五年九月二十五日。
190 陳達，《中國勞工問題》（上海：商務印書館，一九二九），頁一五一—一五五。
191 郭箴一，《中國婦女問題》（上海：商務印書館，一九三七），頁二〇五—二〇六。

蘇州市樂益女中、二女師、景海、振華、慧靈女校；無錫的女師、代用女中；常熟的女高師、淑琴女師等以及包括鎮江、揚州、鹽城、淮陰、泰縣、江陰、靖江、武進、太倉、丹陽、宜興等地所有女學校共三十多所，通通投入五卅愛國運動。[192]五卅時，有些女校崛起成為區域性學生行動指揮中心，寧波的啟明女子中學就是當地學校聯合行動指揮中心，[193]蘇州樂益女中因有「進步教師」惲代英、葉天底，在他們號召下，全校學生積極聲援工人運動，這所學校建立了中共在蘇州第一個女學生支部，程寄如是首批入黨的女學生。[194]南方江蘇省女學生的動向，說明不需要藉著爭女權，女學生就可以走進群眾運動中，政黨提出的反軍閥、反帝國主義革命目標，在工人運動中穩穩立足，女工鬧革命，帶起一波波聲勢可觀的群眾婦運，越到後來，女工日漸遠離了，只留下「革命女工」，她們站到了政黨的行列中，是不是「女工」並不重要，服從「革命」才是真正的同志。

192 江蘇省婦女聯合會編，《婦女運動史資料，一九一九—一九二七》，頁一七。

193 Christina Kelley Gilmartin, *Engendering the Chinese Revolution*, p. 136. 一九二六年該校曾發生經費支絀問題，廣東的中央婦女部以該校為同志所辦，富革命精神，特請中央執行委員會給予支援。參見〈中央婦女部五月份工作報告〉（一九二六年六月二十六日），《五部檔案》，中國國民黨文化傳播委員會黨史館藏，館藏號：部一〇六一〇。

194 江蘇省婦女聯合會編，《婦女運動史資料，一九一九—一九二七》，頁三四。

第三章　革命高潮

第一節　國民黨婦女部與共產黨婦女協會

五四知識分子為反封建父權，提出各種女權主張，把西方婦女形象移入作為中國女性範本，[1]鼓勵婦女追求獨立自主。取法西方的女權觀造就反叛自主的年輕女性，她們敢作敢為，奉行五四的女權理想，卻不斷受到保守勢力反撲、打壓。中國社會陳腐令人窒息，尤其表現在軍閥的昏瞶無知專制。眼見軍閥的統治與帝國主義欺侮狼狽為奸，他們追求西化，以西方為模範，卻要面對帝國主義辱華、侵華的事實，知識分子無法擺脫兩難處境。一九一八年蘇俄革命成功的消息在中國各地傳播，如同一道曙光，使深陷意識危機的中國知識分子找到出路，尤其是革命後的蘇聯宣布放棄所有在華取得的特權，這個新興國家不與西方帝國主義為伍，

1 Tani E. Barlow, "Theorizing Woman: Funu, Guojia, Jiating," in Angela Zito and Tani E. Barlow eds., *Body, Subject and Power in China* (Chicago: University of Chicago Press, 1994), pp. 261-268。

更令中國對蘇聯十月革命抱持強烈好感。

對蘇聯的好感，連帶對蘇聯革命發生興趣。一九二〇年，向警予提到知識分子的心態，她說：「蘇維埃的政治不產生於英美德法，而獨產生於極端專制極端黑暗的俄羅斯。」[2]蘇聯革命帶動中國思想界對馬克思主義及社會主義的研究風氣，「階級分析」因為切合中國對國際及自身處境的理解，成為知識分子最熱衷介紹的馬克思式觀點。按照階級理論，各個國際列強都可以按階級排列，中國算是「無產階級」國家，而按照馬克思的預言，歷史將來的發展是無產階級戰勝資產階級，無產階級獲得解放，這個說法對中國有莫大鼓舞，知識分子在階級觀點中，找到解決國家危機的答案，[3]中國「以俄為師」的道路越加確定。

「以俄為師」，包括學習俄國革命所服膺的社會主義，以及社會主義領導下的婦女運動經驗。向警予把俄國革命看成是二十世紀新文明，她認為俄國社會主義代表的新文明，其中關鍵是「互助」，她說：「二十世紀的新人生觀，是以社會主義的互助協進來替代個人主義的自由競爭，這是可以深信無疑的，將來社會的經濟能否實行共產，固尚有待於研究，然而總是朝著這方面走，是可以相信的。」[4]五四新文化運動提出西方化、城市化的女權主張，喚醒的是個人，俄國革命經驗採取激進改革，保障女權是指全體婦女，女權由個別走向集體，這樣速進激烈的社會改革，打動不少知識分子，婦運走向集體、走進群眾，有蘇俄經驗做前導，已沒有猶疑思考的餘地。

五卅運動後，各地婦女團體迅速增長。[5]反帝排外的政治動員，對婦女運動有推波助瀾的作用，在國民黨操作下，婦運配合政黨群眾運動而發展。群眾運動雖各有陣營，政治目的卻一致，婦運從組織到行動，確立了由上而下一條鞭式的指揮。婦運扛起國民革命大旗，在國民黨第二次全國代表大會上，中央婦女部提出的工作報告，直接表明只有國民革命領導下的婦運，再沒其他路線的婦運了。報告的要旨提到：「在國際資本帝國主義與軍閥勾結鎖鏈之下的中華民族唯一解放的出路，只有集合各階級民眾於吾黨旗幟之下，實行國民革命，在各階級中自然占人口半數的婦女不能除外。」[6]軍閥的作為失去婦女支持，國民黨藉機打造國家與婦女的新關係，黨的政策宣示婦女問題是國家建構（state-building）的一環，國家只要在國民黨領

2 向警予，〈女子解放與改造的商榷〉，《少年中國》，第二卷第二期（一九二〇年八月十五日），頁三七。
3 中國知識階級對共產主義的態度轉變，在於蘇俄革命後宣布的和平友好外交政策贏得中國好感，再者革命成功也被認為是被壓迫的民族和被剝削的階級，必然都會起來爭取獨立和解放的二十世紀不可抵拒的潮流。丁守和、殷敘彝、張伯昭，《十月革命對中國革命的影響》（北京：人民出版社，一九五七），頁三八－一一二。
4 向警予，〈女子解放與改造的商榷〉，《少年中國》，第二卷第二期，頁三〇。
5 呂芳上，〈娜拉出走以後——五四到北伐青年婦女的活動〉，《近代中國》，第九十二期（一九九二年十二月），頁一一四－一二五。
6 〈第二次全國代表大會中央婦女部婦女運動概要報告〉，收入中國國民黨中央委員會黨史委員會編，《中國國民黨黨務發展史料——婦女工作》（臺北：近代中國出版社，一九八五），頁二一。

導下統一，婦女問題就迎刃而解。國民黨一貫注重婦女權益，努力於解決婦女問題，婦運理所當然要替國民黨出力。[7]

婦女加入國民革命陣營，是女權經歷時代演變所得的結果。「婦女」這個群眾稱號，包括的社會階層非常廣，它不特定指那一類女性，可以被許多通俗意義填充，如說婦女是社會最受壓迫的一群，婦女是中國落後的象徵，婦女受封建保守勢力荼毒最深，婦女沒有教育權、工作權等等，政黨只要抓住任何一個通俗意義，給予反擊，就能得到開明、進步的稱譽，贏得婦女支持還是其次，贏得社會普遍的好感是政黨取之不盡的資源。婦運助長政黨的影響力，不一定是武裝暴力，更重要的是形象的營造，五四新文化運動所提出的女權主張，[8]被政黨拿來作為與軍閥對抗的法寶，當國民革命不斷向前推進時，群眾婦運扭轉了五四女權在中國屢遭打壓的命運。

領導群眾運動，就是使廣大群眾和黨站在同一陣線，[9]這有賴於黨員的組織動員，使群眾瞭解國民革命是打造新國家、改革舊社會、掃除惡勢力、解除民眾的痛苦，這是建立革命「統一戰線」的首要工作。[10]婦女動員上，國民黨進行的政治宣傳，直指中國舊社會許多弊病不能連根拔起，原因出在軍閥和帝國主義兩股惡勢力作祟，這是婦女受壓迫的真正根源，反帝、反軍閥才能真正解放婦女。國民黨的婦運宣傳緊扣時勢，成果是婦運隊伍不斷擴大，婦運領袖振臂高呼唯有加入國民革命，婦女運動才有出路，婦女才能達成解放。一九二六年，楊之華已是著名共產黨理論家瞿秋白的妻子，在國共合作的婦運中占有一席之地，她向公眾強力推銷國民革命與婦女運動合作的必要性：

如果國民革命在婦女群眾之中沒有建築自己的基礎，他的勝利必定比較的困難；別方面，如果婦女運動不與國民革命合流並進，不以國民革命為基本觀點而出發，那麼，不用說婦女的解放不能達到，就是婦女運動也決不能發展的。現在中國的婦女運動必須要在國民革命的旗幟之下進行，因為只有國民革命的勝利，能使婦女運動達到最近的最小限度的目的。……中國一般婦女群眾，只有男女參加國民革命，加入國民革命的國民黨，積極為

7 何香凝，〈國民革命的婦女唯一的生路〉，收入尚明軒、余炎光編，《雙清文集》，下卷（北京：人民出版社，一九八五），頁三三五─三三七。

8 婦女部的設置即「用特殊的方法，給與政治訓練的機會」，「欲使婦女了解政治，參加國民革命」，參見〈第二次全國代表大會中央婦女部婦女運動概要報告〉，收入中國國民黨中央委員會黨史委員會編，《中國國民黨黨務發展史料──婦女工作》，頁二。一九二七年十月蕪湖婦女協會成立宣言中即提出「諸位女同胞，我們受了兩千多年的壓迫，簡直比什麼也不如，……在當時一句反抗的話也不許說」，所以組婦女協會一方面為盡婦女天職，一方面替本身、女界謀各種利權。參見〈蕪湖婦女協會對女同胞宣言〉（一九二七年十月），《五部檔案》，中國國民黨文化傳播委員會黨史館藏，館藏號：部一三一六一。

9 國民黨整理黨務案的訓令中提出「本黨為代表各階級共同從事於國民革命運動之三民主義政黨，故凡屬一切真正的革命分子，不問其階級的屬性為何，本黨皆應集中而包括之」。參見〈關於整理黨務案之訓令（第五號）〉（一九二六年），《漢口檔案》，中國國民黨文化傳播委員會黨史館藏，館藏號：漢 一三二六九。

10 Arif Dirlik, "Mass Movements and the Left Kuomintang," *Modern China, Vol. 1, No. 1*（January 1975）, p. 54.

國民革命的團結組織奮鬥，才能達到這些最低限度的要求，這就是中國最近一期婦女運動的方針和前途。[11]

婦女運動群眾化，連比較不那麼激進的女知識分子都表達歡迎，她們認為婦女教育的功能也應該有所改變，婦教群眾化不失為是可行的方式。北方婦女界中向來較溫和的葛季膺，推崇群眾化婦教，她說：「使伊們用經濟的方法求得充分的關於各種科學尤其是社會科學的常識外，還應使伊們養成敏銳機警的感官，能夠心手相應的把伊們的意見情緒用簡明的文字或言語傳達出來。」[12]群眾化婦運席捲的範圍，絕不只限於政治運動。擔任領導的幹部們，有別於女權團體向來開會決議就了事的馬虎態度，立於革命陣營，要有新作風，她們身先士卒，注重政治修養，勇於犧牲奉獻，群眾化婦運領袖帶頭衝鋒，共產黨中的馬克思主義專家蔡和森說婦運幹部：「能帶著主義的使命，到女工群眾中，到女學生中，講演宣傳，鼓起群眾反抗壓迫的勇氣，為她們計畫反抗的方法。」[13]蔡和森所說的婦女幹部形象鮮明，走進政黨的年輕女性，洗去了五四的浪漫自由，她們講求的是效忠政黨並且吃苦耐勞。政黨領軍下的婦運，注重群眾動員，年輕幹部既是群眾表率，就必須澈底群眾化、革命化。革命婦運的內容包羅萬象，不只要打倒舊禮教、舊倫理道德，還要保障婦女教育、職業、法律權利，更重要的是努力使生活「無產階級化」，具體方式就是投入群眾，到民間去：

我現在很懇切地要求我們的同性姊妹，容納我的痛言！我們今後應當把我們心中天天所想的那些：「做什麼樣的衣服」、「如何和某某太太講交際」、「如何預備兒女們成為博士夫人」……統統換了——換什麼呢？便是時時刻刻不要忘了占二萬萬同性姊妹中，百分之九十五的下層勞苦婦女。我們每夜在枕上閉目瞑思時，不要幻想那「卡爾登的跳舞」，應當印出一幅工廠中婦女兒童困頓勞疲的可憐地獄來！摒棄膏粱文繡換上布裙荊釵，「到民間去！」用你的如蜜如花之舌，去和那些可憐的姊妹作長夜之談！不要嫌她們污穢醜陋，用你的仁慈之手，緊捧了她們的雙頰，吻著——親愛的，下勁的吻著！為她們解說她們的命運之所由來：帝國主義、軍閥、買辦階級與資本家、男性獸慾的壓迫……告訴她們，能夠救她們的，只有她們自己！革命！[14]

「到民間去」[15]是革命婦運最響亮的口號之一，在這個口號下，資產階級婦女與無產貧級婦女對照，二者的分別就在革命化澈底與否。五四新文化運動鼓勵女性追求獨立自主，在城市

11 楊之華，〈婦女運動之起源與意義〉，《中國婦女》，第九期（一九二六年三月三十日），頁五。
12 葛季膺，〈婦女運動與婦女教育〉，《中國婦女》，第二期（一九二五年十二月二十日），頁七。
13 蔡和森，〈婦女運動〉，《中國青年》，第一一七期（一九二六年三月十三日），頁二一。
14 葛季膺，〈中國國民黨第二次全國代表大會席上得來的感想〉，《中國婦女》，第七期（一九二六年二月二十日），頁四。
15 〈三八國際婦女紀念告全國婦女〉，《中國婦女》，第八期（一九二六年三月八日），頁五。

物質的浸染下，一部分獨立自主的女性流於愛慕虛榮、放蕩逸樂，開口女權、閉口解放，把女權掛在嘴上，加入女權爭取行列，可以大出風頭，新女性藉此滿足追求時髦的虛榮心。「女權」成了流行商品，許多依恃鉅額家產、飽食逸居婦女拿來當作裝飾，時人以諷刺口吻形容這群五四獨立自主的女性，後來變了形：「頭蓋綢傘，足套高鞋，臉上塗了外國花粉，捲髮結成S形式，開口閉口，戀愛自由」，[16]「出風頭、講戀愛的很多。她們百分之九十的時間都花在找愛人、談文學等事上去了，嘻嘻哈哈的過日子，服飾漂亮，塗脂抹粉，一意打扮討男子的歡喜，做男子的玩物。」[17]有錢婦女爭取女權只是表面風光，風頭出夠，就不努力了。[18]左派婦運言論對知識婦女、資產階級婦女某些弱點大加攻擊，從而抬高工、農婦女地位，婦運走向群眾化，同時也革命化。

一九二〇年代的廣東，因廣東省長陳炯明對外宣稱要改革社會，吸引了大批左派及共產黨員聚集廣州。一九二一年，由陳獨秀倡議，譚平山、譚植棠、陳公博等人共同組織了廣東共產黨支部，同時成立社會主義青年團，共產黨人提出社會改革的主張，包括廣泛宣傳婦女解放。[19]廣東區委不斷增加成員，擴大工作項目，包括周恩來、陳延年等人陸續加入，婦女運動也有黨員專門負責，被派任主持婦運的首批女黨員是夏松雲、高恬波、譚竹山三人。國共合作下，中共黨員大舉介入群眾運動，共產黨領軍後，婦運「革命化」進展迅速，有黨人回憶說：「廣東婦女運動的興起，與一時政治環境的順利不無幾分關係。」[20]廣東共產黨支部的女黨員，是婦運黨化的開路先鋒，她們兼任國共兩黨各種婦運職位，以跨黨方式策劃革命陣營中的婦女運動，在廣東婦運發展中，個別婦運領導人憑藉在共產黨中的地位及聲望，使婦運能獲得更多發言空間。一九二五年七、八月，鄧穎超、蔡暢到廣州，先後擔任廣東區委婦委書記，鄧穎超還兼任國民黨廣東省黨部婦女部祕書，蔡暢、高恬波任國民黨中央婦女部幹事。[21]國民黨這方面一開始任命婦運工作的負責同志，是一些老資格的女黨員，她們多來自教育界或是婦女團體的負責人，是典型「資產階級出身」。一九二四年國民黨改組，中央執行委員會設置婦女部，首任部長是曾醒，[22]祕書是廖冰筠，助理是唐允恭，三人的經歷分別是，曾醒擔任

16 戚其芊，〈女權運動中之社會主義中心說〉，《中國婦女》，創刊號（一九二五年十二月十日），頁四。

17 蔡和森，〈婦女運動〉，《中國青年》，第一一七期，頁二二。

18 尚真，〈我對於婦女運動的希望〉，《新學生》，第三十一期（一九二五年三月一日），收入廣東省婦女聯合會、廣東省檔案館編，《廣東婦女運動歷史資料》（廣州：廣東省婦女聯合會、廣東省檔案館，一九九一），頁一四四—一四五。

19 〈第一次國內革命戰爭時期廣東婦女運動的概況〉，收入廣東省檔案館、廣東婦女運動歷史資料編纂委員會工作室編，《廣東婦女運動史料，一九二四—一九二七》（廣州：廣東省檔案館、廣東婦女運動歷史資料編纂委員會工作室，一九八三），頁三〇五—三〇六。

20 李季，《我的生平》（上海：亞東圖書館，一九三二），頁二四七。

21 同註20，頁三〇八—三〇九。

22 曾醒任職不久後因病於一九二四年五月辭職，部長改由廖冰筠接任，廖氏任至一九二四年八月去職，改由何香凝任部長。參見〈何部長辭職函〉（一九二五年六月十八日），《五部檔案》，中國國民黨文化傳播委員會黨史館藏，館藏號：部二七一六。〈婦女

過廣州執信女學校校長，廖冰筠擔任過廣州女子師範學校校長，唐允恭擔任過廣東婦女織襪工會會長。[23]一九二五年十月，國民黨婦女部添設婦女運動委員會，與婦女部重用國民黨老資格女黨員不同，婦女運動委員會的組成分子主要是年輕女共產黨員，包括張婉華、陳慕貞、高恬波、夏松雲、譚竹山、區夢覺等人，[24]婦女運動委員會組織分宣傳、調查二部，宣傳工作分成文字及口頭，調查工作則是針對國內外婦女各種狀況。為了使宣傳更有效力，革命組織掛名的婦女刊物一一問世，如中央婦女部辦《婦女之聲》，省黨部婦女部辦《婦女生活》，市黨部婦女部辦《新婦女》。[25]文字宣傳外，為了使婦運深入到群眾，口頭宣傳更是例行工作，遇有活動，演講隊按照工作分派，出發四處宣講。[26]越平易的宣傳方式，越能爭取群眾，觀劇一直都是底層社會最普遍的娛樂，底層婦女多數是文盲，戲劇尤其被看作是動員的可行方式。廣東婦運運用戲劇高度的感染力，自組班底，編寫革命劇本，以表演來打動群眾、說服群眾，以婦女為主要觀眾的革命戲劇，編導演主要出自國民黨中央與省黨部婦女部合辦的民間劇社，以及婦女解放協會組織的光明劇社，[27]新編革命劇目有《夜未央》、《緹縈》、《棠棣之花》和《自由神》[28]等，劇情通俗，寓革命於大眾娛樂之中。

廣東的國民革命，激起群眾熱情，許多政治集會都有狂歡的氣息，政治聯歡是令人振奮的革命場景，一場接一場。[29]一九二五年十一月十五日婦女部舉辦廣東各界婦女聯歡大會，會場擠滿一千七百餘人，[30]主席廖冰筠讚頌聯歡是婦女革命的表現：

今日中國處於千鈞一髮之時，凡為國民黨要有一種救國運動，現工農商學各界都有救國運動之表現，惟婦女界沈寂依然，故有見及此特開聯歡大會，一則謀救國家，二則圖自

部部長廖冰筠致中央執委員會〉（一九二四年八月三十一日），《五部檔案》，中國國民黨文化傳播委員會黨史館藏，館藏號：部二七一一。

23〈中國共產黨婦女部關于中國婦女運動的報告〉，收入中華全國婦女聯合會婦女運動歷史研究室編，《中國婦女運動歷史資料，一九二一—一九二七》（北京：人民出版社，一九八六），頁一七二。

24〈第一次國內革命戰爭時期廣東婦女運動的概況〉，收入廣東省檔案館、廣東婦女運動歷史資料編纂委員會工作室編，《廣東婦女運動史料，一九二四—一九二七》，頁三〇九。

25〈二屆中央各省市聯席會議中央婦女部婦女運動工作報告〉（一九二六年一月—十月），收入中國國民黨中央委員會黨史委員會編，《中國國民黨黨務發展史料——婦女工作》，頁八一。

26為了順利幫助紅十字會售章募捐，婦女部派員往廣東四邑向婦女宣傳黨義及國民責任。參見〈廣東省黨部婦女部一九二六年六月份工作報告〉，收入廣東省檔案館、廣東婦女運動歷史資料編纂委員會工作室編，《廣東婦女運動史料，一九二四—一九二七》，頁一四一。

27〈中央婦女部第一次部務會議紀錄〉（一九二五年十一月十九日），《五部檔案》，中國國民黨文化傳播委員會黨史館藏，館藏號：部四三四三·一。〈中央婦女部婦女運動報告〉（一九二六年五月十五日至一九二七年三月十日），《漢口檔案》，中國國民黨文化傳播委員會黨史館藏，館藏號：漢一二七六三。

28〈婦女部籌款與辦女工學校〉，收入廣東省檔案館、廣東婦女運動歷史資料編纂委員會工作室編，《廣東婦女運動史料，一九二四—一九二七》，頁一一七。

29中央婦女部工作計畫特列出「各省各地方開婦女聯歡會演講會喚醒一般婦女」。〈民國十五年一至五月份中央婦女部婦女運動概要報告〉（一九二六年六月），《五部檔案》，中國國民黨文化傳播委員會黨史館藏，館藏號：部一〇六一一。

30〈中央婦女部一九二四年三月至一九二五年十二月工作報告〉，《婦女之聲》，第六期（一九二六年一月二十日），頁二五。

身的解放，如婦女界今後仍不謀大團結，實不能達以上目的，望各位自今以後，須共同努力，以求自由解放。[31]

廣東各界婦女聯歡大會，以「聯歡」作號召，提醒與會者，群眾是革命主力，唯有群眾集合才能稱為聯歡。在這場大會上提出的婦運口號，有男女平權、職業自由、教育平等、結婚離婚絕對自由、廢娼廢婢等，無一不是站在群眾立場，大會結束後，全部女權主張遞呈國民黨全國代表大會，請求列入國民黨黨綱。廣東各界婦女聯歡大會為凝聚更多婦女，決議廣東省可以成立一個包羅各女學校、女團體的新組織，[32]名字是「中國婦女聯合會」，為了儘快達成目的，當場推出三十個團體擔任新組織的籌備委員，章程起草委員由中央婦女部、省婦女部、執信學校、廣東大學醫科女生、公益女子中學五個機關學校擔任，十一月二十日、二十八日為了催生中國婦女聯合會，籌備委員馬不停蹄開會。[33]廣東各界婦女聯歡大會才結束，「蛋婦聯歡大會」緊接而來。「蛋婦」也稱蜑戶是指居住在廣東省沿海、沿河隨意搭起的棚屋貧戶中的婦女，在底層社會最為弱勢貧窮，這些婦女向來被人瞧不起，居住簡陋、收入低微，根本難以翻身，廣東婦運卻為她們召開聯歡大會，這個舉動使群眾婦運落實到底層社會的婦女，蛋婦聯歡就是革命婦運向群眾靠攏的證據，政黨的宣傳手法稱得上靈活多變。[34]為了爭取國民黨第二次全國代表大會黨代表支持會上提出的女權提案，一九二六年一月，中央婦女部、廣東省黨部、市黨部婦女部共同署名，通知廣東省內各女校，二十日在廣東大學操場舉行群眾大會，歡迎孫夫人宋慶齡和第二次全國代表大會女代表，當天據估有五千多人與會，[35]來自各地的國民黨女代表在廣東見識到革命婦運的聲勢。

群眾支援政黨，政黨組織群眾，結果是廣東省內地方黨部數量增長驚人。一九二五年廣東省召開第一次全省代表大會，省黨部成立，省黨部將主要工作放在幫助縣成立縣黨部，各級黨部都設有婦女部，部內工作有專人負責，省、縣的婦女工作大都是從宣傳入手，喚起一般婦女，使她們瞭解自身所受的痛苦，只有革命能帶來解放。[36]為了有效指導各縣婦女部工作，省婦女部通令各縣婦女部，每兩個月要將工作概要及婦運發展情況寫成報告上呈。[37]

31〈婦女聯歡大會紀盛〉，收入廣東省檔案館、廣東婦女運動歷史資料編纂委員會工作室編，《廣東婦女運動史料，一九二四—一九二七》，頁二七二。

32〈廣東婦女聯歡大會〉，《光明》，第三期（一九二五年十一月），頁一二。

33〈中國婦女聯合會會議〉，收入廣東省檔案館、廣東婦女運動歷史資料編纂委員會工作室編，《廣東婦女運動史料，一九二四—一九二七》，頁二四五。

34 夏理，〈舉行蛋婦聯歡大會動議〉，《婦女之聲》，第六期（一九二六年一月二十日），頁一五。

35〈婦女消息〉，《婦女之聲》，第六期（一九二六年一月二十日），頁六。

36〈二全大會婦女運動決議案〉（一九二六年一月），《漢口檔案》，中國國民黨文化傳播委員會黨史館藏，館藏號：漢六二〇九．九。

37〈廣東省黨部婦女部婦女運動報告〉，收入中國國民黨中央委員會黨史委員會編，《中國國民黨黨務發展史料——婦女工作》，頁一三二。

廣東省的婦運，激烈澎湃，黨的組織體系，一時還不能全面收編到處湧動的婦女群體，在國民黨各級黨部婦女部之外，由共產黨主持的「婦女協會」，大量吸收更加激進的婦女群眾，如女工及農婦。一九二四年三八婦女節，廣州市「婦女解放協會」成立，共產黨以權力高度集中的方式計畫逐步在每個縣市內設婦女解放協會分會，分會以下設立支部，支部是最基層的單位，組成情況按各地條件來決定，女校校內可以成立，工廠廠內也可以成立，超過二個支部就可設分會。支部與分會各設有執行委員會，支部每星期集會一次，分會要派幹部參加，並傳達分會工作情形。[38]婦協的運作是以吸收會員為主，橫向聯繫不重要，群眾能夠服從上級命令才是重點。共產黨員的婦運是保證從中央到最基層，都不會發生自行其是的情況。一九二四年十二月，廣東省婦女協會召開第一次全體大會，會上對縱向控制下達更詳細的指示，大會決議說：「凡在一個機關或地方有五人以上的會員即應組織支部，會員不及五人者加入附近支部；支部開會時，執委應派委員參加；分會與支部常做報告於執行委員。」[39]婦協所建立的嚴密層級和國民黨婦女部的鬆散不同，婦女協會中的幹部不能有自主性，她們在溝通上下時要遵守的是忠實於黨的命令，廣東省婦女協會第二次全體大會上，針對婦女幹部訂出一連串工作守則，包括：「每月召開大會一次，請名流演講各種問題及政治報告；每支部每兩星期開會一次；其餘還有個人談話及介紹書報。」[40]國民黨的婦女幹部向來沒有什麼工作守則可遵循。一九二五年五月十四日，婦協為慶祝成立一週年召開大會，[41]會上提出勞動婦女工作權、反對買賣婚姻、廢除多妻、要求參政、八小時工作等女權問題。[42]

婦協對婦運的影響很快就超過國民黨各級婦女部。一九二五年年底，廣東省婦協召開了第二次改選大會，會上一連通過九個決議，包括組織問題、宣傳問題、農婦運動、學生運動、家庭婦女運動、勞動婦女運動、訓練會員問題、本會加入中國婦女聯合會問題、本會與中國國民黨婦女部合作問題等。論工作的細膩講求方法，國民黨方面的婦女組織大大不如婦女協會，這次改選大會，婦協提到了農婦和家庭婦女這兩類婦女群體的動員難以進行，原因是沒有適當人才。[43] 婦協在底層婦女得到廣泛支持，一九二六年五月十六至十八日，婦協召開第一

38 雷慧貞，〈對於整頓本會的我見〉，《廣東婦女解放協會會刊》，第二期（一九二五年七月一日），頁一六—一七。
39 鄧穎超，〈民國十四年的廣東婦女運動〉，《婦女之聲》，第四期（一九二六年一月一日），轉引自廣東省檔案館、廣東婦女運動歷史資料編纂委員會工作室編，《廣東婦女運動史料，一九二四—一九二七》，頁一四。
40 〈廣東省黨部婦女部婦女運動報告〉，收入中國國民黨中央委員會黨史委員會編，《中國國民黨黨務發展史料——婦女工作》，頁一三七。
41 〈中央婦女部祝廣東婦女解放協會成立一週年紀念〉（一九二六年五月十四日），《五部檔案》，中國國民黨文化傳播委員會黨史館藏，館藏號：部一四二八四。
42 〈廣東婦女解放協會宣言〉，收入中華全國婦女聯合會婦女運動歷史研究室編，《中國婦女運動歷史資料，一九二一—一九二七》，頁三九六。
43 松雲，〈廣東婦女解放協會一年來的報告〉，收入廣東省檔案館、廣東婦女運動歷史資料編纂委員會工作室編，《廣東婦女運動史料，一九二四—一九二七》，頁二〇八。

次全省代表大會，對外徵求會員，二星期內有八百人加入，支部迅速增加到三十多個，全省婦協會員人數估計達二千多人。一九二六年年底，新成立的婦協有惠陽、潮陽、中山、順德、英德、茂名、高要、雷州、合浦、文昌、澄邁、寶安、佛山、北海、臺山、防城等十六個分會，這些分會會員總人數有三千多人。[44]各縣婦協的主要工作是網羅底層婦女，改變一直以來由上層幹部及婦女團體搖旗吶喊的婦運局面，群眾支持使婦女組織改頭換面。

會員人數持續增加，各地分會又不斷成立，對婦女幹部的需求十分迫切。婦女協會以開辦各種訓練班來因應幹部人才荒，由省婦協主持的專門培養上層婦運幹部的是廣州婦女運動人材速成班，對外招收女學員，學程是三個月一期，每期大概有六十至八十名學員，學習結束後，女學員被分派到各地分會，負責訓練基層婦運工作人員。[45]與省婦協注重培養中上層幹部不同，各地婦女協會分會將焦點放在本地婦女，從中挑選能力比較好的來擔任工作，一邊推展婦運，一邊培訓會員，這是各地分會基本的發展方式。底層婦女不識字又沒有一技之長，各地婦協首先要做的工作是設立平民學校或職業學校，接著派演講隊深入各家各戶鼓動婦女加入婦協，[46]有些地區，婦女文化水準較高，當地婦協就會出版簡單易懂的宣傳刊物。婦協各地分會都以發展會員為目的，而工作重點因地制宜。海豐地處內陸，禮教森嚴，附近農村是共產黨重點發展農民運動的地區，農運活躍，卻一直沒有成立婦女組織，一九二五年二月，國民革命東征軍進抵海豐，在軍事推進節節勝利時，各地農民協會恢復，工會的籌組也一一萌芽，群眾運動蓬勃開展，為了動員農村婦女，婦女解放協會趁勢成立。[47]海豐地區的婦女幹部不來自中央，而是由農民運動訓練機構培訓。一九二五年四月，六名青年女子入農民運動講習所學習，她們是張威（淑惠）、彭鏗、陳新（素勤）、章行、高雲、敖少瓊，這些青年女子學習之餘，攜手合作建立海豐縣婦女解放協會及第一個共產黨女青年團支部，是當地最早一批婦運幹部。[48]汕尾靠海，婦女許多是漁戶出身，當地婦女協會由王寶珍、徐麗卿帶頭，吸收鎮上農婦、漁婦、學生，陣容較龐雜，會員人數有限。[49]廣東省各縣，包括曲江、新會、東莞、虎門、澄海、汕頭、陽江、梅縣、潮陽、中山、寶安、佛山、北海等縣婦女解放協會，初步

44〈廣東省黨部婦女部婦女運動報告〉，收入中國國民黨中央委員會黨史委員會編，《中國國民黨黨務發展史料——婦女工作》，頁一三六。
45 同註44，頁一三七。
46 鄧穎超，〈廣東婦女運動報告〉，收入廣東省檔案館、廣東婦女運動歷史資料編纂委員會工作室編，《廣東婦女運動史料，一九二四—一九二七》，頁一九—二〇。
47 這是莊啟芳的回憶。參見廣東省海豐縣婦女聯合會編，《海豐婦運史料，一九二一—一九三五》（廣州：廣東省海豐縣婦女聯合會，一九八七），頁五三—五四。
48〈海豐婦女運動的先驅——「七顆明星」傳略〉，收入廣東省海豐縣婦女聯合會編，《海豐婦運史料，一九二一—一九三五》，頁八九。
49〈第一次國內革命戰爭時期廣東婦女運動的概況〉，收入廣東省檔案館、廣東婦女運動歷史資料編纂委員會工作室編，《廣東婦女運動史料，一九二四—一九二七》，頁三二六。

開展工作都是先設置平民婦女學校，[50]東莞的婦女協會開辦工讀學校，受到地方人士歡迎。[51]底層社會生活貧困、風氣保守、見聞落伍，婦女普遍不識字，與外界隔閡，她們一般都被動、消極、認命，平民婦女學校必須先以傳授簡單知識入手，和婦女們建立關係，溫和的作為較不容易引起地方人士的反彈及疑慮。

一九二六年年中，省婦協一份工作報告指出，因領導人才缺乏，婦協工作無法有效推展。一些地區性的婦協，在婦女宣傳及識字教育上耗去大部分資源，如新會縣於一九二五年年底成立婦女協會，當地風氣保守，農戶對婦協不信任，為卸下農戶心防，宣傳隊每天挨家挨戶噓寒問暖，一位年輕工作幹部名叫關瑞庭，一心一意投入這種面對面的宣傳，工作中時常和男性接觸，關母認為年輕女性這樣拋頭露臉不成體統，關瑞庭被母親帶回家後嚴行禁足，這個案例可見要和底層婦女打交道要克服許多難關，中國社會男女授受不親，女人向來被認為不該過問外界的事，這些集體心態難以在短時間內打破。[52]

一九二五年九月，國民革命軍第二次東征，軍事推進到潮汕，鄧穎超、張婉華兩人以國民黨廣東潮梅黨務特派員身分進入汕頭、梅縣等地開展婦運，兩人第一步先著手改組梅縣原有的國民黨縣黨部婦女部，部長侯昌齡被撤換，並改派上海西南大學的畢業生黃玉笙接管梅縣女子師範學校，梅縣女師後來成為當地婦運發展的基地，到十二月，梅縣婦女協會也掛牌成立了。[53]廣東省各地貧富不均，越貧窮的地區，生活越落後，民眾越落伍頑固，婦運組織越不易立足。廣東四邑、江門的女黨員只有十多人，根本無法建立婦女團體；新會雖有婦女解放協會，工作呈現停滯；臺山的婦女黨化色彩較濃厚，全縣統計起來女黨員差不多也只有百人，[54]在這些地區工作的婦運幹部，挫折連連，空有婦運組織招牌卻沒有工作成績，變成普遍的現象，有一份廣東省婦女部的工作報告提到：「（廣東四邑）各縣婦女部雖多數已指定負責人，然與本部仍未能發生密切之關係，此後誠宜注意而於人才之造成，經費之增加及婦女部組織之擴大，尤當急切促其實現，庶廣東黨之婦女運動得以充分展進而推動全省之婦女運動。」[55]國民黨婦女部各層級的聯繫監督，與婦女解放協會不可同日而語，地方黨部失聯的情況經常發生，成了婦女部最難克服的組織缺陷。廣東省黨部召開第二次全省代表大會

50〈廣東省黨部婦女部婦女運動報告〉，收入中國國民黨中央委員會黨史委員會編，《中國國民黨黨務發展史料——婦女工作》，頁一三二。

51〈中國共產主義青年團東莞地委關於婦女運動的報告〉，收入廣東省檔案館、廣東婦女運動歷史資料編纂委員會工作室編，《廣東婦女運動史料，一九二四—一九二七》，頁一〇〇。

52〈廣東婦女解放協會新會分會成立〉，《光明》，第四期（一九二五年十二月十日），頁一〇。

53〈第一次國內革命戰爭時期廣東婦女運動的概況〉，收入廣東省檔案館、廣東婦女運動歷史資料編纂委員會工作室編，《廣東婦女運動史料，一九二四—一九二七》，頁三二六。

54〈廣東省黨部婦女部婦女運動報告〉，收入中國國民黨中央委員會黨史委員會編，《中國國民黨黨務發展史料——婦女工作》，頁一二九。

55同註54，頁一三五。

時，黨部為了解決婦運中央與地方脫節的問題，曾對全省各級黨部婦女部下達命令，說到：「本黨為擴大革命勢力鞏固群眾基礎起見，應及時深入廣東全省之婦女群眾中，努力宣傳從事組織與訓練並團結各界婦女之力量在本黨旗幟之下從事革命運動」、「各縣婦女部與省婦女部應互相發生密切之關係」、「各縣婦女部應注意促進各界婦女之聯合組織和發展，並應督促女同志努力參加」。[56]這樣的宣令，還是難以改變國民黨在婦運上已經逐漸成形的「機關運動」。

廣東省黨部領導下的婦運，走向「機關運動」，缺點是不能深入群眾，婦運的許多工作偏向凝聚力量，寓動員於群眾歡慶紀念之中。革命的廣東，湧進許多外來的新鮮節日，這些外來節日被引入後，就有各種不同的活動在節日當天舉行，無論是參與者或是旁觀者，通過節日都可以感受到革命帶來新的感官經驗。農工商學各類群眾運動中，婦女們舉辦節日紀念最具話題性，原因在於無論中國社會的民俗或節慶，向來沒有以婦女作主體，革命的節日打破這種慣例。一九二〇年代距離民國初年女性開始走進公眾視野，時間不過十數年，政治領域中大量女性現身還是屬於破天荒，所以婦女們的一舉一動格外引人注目，媒體或公眾的焦點偏愛女性甚於男性，也是不爭的事實。更重要的是以男人為主的革命陣營中，婦運較沒有煙硝味，較不具威脅性，婦女、節日、紀念活動是創造革命新感官經驗的最佳組合。三月八日這個來自外國，原來是為了紀念西方婦女革命歷史特殊事件的節日，一九二四年進入革命陣營，開始一連串外國節日本土化的過程。三八節可說是民國史上第一次專為婦女設定的特殊節日，成為革命廣東最具代表性的政治象徵之一。

一九二四年三月八日，由國民黨的婦工人員領頭，廣州市的婦女們召開婦女群眾大會，會後集體示威遊行，這次大會進行的流程與會上提出的報告主張，還不太能發揮革命婦女的節日效應來擴大宣傳。大會開始，首先由中央婦女部部長曾醒登臺演說，一切行禮如儀，接著婦女群眾出發巡行，沈慧蓮擔任巡行隊伍總指揮，唐允恭擔任總隊長、伍智梅等人擔任糾察員，[57]遊行隊伍共有二千多名婦女參加。[58]一九二四年三八節的婦女慶祝大會，是黨員幹部第一次結合革命節日與婦運，紀念活動十分生硬，過程簡易外，連提出的主張都非常籠統，國民黨的婦女幹部包辦這次大會，會上提出紀念三八節的目的是要收回女權、闡揚婦女問題、全體婦女覺醒，[59]隻字未提革命與婦女的關係。隔年一九二五年，國民政府在廣東立足穩固，

---

56 〈廣東省黨部婦女部婦女運動報告〉，收入廣東省檔案館、廣東婦女運動歷史資料編纂委員會工作室編，《廣東婦女運動史料，一九二四—一九二七》，頁一五九。

57 一九二四年婦女部的領導人物包括唐允恭、沈慧蓮、楊道儀、伍智梅、居若文、馬鳳岐等，隨著年輕左派分子的加入，其在婦運路線上的影響力逐漸削弱，特別是一九二六年後。參見〈婦女部工作日誌，三月八日〉（一九二四年），《五部檔案》，中國國民黨文化傳播委員會黨史館藏，館藏號：部一〇五九九。

58 〈中央婦女部一九二四年三月至一九二五年十二月工作報告〉，《婦女之聲》，第六期（一九二六年一月二十日），頁一二。

59 〈三月八日廣州舉行國際婦女節運動〉，《婦女日報》，一九二四年三月十五日。

政治條件有了變化，三月八日群眾動員規模比起上年陣仗大得多。廣州市的慶祝活動有完整時間表，三月八日前，省黨部婦女部一一發函通知廣東各女團體踴躍出席，婦女部通知函寫著：「在此日尤應有所表示以警醒婦女群眾，使同趨於聯合奮鬥之一途。」[60]一九二四年首度出現的三八節，婦女群眾還不熟悉這個革命節日，到一九二五年，國民黨婦女幹部已確認這是一個象徵婦女群眾團結奮鬥的節日，「革命」是國民黨領軍的慶祝活動中，動不動就喊出的口號。一九二五年的廣東婦運走到關鍵的轉捩點，廣東省黨部婦女部是省方婦女運動的大招牌，左派及共產黨員卻逐漸取得動員群眾的實權，三八節紀念反應了國共兩黨婦女幹部對婦運有不同的想法。在廣東婦運中，公開沒有醒目的職務，卻在婦運指導具有舉足輕重分量的是周恩來妻子鄧穎超，鄧穎超後來曾對一九二五年婦運做過詳細梳理，她十分肯定當年三月八日紀念活動的重要性，她說這個日子加深婦女認識到「解放」與「革命」的關係，同時催生了廣東婦女解放協會，她的主要觀點說到：

廣東一部分革命而覺悟的婦女，他們在三八節那天，舉行示威，召集大會講演宣傳，並在此國際婦女革命的紀念日中，產生一廣東婦女解放協會。……但是我們婦女要知道這種特殊的不平等發生的原因，固在數千年遺存下的重男輕女的觀念，但是大部分實因社會職業的基礎，因為現在資本制度的社會裡，無論是法律、是政治、是教育，都是替資本主義賣力，社會完全建築於資本主義之上，所以我們不將這個組織完全推翻，我們是夢想不到平等解放的。於此我們婦女要求解放，並不是平白地可以達得到的，必要先將我們組織起來，嚴密我們的陣線，對壓迫者下總攻擊。[61]

女共產黨員認為三月八日是「國際婦女革命紀念日」，紀念三八節，就是緬懷歐洲婦女革命的理想，也提醒中國婦運以此自許，女共產黨員對三八節的認識與看法後來成為廣東三八節紀念的主旋律。

一九二五年，婦女在各地發起爭取國民會議代表權運動，廣東之外，三八節在一些地區也有婦女公開舉辦紀念活動，最盛大的是北京。[62] 北京在國民軍掌握實權時，女界組成國民會議促成會，和廣東婦女南北應和。一九二五年三月八日北京婦女在民國大學召開國際勞動婦女節紀念大會，會場張貼的標語五花八門，包括「爭回人格」、「爭回政權」、「向民家婦女方面做去」、「同等教育」、「同等工值」，勞動婦女權利、群眾運動與婦女參政權無所不包，

60〈婦女部通告〉（一九二五年三月三日），《漢口檔案》，中國國民黨文化傳播委員會黨史館藏，館藏號：漢六二一七三。

61 鄧穎超，〈民國十四年的廣東婦女運動〉，《婦女之聲》，第四期（一九二六年一月一日），轉引自廣東省檔案館、廣東婦女運動歷史資料編纂委員會工作室編，《廣東婦女運動史料，一九二四—一九二七》，頁一三。

62 楊之華，〈中國「三八」運動史〉，《赤女雜誌》（一九二七年），頁一九。

大會最後高唱國民革命歌結束。[63]不過，北京婦女節紀念似乎沒有產生太多影響。

一九二六年三月八日，三八節的紀念湧現無產階級勞動婦女團結的呼聲。在上海的女共產黨員楊之華，把婦女群眾、婦女解放、婦女運動、世界革命貫通融入為三八節精神，她說：「勞動階級婦女警醒自己，集合自己的勢力，也就是全世界被壓迫民族婦女聯合戰線，以參加世界革命運動求婦女解放的日子。這是我們婦女群眾檢閱婦女運動軍隊的日子。所以今天是黑暗世界的燈塔，照耀著我們婦女的光明之路！」[64]在共產黨宣傳下，三八節的重要性在於它是已經覺悟的底層社會婦女，開創光榮偉績的日子。廣東左傾的《人民週刊》及《廣東青年》，一九二六年三月份各有一篇文章提到三月八日的由來，女共產黨員王一知所寫的〈三八國際婦女日〉，提到三月八日是俄國勞動婦女擁護革命與幫助建造社會主義的偉大紀念日。[65]另外一篇是蕭嘯雲所寫的〈敬告廣東的女界青年〉，指出一九一七年聖彼得堡婦女大集會是世界三八歷史上的破天荒事件，「婦女大集會，要求麵包與和平，這也是婦女改革社會的先聲，是年十月俄國無產階級起來革命，得了婦女群眾的助力，乃能於短期間，推翻本國的帝國主義，同時進行社會的改革。」[66]左派主持的刊物接連刊登共產黨對三月八日的歷史意義，右派刊物保持沉默，於是三月八日紀念就成了以俄為師的左派婦運路線宣傳的重要媒介。

一九二六年三八節，因革命軍事節節獲勝，南方各省許多城市都舉行慶祝活動。除廣東以外，上海、廣西、湖南各處婦女也分別集會遊行，每處大概都有二至三千婦女參加，[67]廣州聲勢最浩大，共有六十多個婦女團體參與，以女學校、女工會為主，加上個別參加者，總共在場有一萬多名婦女。革命婦女的外國前輩，包括德、俄兩國都派代表出席，三八節在二十世紀初變成廣為人知的革命婦女節，是德、俄兩國婦女革命進程累積的影響，中國革命的婦女動向引起兩國婦運前輩注意。廣州婦女的三八節大會，網羅革命陣營所有重要婦運領導人物，省婦女部劉蘅靜、婦女協會蔡暢、俄國馬也也夫人、女權運動同盟會鍾婉如、女師鍾蔚霞接連上臺發表演說。[68] 與會婦女決議以大會名義發表「致共產國際婦女書記部」通電：[69]

63〈北京之國際婦女節〉，《京報》，一九二五年三月九日。

64 楊之華，〈「三八」與中國婦女〉，《中國婦女》，第八期（一九二六年三月八日），頁二。

65 王一知，〈三八國際婦女日〉，《人民週刊》，第四期（一九二六年三月四日），轉引自廣東省婦女聯合會、廣東省檔案館編，《廣東婦女運動歷史資料》，頁二一四。

66 蕭嘯雲，〈敬告廣東的女界青年〉，《廣東青年》，第三期（一九二六年三月三十一日），轉引自廣東省婦女聯合會、廣東省檔案館編，《廣東婦女運動歷史資料》，頁二三七。

67〈民國十五年一至五月份中央婦女部婦女運動概要報告〉（一九二六年六月），《五部檔案》，中國國民黨文化傳播委員會黨史館藏，館藏號：部一〇六一一。

68〈廣東各地婦女紀念三八節情形〉，《婦女之聲》，第十一期（一九二六年三月十一日），轉引自廣東省檔案館、廣東婦女運動歷史資料編纂委員會工作室編，《廣東婦女運動史料，一九二四—一九二七》，頁二七五。

69 楊之華，〈中國「三八」運動史〉，收入中華全國婦女聯合會婦女運動歷史研究室編，《中國婦女運動歷史資料，一九二一—一九二七》，頁五八七。

國際婦女書記部轉全世界被壓迫的婦女，婦女最偉大的「三八」節，已得到全中國婦女的認識了，全中國被壓迫的婦女都很熱烈的參加這個有意義和有價值的紀念，特別是革命的根據地廣東。……我們明瞭要得到婦女界的解放，第一步必先得到民族的解放，因此我們更決定參加中國國民革命運動，聯合一切被壓迫民眾，做打倒帝國主義的工作，同時我們又知道中國的國民革命，是世界革命的一部分，婦女解放運動，必候世界革命完全成功，才能澈底成功，婦女運動是世界性的，因此我們便決心站在國際婦女書記部旗幟之下，與全世界婦女聯合參加世界革命的戰線了。[70]

一九二六年廣州的三八節慶祝活動，走到國民革命與世界革命要麼合、要麼分的十字路口，婦運向左走、向右走的分裂已隱然出現，革命替婦運引來全世界的資源，這些資源在帶動婦運聲勢時，也改變了婦運的性質。廣州的三八紀念大會促成了廣東各界婦女聯合會成立，三八當日與會婦女們在群眾熱烈支持下，當場決定廣東各界婦女聯合會的籌組工作由中央、省、市國民黨婦女部、省婦女解放協會、中大文學系、女權運動大同盟、女師同學會七個團體擔任，廣東婦女聯合會於一九二六年八月六日宣告成立，[71]這是廣東左右派婦運最能團結合作的時期。另外，廣東、河南各界婦女於三八節前夕召開聯歡大會，同樣是各派合作，大會上包括中央婦女部趙雪如、伍夏理、高恬波，市婦女部馬淑芬，女界聯合會鄭淑貞，罷工婦女工讀傳習所李善琴、王國英等人出席並發表演說，報刊上提到聯歡大會，盛讚開會熱烈情況：「會上革命空氣非常濃厚，婦女解放前途，深為樂觀也。」[72]一九二六年一月，國民黨召開第二次全國代表大會，許多婦女權益提案在大會通過，時隔數月，不見施行，河南各界婦女聯歡大會上，為督促國民黨落實第二次全國代表大會女權決議案，婦女們提議三八節當日舉行大規模示威，向國民政府請願，[73]共產黨婦運此時仍服從國民黨婦運路線，並對黨中央女權決議寄予厚望。一九二六年婦運左右派攜手，廣東境內三八節的慶祝遍及各縣，這一年是三八節成為革命節日後，廣東紀念日「在地化」的高峰，包括清遠、東莞、潮汕、陽江、廣寧、曲江、梅縣、樂清等縣婦女紛紛舉行紀念活動，這種情況不見於其他省份。[74]

70〈致國際婦女書記部電〉，《婦女之聲》，第十一期（一九二六年三月十一日），轉引自廣東省檔案館、廣東婦女運動歷史資料編纂委員會工作室編，《廣東婦女運動史料，一九二四—一九二七》，頁二七八。

71〈廣東省黨部婦女部婦女運動報告〉，收入中國國民黨中央委員會黨史委員會編，《中國國民黨黨務發展史料——婦女工作》，頁一三五。

72〈廣州河南各界婦女聯歡大會情形〉，《婦女之聲》，第十一期（一九二六年三月十一日），頁一五。

73〈國民黨中央黨部婦女部呈中央執行委員會函〉（一九二六年），《五部檔案》，中國國民黨文化傳播委員會黨史館藏，館藏號：部一〇六二九。

74包括〈中國共產主義青年團廣東區委關於廣東各地舉行「三八」婦女節紀念會情形給中央的信〉，收入廣東省檔案館、廣東婦女運動歷史資料編纂委員會工作室編，《廣東婦女運動史料，一九二四—一九二七》，頁九六—九八。

一九二六年上半年，國民黨的統治及聲望在廣東達到高點，北伐已蓄勢待發，婦女運動的發展開始以全國為目標。一月份，國民黨第二次全國代表大會，在眾多女權議案中，婦運擴展列為首要，目標包括普設婦女部，指派專人負責，擴大宣傳，喚起婦女加入革命，[75]進行這些工作前先要培養婦運人才。一九二六年九月，婦女運動講習所在中央婦女部主持下開辦，所長是中央婦女部部長何香凝、教務主任是蔡暢、總務主任是劉嘉彤，這是國共合作的產物。婦女運動講習所目標是訓練全國婦運幹部，招生的方式是對全國各地開放，國民黨通令各省選派一到兩名女性學員到所，[76]講習所學員畢業後分派到各地組織婦運，期與北伐行動配合。

廣東一地的婦運到一九二六年因各級婦女部不斷成立，人才荒成了婦女運動最迫切棘手的難題，為了補充婦運工作人員，黨中央婦女部與中山大學特別黨部合作開辦婦女運動人員訓練班講習所，入所的學員中一部分來自各縣婦女部選派，其他就在廣州開放招募。一九二六年十月十一日，婦女運動人員訓練班講習所開學，到講習所授課的教師有湯澄波、羅綺園、黎樾廷、鄭伯奇、熊銳、陳其瑗、譚夏聲、黃枯桐、劉侃元、鄧穎超、楊參化等，師資陣容包括國民黨、共產黨及黨派色彩不明顯的各路人馬，並且男性教員占多數。[77]在名單上的男性教員過去並沒有對婦運有什麼理論，或參與過實際工作，由他們主導婦運人員訓練，可視作是北伐軍開拔前夕，對婦運進行指導改造。

國民黨第二次全國代表大會，對婦運的另外一項重大決議，就是擴大徵求女黨員，鼓動婦女參加革命。徵求女黨員的工作由廣東省婦女部、中央婦女部和廣州市婦女部協力進行，三個層級婦女部共同主持「徵求女黨員委員會」，委員會內設委員六人，工作分成文書、組織、宣傳三科，廣東省負責徵求工作的稱為總隊，各縣婦女部稱為支隊，總隊、各支隊包括隊長一人，隊員若干人，工作開展主要是先聯絡各地與國民黨友好的婦女團體共同合作，[78] 黨與婦團合作再深入號召個別婦女參加革命。[79]

一九二四年國民黨改組，中央成立婦女部負責指揮統籌黨的婦女運動及婦女工作。兩年後，婦女運動已大為擴展，中央婦女部的職能必須擴充以因應工作的負擔，一九二六年年中，中央婦女部編制有大幅度調整：

75〈二全大會婦女運動決議案〉（一九二六年一月），《漢口檔案》，中國國民黨文化傳播委員會黨史館藏，館藏號：漢六二〇九．九。

76〈中央婦女部八月份第一星期工作經過〉（一九二六年八月六日發），《五部檔案》，中國國民黨文化傳播委員會黨史館藏，館藏號：部一〇六四九。

77〈廣東省黨部婦女部婦女運動報告〉，收入中國國民黨中央委員會黨史委員會編，《中國國民黨黨務發展史料——婦女工作》，頁一三三—一三四。

78〈廣東省黨部婦女部一九二六年四、五月份工作報告〉，收入廣東省檔案館、廣東婦女運動歷史資料編纂委員會工作室編，《廣東婦女運動史料，一九二四—一九二七》，頁一三六。

79同註78，頁一八—一九。廣東省於一九二六年七月即在部務會議中通過：各地各級黨部應注意促進各種婦女團體的組織及發展，並在各種組織中多吸收本黨同志，此外決議案強調中央及各級黨部婦女部應發生密切關係。參見〈廣東省黨部婦女部婦女運動報告〉，收入中國國民黨中央委員會黨史委員會編，《中國國民黨黨務發展史料——婦女工作》，頁一三二。

一、設部長佐理各一人，計畫指導全部工作之進行。二、在部長下設祕書、宣傳、組織、監察四科，各科各設主任一人，其他若干人。三、祕書科專司內外往來一切文件。四、宣傳科分為講演、編輯、游藝三股。五、組織科專司敦促各地婦女部之組織與進行以及各種婦女團體之組織。六、監察科專司監察女黨員工作之勤怠，與紀律之遵守與否。[80]

這次的中央婦女部編制調整，是以婦運將來要推展至全國來規劃的，各科間的靈活配合是婦運成敗關鍵，中央婦女部通過新的辦事細則，新聘的人事，有蔡暢、劉嘉彤擔任幹事，馮明光、王國英、李善琴進入宣傳科，中央婦女部重用左派及共產黨幹部，與廣東群眾運動日益高漲有關。為支援五卅慘案，抗議帝國主義的暴行，一九二五年六月初開始，香港一地就有罷工，許多罷工工人離開香港回到廣州，六月二十三日，從香港回到廣州的工人和廣州本地工人舉行示威遊行，隊伍走到沙面租界對面的沙基，遭英法軍隊開槍射擊，死傷無數，外國的血腥屠殺，激發工人更為團結，決定採取罷工以貫徹反帝，六月底由中共領軍的中華總工會策劃的，聲勢浩大的省港大罷工拉開序幕。有政黨的支援，省港罷工的時間一直延長，為了使罷工工人沒有後顧之憂，廣東各界以支援省港援助滬案罷工返省工人為名，一九二五年六月成立「廣東各界對外協會」，婦女在這個時期參與並不熱衷，只有屬於婦協系統的張婉華擔任廣東各界對外協會的常委、募捐部主任。[81]省港罷工持續擴大後，響應罷工離港返粵的女工人數越來越多，最多達七、八千人，這些女工投入罷工行列，時間久了，生活遇到困難，婦運中掌握最多資源的國民黨中央婦女部為解救女工，設立罷工婦女工讀傳習所，一九二六年七月開始招收女工入所學習，[82]所內分洗衣、草鞋、車衣三部，白天的時間，女工自由工作，晚上要學習各種知識，傳習所的所有收入都分給女工用來補助生活。[83]廣東婦女解放協會將既有的平民學校改成勞工婦女補習學校，專門招收罷工婦女，校址設在洋務女工會內，婦協執委何怡之擔任勞工補習學校校主任，學校開學是一九二五年十一月二十日，共收四十多名學員。[84]為了減輕罷工工友家屬負擔並維持罷工工友子女教育，從一九二六年五月開始，包括海員、金屬業、印務、煤炭、同德、織造、西業、洋務等工會接連成立童子團，共產黨青年婦女是童子團工作的主

80〈中央婦女部辦事細則（第六次部務會議附件）〉（一九二六年二月），《五部檔案》，中國國民黨文化傳播委員會黨史館藏，館藏號：部一四五·五。

81〈第一次國內革命戰爭時期廣東婦女運動的概況〉，收入廣東省檔案館、廣東婦女運動歷史資料編纂委員會工作室編，《廣東婦女運動史料，一九二四—一九二七》，頁三二一。

82〈罷工女工工讀傳習所開學〉（一九二六年七月二十八日），《五部檔案》，中國國民黨文化傳播委員會黨史館藏，館藏號：部一六〇四〇。

83經費由何香凝請財政部令公安局於租捐項下撥助一千元，廣東女子師範外交後援會捐助四百五十三元六毫，爪哇剪玉華僑匯回捐款千元。參見〈省港罷工婦女之新生活〉，收入廣東省檔案館、廣東婦女運動歷史資料編纂委員會工作室編，《廣東婦女運動史料，一九二四—一九二七》，頁二七〇。

84〈廣東婦女解放協會成立勞工婦女補習學校〉，《光明》，第三期（一九二五年十一月十日），頁一〇。

力，如海員工會勞動童子團中有四位女青年團員，她們是周秀珠、羅大妹、陳淑英、鄧金娣。工作團的幹部擔任教務，同時從事宣傳，[85]一九二六年九月，勢力更龐大的省港勞動童子團聯合會成立，罷工工人子女寓教育於勞動，與共產黨員掌握工運有關。童子團婦女幹部與工會關係密切，卻不一定投靠婦運組織，雖然工友子女教育倚賴婦女發揮天生的優勢，不過工運與婦運間誰領導誰的爭議已浮出枱面。

一九二六年，廣東各種群眾運動風起雲湧，國民黨的資源分配就有彼此擠壓排斥的情況。婦女運動要擴大，首先面臨的難題就是經費短缺，有些計畫不得不停擺，[86]中央婦女部主持的救護、慰勞、撫恤工作，可說是左支右絀。一九二四年六月，考慮到救濟貧民、罷工工友病患及女工生產者，中央婦女部計畫辦一所貧民醫院，[87]開辦經費無法湊足，婦女部的領導幹部，包括何香凝、伍智梅、居若文、沈慧蓮、馬鳳岐、羅徐淑、李順春、唐允恭等人聯袂舉辦戲劇義演，義演收入支應貧民醫院開辦費。醫院開張後，所需經常費由婦女部部長何香凝出面向各軍政機關、國民黨要員如林森等及海外同志募款。[88]募款是國民黨婦女部籌措經費的管道，臨時性的救護、慰勞常常需要向各界募捐，一九二四年十月商團叛變，何香凝、陳璧君、洪壽英、劉嘉彤、沈慧蓮等人組成人民救護隊開赴西關前線，慰問受傷工友，並發動募捐撫恤死傷者。一九二五年六月，楊劉叛亂平定，何香凝、楊道儀等發動募捐，購買食用品慰問受傷軍士。一九二五年六月二十三日，沙基慘案爆發，何香凝、高恬波偕貧民醫院、光華醫院醫生救助傷患，廣東女權運動同盟會、婦女解放協會聯合組廣州婦女救傷團，經費由婦女團體募捐。[89]廣東內外軍事行動頻繁，需要大量救傷人員，中央婦女部與廣東省黨部婦女部合辦軍人家屬婦女救護員傳習所，開辦費來自募捐。[90]

在東征、北伐之役，男性拚命衝鋒的軍事行動中，婦女們擔起對部隊的鼓舞和救護。廣東婦女不同的團體，支應不同軍事行動，紛紛投入慰問、救護、勞軍工作。東江平亂時，婦

85〈第一次國內革命戰爭時期廣東婦女運動的概況〉，收入廣東省檔案館、廣東婦女運動歷史資料編纂委員會工作室編，《廣東婦女運動史料，一九二四—一九二七》，頁三二四。

86 婦女部工作批評中列出「經費支絀影響工作」。參見〈民國十五年一至五月份中央婦女部婦女運動概要報告〉（一九二六年六月），《五部檔案》，中國國民黨文化傳播委員會黨史館藏，館藏號：部一〇六一一。

87 該院從一九二四年八月開辦至一九二五年六月，到診者統計一萬餘人。參見〈婦女部致中央執行委員會函〉（一九二五年八月十一日），《五部檔案》，中國國民黨文化傳播委員會黨史館藏，館藏號：部一二四一四。

88〈何香凝致黨立貧民生產醫院〉（一九二四年七月二十五日），《漢口檔案》，中國國民黨文化傳播委員會黨史館藏，館藏號：漢四二三〇．一—四二三〇．二。

89〈中央婦女部六月份工作報告〉，《漢口檔案》，中國國民黨文化傳播委員會黨史館藏，館藏號：漢一二七五〇。

90 該所於一九二五年十二月十五日開學，定六個月畢業，學員主要來自軍人家屬，其次是罷工女工，最後開放給各界婦女，其宗旨為「擔任到戰區場裏，到後方裏，對於那些因戰爭而被傷殘的人們，尤其是革命的健兒，施以周密的拯救、保護、慰藉和宣傳種種工作」。參見〈中央婦女部婦女運動報告〉（一九二六年五月十五日至一九二七年三月十日），《漢口檔案》，中國國民黨文化傳播委員會黨史館藏，館藏號：漢一二七六三。另一個與省黨部婦女部合作的是，一九二五年十二月發起籌備設立中國國民黨紅十字會，以備戰時出發救傷。參見〈婦女部發起組織軍人家屬婦女救護員傳習所〉（一九二六年十一月十三日），《五部檔案》，中國國民黨文化傳播委員會黨史館藏，館藏號：部一九七九。

女解放協會推蔡暢、高恬波二人作為代表，親抵前線慰問農民自衛軍。[91]第二次東征軍出征，婦女隨軍進行慰勞工作。[92]一九二五年十月至十二月，何香凝、陳璧君、陳潔如、高恬波、伍夏理等人，到惠州、虎門、東江、韶關、瓊崖等地，慰勞前線的國民革命軍。[93]一九二六年國民政府發動軍事南討，年輕婦運幹部鍾竹筠隨軍出發進行宣傳，沿途動員當地婦女協助部隊推進，包括供應糧食、引路、運輸，清剿盤踞在瓊崖的鄧本殷部時，有婦女直接參加戰鬥。[94]國民政府激動人心的北伐軍事誓師，來自四面八方的婦女們齊聚一堂，情緒空前熱烈。第四軍第十二師由黃沙車站出發，婦女集合送行，在場有中央婦女部長何香凝、省婦女部代表鄧穎超、市婦女部代表孔若偉、省立女子師範學校代表劉蘅靜、女師同學會代表劉嘉彤、市立第五女高代表黎沛華、第二區黨部三十五區分部代表張芷馨、女子工讀學校馬淑芬、一區黨部二十三區分部代表吳智鈺、女界聯合會代表陳婉慈、婦女解放協會代表伍夏理、罷工婦女工讀傳習所代表杜群英、軍人家屬救護員傳習所代表馬景雲、市立職業學校代表陳慕貞、林玉卿、李桂芳等。[95]為了鼓舞北伐軍的士氣，布置旗開得勝的場面，中央、省、市婦女部召集婦女團體六月十八日開會，會上決議北伐軍的歡送陣容要講求紀律，絕不能馬虎，務必要有指揮與編組如下：「每團體舉出代表十人，以一人為小隊長，於每師軍隊出發時，齊往歡送。」大會結束後，由廣東各界婦女聯合會通告全體按決議進行。[96]六月二十一日，第四軍第十師部隊出發，在場婦女依照決議進行歡送儀式。[97]配合北伐這個劃時代的軍事征討，婦女不只擔任歡送、慰問工作，前線救護更少不了婦女，國民黨及紅十字會組織女子北伐救護宣傳隊，中央婦女部幹事高恬波任救護隊長；李勵莊任宣傳隊長，救護隊隊員總共十一人，主要成員是軍人家屬婦女救護員傳習所學員，全隊於七月二十一日隨軍出發。[98]辛亥革命時女子已有從事救護工作者，不過沒有完整的編隊及計畫，北伐婦女所做的救護，是由國民黨主持，組織層級與工作分派明確，負責人各司其職。北伐軍事的救護工作由婦女承擔，婦女是男性行動的協力者，這樣的婦運受到各方肯定。婦女部主持的婦女工作，一部分服從於工運或軍事行動的需要，

91〈婦女解放協會慰問農民軍〉，收入廣東省檔案館、廣東婦女運動歷史資料編纂委員會工作室編，《廣東婦女運動史料，一九二四—一九二七》，頁一七八。
92〈參加統一廣東各界代表大會出發東江慰勞情形〉（一九二五年十一月二十四日），《五部檔案》，中國國民黨文化傳播委員會黨史館藏，館藏號：部一〇六一〇。
93〈中央婦女部第一次部務會議紀錄〉（一九二五年十一月十九日），《五部檔案》，中國國民黨文化傳播委員會黨史館藏，館藏號：部四三四三．一。
94〈第一次國內革命戰爭時期廣東婦女運動的概況〉，收入廣東省檔案館、廣東婦女運動歷史資料編纂委員會工作室編寫，《廣東婦女運動史料，一九二四—一九二七》，頁三四三。
95〈北伐軍出發婦女歡送之情形〉，《婦女之聲》，第二十期（一九二六年七月一日），頁一五—一六。
96〈廣東婦女各界歡送國民革命北伐軍之會議〉，《婦女之聲》，第二十期（一九二六年七月一日），頁八。
97〈北伐軍出發婦女歡送之情形〉，《婦女之聲》，第二十期（一九二六年七月一日），頁一二。
98〈中央婦女部七月份第一星期工作〉（一九二六年六月），《五部檔案》，中國國民黨文化傳播委員會黨史館藏，館藏號：部一〇六二五。

在革命陣營中婦女自居邊緣，不會引來其他勢力的反感與打壓。一旦，婦運走向追求和保障婦女權利並以此來團結婦女，鼓動婦女們反抗「家庭壓迫」、「制度壓迫」、「社會壓迫」，那麼婦運與革命陣營的裂痕就很難避免了。

第二節　一九二〇年代從廣東到全國的革命婦運

一九二〇年代中期，革命浪潮在廣東掀起翻天覆地變化，群眾運動攪動整個社會。在政黨的指揮下，婦女工作與婦女運動風起雲湧，勞動者力抗資方，勇於爭取自身權益，個別或集體女工有婦女部撐腰，與資方周旋無往而不利。向來只有低聲下氣的女工，如今得以「翻身」，有許多例子可以為證。一九二六年六月，廣州火柴女工李月蓮連同她的女工友共十六人，遭到民生火柴廠東家無故開除，省婦女部代替女工向省農工廳請求出面協調，歷經一個多月的交涉，始終不能有滿意解決，省婦女部鍥而不捨地促請農工廳，幫助被開除女工恢復原有篩火柴工作。[99]佛山地區石灣茶煲窯女工抗議遭廠主毆打受傷，[100]省婦女部代女工請求廠方改善。車衣女工為清薪問題與廠方對峙，[101]婦女部協調解決。婦女部協調女工與資方的爭議，立場往往偏向維護女工，有時還加強女工團結以對資方施行壓力。在婦女部主持下，許多女工人數較多的行業成立了工會，如佛山的搓香女工、[102]廣東的女傭、廣州河南的繅絲女工，[103]都在婦女部贊助下，各自成立工會。婦女部既然有心助成，廣東的女工會如雨後春筍，囊括各行各業，較有勢力的有織造業女工會、車衣女工會、火柴女工會、電話女司機生（接線生）聯合會、女子織襪工會、女伶工會等。女工會不是門面，它們敢於據理和資方唱反調，女工們大部分信任工會可以為她們爭取權益。一九二六年年底，廣東土布工人要求劃一工價，有四千多女工在運動前後加入工會。[104]

99〈廣東省黨部婦女部一九二六年六月份工作報告〉，收入廣東省檔案館、廣東婦女運動歷史資料編纂委員會工作室編，《廣東婦女運動史料，一九二四－一九二七》，頁一三九。有關火柴女工事，中央派馮明光、譚竹山、繆少卿前往處理，此外還有佛山沙堡工會女工被廠主毆傷；中山縣貞法刺繡女學校被車衣工會壓迫請援助。參見〈中央婦女部一週工作報告〉（一九二六年八月二十七日至九月二日），《五部檔案》，中國國民黨文化傳播委員會黨史館藏，館藏號：部一〇六二七。

100〈中央婦女部致佛山市婦女部長函〉（一九二六年四月二十日），《五部檔案》，中國國民黨文化傳播委員會黨史館藏，館藏號：部一六〇五二。

101奮犧，〈一九二六年廣東車衣女工奮鬥之經過〉，《赤女雜誌》，創刊號（一九二七年三月八日），頁一〇四－一一七。

102〈中央婦女部五月份工作報告〉（一九二六年六月二十六日），《五部檔案》，中國國民黨文化傳播委員會黨史館藏，館藏號：部一〇六一〇。

103廣州河南繅絲廠，繅絲女工約三、四千人，擬組工會，本部派馮明光、李振坤、張芷馨、劉嘉彤等調查幫助籌備。參見〈中央婦女部七月份第一星期工作〉（一九二六年六月），《五部檔案》，中國國民黨文化傳播委員會黨史館藏，館藏號：部一〇六二五。

104〈廣東省黨部婦女部婦女運動工作報告〉，收入中國國民黨中央委員會黨史委員會編，《中國國民黨黨務發展史料——婦女工作》，頁一四〇。

國民黨在廣東推展婦運，宣令各機關要開放職缺任用女職員，此舉，使那些嚮往革命的青年女子在逃離家庭來到廣東後，能有自食其力的機會。一個例子是左派青年學生區夏民，她出身佛山市一個歸國華僑家庭中，為反抗父母安排的婚姻，年紀輕輕的她，隻身逃到廣州，順利考進市立女子職業學校就讀。女子職業學校是一所誕生於廣東婦女解放浪潮中，專門培養女子職業技能的教育機構，入學學生一般都是家境貧寒、文化程度較低者。區夏民從女職校畢業後，進入電話局擔任女接線生。[105]一九二四年，電話局女接線生為爭取自身工作權利，由譚竹山（原市職商科學生）出面領導成立女接線生聯合會，聯合會的性質其實就等同工會，這可以從她們發表的成立宣言看出：「女子司機雖然是一個普通組織，但可是一個團體，從此在社會上就有了地位，外邊有事就有代表出頭，同人不妥就有委員辦妥，熱心的可參加各種——經濟獨立、革命政治、民族解放——運動，我們所愛的是人格、自由，我們不可驚異懼怕，本會目的是擁護女子本身利益。」[106]時任電話局局長的陸志雲對女司機組織聯合會相當不滿，出言恐嚇威脅。聯合會的要角譚竹山、馬少芳等人，對陸局長所言置之不理，她們把抗議的過程對外公開，搬出國民黨黨綱斥責陸志雲這位國民黨黨營機構負責人。聯合會對外發出的宣言，言詞犀利至極：

電話局長陸志雲，身為國民黨員，又為革命政府之職員，應如何本國民黨所定之黨綱政策擁護勞工，發展女權，方克盡國民黨員之職責，乃該局長計不出此，反恐我等聯合不利於其個人，遂肆意將竹山、少芳二人無故除職，阻止女司機聯合會之成立。事後經國民黨中央執行委員會婦女部、工人部之質問，自知理虧，取消前議。復回竹山、少芳本職，但仍強設誣蔑之詞，詆譭我等團結，並希掩飾罪惡，淆混觀聽，以進行其再次摧殘之陰謀，竊思局長陸志雲，身在革命政府地方職員，當此勞工覺悟女權發展之初，並不起而扶助以圖黨綱政策之實現，竟效一般官僚財閥之所為，取壓迫摧殘之手段，肆行威迫，侮辱人格，其背黨瀆職頑暴陰險，莫此為甚。其事後隨意取消，亦顯係為勢所迫，絕非誠意。[107]

受雇者無視於被解雇的威脅，反嚴詞譏諷管理人員，這可說是女工勞動歷史上的大新聞，道出革命廣東勞動婦女地位與從前相較，不可同日而語。電話局女司機員一不做二不休連署發動罷工，聯合會存廢問題延宕不能解決。中共工運領袖劉爾崧、馮菊坡、張善銘、孫律西等人趁機鼓動女司機員以復工當作談判籌碼，以此向管理階層施壓，女工方面開出的條件有：被開除的工人復工並升職一級；保證不會再發生類似事件；允許工人組織工會；承諾不輕易

105 〈紅色花木蘭——區夏民〉，收入廣東省海豐縣婦女聯合會編，《海豐婦運史料，一九二一—一九三五》，頁一〇三。

106 〈廣東電話局女司機組織聯合會〉，《婦女週報》，第五十五期（一九二四年十月一日），頁七。

107 〈廣東電話局長壓迫女工〉，《婦女週報》，第六十期（一九二四年十一月十二日），頁七。

處罰工人；復工要開歡迎大會。[108]中共工運領袖挾著與資方抗爭的豐富經驗，在他們介入下，女司機員態度強硬，甚至逼得國民黨黨營事業只好讓步。

廣東工運一直以來都以共產黨員為主幹，堪稱理論充足、組織完備、訓練有素，戰鬥力十足。廣東的女工抗爭，使工運與婦運合流。表面上，國民黨婦女部是女工運動的上級領導，實際上，國民黨婦運幹部虛與委蛇，對過激的女工抗爭與罷工，並不十分贊同。對女工運動興趣濃厚的是左派及共產黨女黨員，她們視女工是群眾婦運中最具行動力的群體。北伐前後，在廣東爆發時間最長、規模最大的女工集體罷工，就屬省港大罷工。省港大罷工中，女工工友表現積極，中共女黨員認為女工工友力量龐大，想方設法要組織運用。出席省港女工大會的婦運幹部，在大會上帶領女工喊出對抗資本家，回應國民革命反帝的號召。為制定具體行動支持省港罷工女工，一九二六年三月十八日左派及共產黨婦運幹部召開了一個籌備會，會上選出十二名籌備委員，包括蔡暢、丁郁、黃振華、區夢覺、陸慕貞、何怡之、區夏民、李耀先、繆少卿、李善琴、李兆桃，[109]負責規劃統籌省港罷工女工的動員組織。在省港罷工風潮激勵下，廣東一些女工會也加入罷工行列。一九二六年三月三十日，聯合各行業女工的罷工聯合會成立，發起者有進勝工會、電話女司機、印務、崇儉、海員、織襪等數個女工會。[110]各行業女工的罷工聯合會成立當天共有四十多個團體到會，會場人數共計有一千五百人以上，許多團體還選派代表登臺演說。國民黨、共產黨同樣有婦女領袖出席共襄盛舉，到會者有國民黨中央婦女部代表劉蘅靜、省黨部婦女部代表李慕貞、市黨部婦女部代表馬淑芬、婦女協會代表區夢覺、中華全國總工會代表劉少奇、中央工人部代表馮菊坡及俄國女士馬也也夫人。[111]罷工聯合會對外聲稱成立目的是要爭取女工集體的權利，與會者達成共識，確定在四月一日召開的省港工人代表大會上，提出一份女工權利的請願書，為了達成順利送遞請願書目的，國民黨省黨部婦女部代表李慕貞建議，選出十人作女工代表，出席工人代表大會。[112]四月一日，省港工人代表大會上，與會團體及代表針對女工特殊權利應包含哪些進行討論，最後做成的決議共三點，第一點是要給予女工生育、生理特殊保護，女工生產前後要有八星期休息，工資照常發給；第二點是男女工資平等，女工不得作夜工及危害健康之工作，女工在工作中受傷，廠主要供給醫藥費並准予休假，工資照常發給；第三點是工廠及政府應替女工設立兒童寄托所，減輕

---

108 其中有一個條件是局長公開道歉，但此條件被拒絕。參見〈第一次國內革命戰爭時期廣東婦女運動的概況〉，收入廣東省檔案館、廣東婦女運動歷史資料編纂委員會工作室編，《廣東婦女運動史料，一九二四—一九二七》，頁三二一。

109 〈第一次國內革命戰爭時期廣東婦女運動的概況〉，收入廣東省檔案館、廣東婦女運動歷史資料編纂委員會工作室編，《廣東婦女運動史料，一九二四—一九二七》，頁三二四。

110 〈省港女工大會不日舉行〉，收入廣東省檔案館、廣東婦女運動歷史資料編纂委員會工作室編，《廣東婦女運動史料，一九二四—一九二七》，頁二八八。

111 〈中央婦女部十五年一月至五月中工作經過〉，《五部檔案》，中國國民黨文化傳播委員會黨史館藏，館藏號：部一〇六一二。

112 〈省港女工大會紀念〉，《光明》，第七期（一九二六年四月十日），頁一一。

女工負擔，政府應為女工單獨設立醫院。[113]三項決議的重點都放在考慮女工身體所能承受的工作負擔，廣東女工權利爭取已大跨步的從與資方抗爭，走到由政府出面維護女工全體福利。

女工運動動不動就喊罷工，視抗爭為家常便飯，與女工為伍的基層婦運幹部推崇激進作法，她們不贊同上層婦運幹部開大會、喊口號、提主張、講團結的工運方式，女工的組織動員暴露上、下領導對群眾婦運的不同考慮。[114]國民革命既然打著群眾動員的旗幟，左派與共產黨員認為婦運是全面組織農婦、女工友，婦女工作的唯一方式就是向下扎根。婦運隊伍的上層、中層幹部更強調團結，婦運不可因注重下層婦女工作而使階級衝突越演越烈，婦女工作要徐圖漸進，改革比革命更可行。上、中層婦運幹部的穩健更貼近「資產階級」，論出身背景與工作職位，她們大部分身居國民黨各級婦女部領導，普遍受過中高等教育，社會網絡多與廣東教育界、辛亥以來省內成立的各種婦女團體關係深厚，部分婦女工作領導人物在國民黨中輩分頗高，她們是黨國元老配偶或黨員親屬，對婦運的指導可謂一言九鼎。[115]隨著廣東婦女工作範圍擴大，婦運隊伍加入一批新的年輕幹部，她們對婦運懷有極大熱情，在基層婦女工作中鍛鍊各種工作方法，這批年輕幹部成分複雜，許多人是左派或共產黨員。一九二五到一九二六年，廣東婦女運動圈中，上層由國民黨婦運領袖主導，下層充斥共產黨女黨員，黨派不同，工作資歷及年齡又有相當差距，雙方合作不易。政黨、派系、婦團各種因素滲進婦運行列，廣東的婦女運動分裂多過統合。革命群眾婦運萌生之前，廣東省內主要婦女組織有兩個：

一個是成立於一九一九年的女界聯合會，聯合會成員網羅廣東社會中極富名望的上層婦女，第一屆理事有伍智梅、唐允恭、程弈立、李蓮、莊漢翹、陶秀孫、楊若蓮七人。一九二四年，國民黨改組時，女界聯合會仍然十分活躍，重要負責人包括伍智梅（國民黨議員伍漢持之女）、唐允恭（廣州市國民黨特別黨部婦女部負責人）、楊道儀（朱執信妻）、鄧蕙芳（曾任廣東臨時省議會女議員）。以女界聯合會為中心擴散出去的社會網絡，主要是國民黨黨政軍配偶及親屬。國民黨在廣東勢力深厚龐大，廣東上層婦女憑藉她們與國民黨或深或淺的種種關係，樹立起省內眾多婦女團體招牌，某個程度來說，菁英婦女在國民革命之前，雖各有團體，但統合趨勢仍清晰可見。[116]廣東省內另一個較活躍的婦女組織，是一九二四年成立的女權運動大

113〈省港女工大會開會及決議案〉，收入中華全國婦女聯合會婦女運動歷史研究室編，《中國婦女運動歷史資料（一九二一—一九二七）》，頁五一三。

114 劉蘅靜曾檢討婦運困難之處在於「『婦女』之中包含有農婦、女工、學生、其他職業婦女、家庭婦女等，這些婦女當中，經濟地位不同，知識程度不同，在她們當中找不到共同的利害，找不出共同的需要，而且在彼此利害不同，需要不同的群裏處處碰得出衝突的問題」。劉蘅靜，〈上海婦女運動概況〉，《青年婦女》（一九二八年十月十日），頁一。

115 中央婦女部的領導人物，包括黨齡極高者如何香凝於一九〇五年入黨，唐允恭於一九一五年入黨，此外以年齡而言，一九二五年何氏年四十六歲，唐氏三十四歲，杜昭賢四十二歲、劉嘉彤二十九歲、黎沛華二十八歲，除此外，其他部員都是二十歲出頭的青年女子。參見〈送中央執行委員會黨員清冊一本〉，《五部檔案》，中國國民黨文化傳播委員會黨史館藏，館藏號：部一二〇六四。

116 廣州市婦女聯合會、廣州市婦運史徵集研究委員會編，《五羊巾幗（四）》（廣州：廣州市婦運史徵集研究委員會，一九八八），頁二一。

同盟。女權運動大同盟最初的發起人有李勵莊（陳公博之妻）、向警予、沈芷芳（何覺甫妻、廣東高師法科學生）、鍾婉如（廣東高師學生）、陳逸雲（廣東高師法科學生）、陳志德、史懂濟、李佩珍等人，[117]女權運動大同盟成立之初對外聲稱立會目的是為救濟被壓迫婦女。成立後不久，女權運動大同盟內部成員爆發對婦女工作看法的嚴重分歧，鄧不奴（律師）、鍾婉如、沈芷芳及陳逸雲等人，堅持在爭取婦女參政權上持續奮鬥，其他成員認為婦運工作須改弦易轍，最好是深入群眾。[118]鄧、鍾、沈三人都畢業自女師，她們憑藉女師畢業生的人脈網絡以及三個人的聲望，一方面拉攏中央婦女部成員中的女師校友，一方面奔走聯繫已出國的女師畢業生，這些力量集合起來成立了女師同學會。女師同學會會長由女師第一屆畢業學生蘇開瑞擔任，國民黨中央婦女部中女師勢力雄厚，女師校友對爭取婦運的宣傳工作饒有興趣。[119]

廣東革命的浪潮在社會上一波接一波，激得女師學生也不再能安於學校生活。一九二六年十一月女師爆發學潮，事件起因於學生會中的兩個成員李秀梅、蔣仲篪被校方開除，學生會全體越過校方直接向國民黨中央請願，請願訴求是撤換校長廖冰筠，學生們批評廖校長任內對女師沒有多大建樹，恐怕是年老事繁，難以維持，[120]措詞充滿詆毀。革命激盪下的廣東女界，各式各樣紛亂開始出現，女師學潮算是其中之一。而號稱廣東婦女大團結的女界國民會議促成會，婦女們因分屬不同派系，彼此齟齬、互相抵制，其中市立師範學校的學生會，大部分成員隸屬於民權社，「民權社」與「新學生社」不和，與國民黨也唱反調。民權社、新學生社兩者都不願與對方在同個大會共同掛名，參與女界國民會議促成會情況亦同。另外，女權運動大同盟向來反國民黨，對女界國民會議促成會也不熱衷，拒絕推舉代表參加，只偶爾發封通電。[121]

廣東女界分化複雜，其中堪稱勢不兩立、水火不容的兩派是女權運動大同盟與婦女協會，雙方爭議衝突節節升高。一九二六年三月，日本軍艦砲擊大沽，並聲言出兵滿洲，事關外侮，廣州各界組織反對日本出兵滿洲運動委員會，女權運動大同盟及婦女解放協會勉為其難同時擔任執行委員，[122]不過雙方合作純屬曇花一現。一九二六年下半年，女權運動大同盟與婦女協會連表面的合作都無法再維持，衝突開始白熱化。雙方關係進一步惡化的導火線起於廣東大學學生會改選，廣東大學學生會改選原本內情就不單純，事涉廣東大學內部孫文主義學會及新學生

117 廣州市婦女聯合會、廣州市婦運史徵集研究委員會編，《五羊巾幗（四）》，頁八。

118 當時的期刊有指出廣東婦女解放協會與女權運動大同盟，無論在言論及行動方面，都一直處於對抗地位，直至清黨為止。參見芬，〈十七年來廣州市婦女運動概況〉，《青年婦女》（一九二八年六月七日），頁三。

119 〈第一次國內革命戰爭時期廣東婦女運動的概況〉，收入廣東省檔案館、廣東婦女運動歷史資料編纂委員會工作室編，《廣東婦女運動史料，一九二四—一九二七》，頁三三五。

120 〈廣東省立女子師範學生會全體大會致中央青年部〉（一九二六年十一月二十六日），《五部檔案》，中國國民黨文化傳播委員會黨史館藏，館藏號：部三〇五三。

121 〈中國社會主義青年團廣東婦女支部關於廣東女界國民會議促成會經過概略之報告〉，收入廣東省檔案館、廣東婦女運動歷史資料編纂委員會工作室編，《廣東婦女運動史料，一九二四—一九二七》，頁八九—九〇。

122 廣州市婦女聯合會、廣州市婦運史徵集研究委員會編，《五羊巾幗（四）》，頁一七。

社兩方人馬中的右派及左派學生間鬥爭，再夾雜不同政黨的角力，雙方公開、私下互相攻訐、立場對立。女權運動大同盟有一部分成員捲入這場選舉，與新學生社女社員羅毓文等正面衝突，左派及共產黨婦女公開表態，宣布與女權運動大同盟為敵。[123]婦協是左派及共產黨婦運的陣地，新學生社與女權運動大同盟之爭延燒成婦女協會與女權運動大同盟勢同水火的對立局面。

新學生社日漸成為廣東左派勢力重要陣地，其中共產黨在經費上挹注新學生社有跡可尋。新學生社的女社員同樣具有明顯的政黨色彩，其中不乏激進年輕女學生。本來廣東一直以來，學運都偏於沉寂，女學生尤其不問世事。外界對廣東女學生的普遍觀感，多半說她們因循不思進取，婦協在她們的工作報告中就說到廣東女學生不碰政治的集體心態：「處在這種革命空氣當中，在這種比較自由的政治環境之廣東的女學生，就我一星期的調查下，想不到她們比別地的女學生還要消沉，還少有革命的表現。」[124]婦協認為若不能讓女學生加入革命行列，等於是婦女運動的失敗。[125]新學生社的女社員在廣東女學生中可說是獨樹一幟，她們熱衷於加入革命，派系立場分明，與婦女協會一拍即合。

廣東婦運錯綜複雜的局面，中共黨中央曾提出警告，並認為這是婦運力量衰微的徵兆。在中國共產黨第三次中央擴大執行委員會提出的婦女運動議決案中，曾明白指出婦運分裂的種種跡象：

現時婦女群眾也因階級分化的影響發生了派別，尤其是在廣東。因此在婦女運動中對於各種派別的婦女間之聯合戰線問題，成了很重要的問題。在過去我們對於這點未免太主觀了，我們往往只顧自己行動，只提自己的口號，而很少注意到各階級婦女群眾的利益和各派婦女團體的主張，結果我們成了很單調孤立的活動，而喪失多數群眾的同情，這也是過去錯誤之一。[126]

廣東婦運最嚴重的威脅主要是農婦、女工婦運工作，引發左、右派婦運路線之爭，與此相伴的是革命陣營中的男性對婦運潛在的敵視與不信任，最可慮的莫過於農民運動與農婦動員間一觸即發的衝突。中共黨員彭湃在海陸豐主持農民運動卓有成效，一度，彭湃甚至還是當地婦運重要的急先鋒。彭湃農村動員工作做得有聲有色，私人婚姻卻不改封建作風，公然三妻四妾。彭湃原配彭素屏，原是個纏足、沒受過教育的舊式婦女，她與彭湃於一九一二年結婚，

123〈第一次國內革命戰爭時期廣東婦女運動的概況〉，收入廣東省檔案館、廣東婦女運動歷史資料編纂委員會工作室編，《廣東婦女運動史料，一九二四—一九二七》，頁三三六—三三七。
124 碧瀾，〈廣東婦女解放協會今後的使命〉，《廣東婦女解放協會一週年紀念特刊》（一九二六年五月十日），頁二六一。
125 葛季膺，〈我們今後在女學生中的工作〉，《廣東婦女解放協會一週年紀念特刊》（一九二六年五月十日），頁二六五。
126〈中國共產黨第三次中央擴大執行委員會關於婦女運動議決案〉，收入中華全國婦女聯合會婦女運動歷史研究室編，《中國婦女運動歷史資料，一九二一—一九二七》，頁四七五—四七六。

婚後彭素屏協助澎湃組織農民運動，同時也投入婦女工作。[127]彭素屏嫁給澎湃後，一改從前無知無識生活，積極參加革命工作，此外，更突破種種限制，擺脫繁瑣家務進學堂，教育與工作改變了彭素屏，卻無法扭轉丈夫澎湃多妻多妾的選擇。一九二六年冬，澎湃續娶廣東省農民協會潮梅海陸豐辦事處的年輕女職員許冰，[128]許冰也是農運陣營中的一名女幹部。兩位投身革命工作的女性共事一夫，澎湃身任農運的頭號領導，絲毫不認為娶妻納妾違反了婦運保障婦女權利、提高婦女地位的主張，反倒是婦運堅持維護婦女權利挑戰了男性權威。澎湃的婚姻問題已看到農婦運動與農民運動間，難以調和的矛盾。

為培養農村工作的幹部人才，一九二四年七月至一九二六年九月，廣州農民運動講習所開辦了六屆訓練班，共收女生三十多名（第六屆未收女生）。農講所歷屆畢業的女學員中包括高恬波、鍾竹筠、高慧根等人，她們陸續投入婦女運動中，這些年輕幹部因有農講所的背景，成為發動農婦最好的幹部人才。論廣東群眾動員的規模，農民稱得上人數最多、力量最強大的一支群眾隊伍，農運聲勢高漲帶動農婦群眾力量相對壯大。向來對其他階層婦運都一視同仁的中共中央婦委，破天荒對如何進行農婦運動，提出一個專門報告：

（一）農婦應加入農民協會；（二）農婦如何幫助農民協會反對土豪劣紳地主剝削和壓迫的宣傳；（三）農民農婦切身的要求，詳述他們痛苦的原因；（四）農民農婦參加抗稅以及政治鬥爭的宣傳；（五）打破宗法社會舊禮教的壓迫（此項要看環境可能時才可宣傳，否則，要妨礙農民運動，只好避免）；（六）農民聯合的意義（詳述大多數女工被資本家壓迫的痛苦）。[129]

本來，革命陣營中宣傳農婦、農民具有共同政治目標，彼此應攜手合作。實際上，回到各自群眾利益考慮上，雙方難以調和。中共中央婦委所提報告，其中第五點表明農婦運動的目標之一是「打破宗法社會舊禮教」，報告特別註明此項行動要適可而止，否則就會妨礙農民運動，這個界限確是十分難拿捏。中共中央婦委顯然對農婦運動與農民運動間可能產生牴觸十分清楚，一旦農婦運動著眼於煽動婦女衝決家庭牢籠，從父權、男權中解放，就等於助長女人反抗丈夫、毀壞家庭。一般貧農多是費盡大半生心血才能討得老婆，一旦老婆出走，損失難以估計，毀掉農民的家庭不是鬧著玩的。果然，隨著農婦工作的擴大深入，男性集體反彈力量日益增強，對婦運敵視態度處處可見，尤其地方官紳為穩定社會秩序屢欲壓制農婦

127〈無私無畏的共產主義戰士——彭素屏烈士傳略〉，收入廣東省海豐縣婦女聯合會編，《海豐婦運史料，一九二一—一九三五》，頁一一一—一一三。

128〈許玉慶烈士〉，收入廣東省海豐縣婦女聯合會編，《海豐婦運史料，一九二一—一九三五》，頁一二九。

129〈中共中央婦委報告（節錄）〉，收入中華全國婦女聯合會婦女運動歷史研究室編，《中國婦女運動歷史資料，一九二一—一九二七》，頁四九五。

運動。男性的觀點認定婦運導致婦女無法無天，破壞社會既有的權力分配。悲劇最終發生了，一九二六年，中山縣地方豪紳聯合民團，圍剿婦女協會分會與支部，籌備員黃東妹、會員嚴娥慘死。豪紳對婦協的圍攻清剿，是男性累積農婦工作不滿情緒下所採取的極端暴力手段。事件過後，婦協找不到申冤管道，唯一能做的，是向國民黨及廣東省政府請求嚴辦惡徒。[130]

表面上，國民革命使廣東社會風氣逐漸走向開明，實際上，豪紳、軍人許多作風仍然視婦女如玩物。廣東省內軍事行動頻繁，軍人地位崇高，軍事紀律卻不一定能夠貫徹到每一支部隊中，號稱替人民謀福祉的革命軍人竟然集體鬧出性醜聞。事發緣於廣東省境內有一股土匪盤踞在英德縣屬琵琶山，省政府為清剿該股土匪，不得不派一支武裝部隊，軍隊清剿土匪後共救出婦女及匪眷共三百多人，加上收容一百個鄰近村落因兵匪交戰無家可歸的婦女，總計大約四百名婦女被安置在縣署前的空屋。地方官吏包括英德縣長王子明、縣署科長王序賢、游擊第二隊長江宅軒三人，倚仗權勢竟在四百名婦女中，挑選身體強壯的難婦充當奴婢。此外，江宅軒還縱容士兵入夜以後欺侮婦女，讓他們把一些難婦帶回部隊，陪酒共眠。縣長及其下屬的荒唐行徑被游擊第一隊長王星南得知，他帶軍隊去解救難婦。省婦女部獲悉這樁軍隊欺侮婦女醜聞，要求廣東省政府徹查究辦有關人等，省政府根本不予理會，事件不了了之。[131]

解決婦女切身困難是婦協最重視的工作之一。一九二六年，婦協召開第一次各地代表大會，在大會上宣布幹部工作重點是致力改善婦女處境，首先要廢除童養媳風俗，這是個在廣東代代相襲的惡婚姻制度。為使婚姻制度更合理，婦協力促修訂文明的婚姻法，文明婚姻法尚未修訂前，只能盡全力援助受壓迫婦女。廣東在婚姻中飽受困苦的婦女人數不少，婦協以拯救婦女婚姻為職志，結果是為數眾多的婦女到各地婦協請求幫助離婚，[132]婦女離婚潮使婦協的工作受到攻擊，淪為眾矢之的。廣東民風保守，婦女向來對婚姻困難只有隱忍，本來求告無門，現在婦協敞開大門，婦女們如同找到救星一般登門求救。地方縣市黨部陸續接到解決婦女婚姻糾紛的工作報告，清遠婦協舉行第一次會員大會時，會上提出兩件婚姻裁決報告。一件是農婦麥凰仙被丈夫虐待脅迫，丈夫用種種手段逼她回娘家，她不甘被遺棄，請求婦協主持公道。另一件是婦女朱麗荷被丈夫嫡妻虐待，逼迫她離家，朱女前往婦協求救，婦協傳喚朱女丈夫和嫡妻到會予以質問。[133]清遠的例子，說明婦協調處婦女婚姻，其權力及效力如同小型婚姻仲裁法庭，問題是婦協有法庭之實卻無法庭公正的執法約束，婦協裁決往往傾向保護婦女，

130 〈中山分會受土豪劣紳的壓迫〉（一九二六年九月），《五部檔案》，中國國民黨文化傳播委員會黨史館藏，館藏號：部一〇〇二九。

131 〈英德拐騙婦女轉省婦女部查辦〉（一九二六年六月十八日），《五部檔案》，中國國民黨文化傳播委員會黨史館藏，館藏號：部一六〇五三。

132 〈第一次國內革命戰爭時期廣東婦女運動的概況〉，收入廣東省檔案館、廣東婦女運動歷史資料編纂委員會工作室編，《廣東婦女運動史料，一九二四—一九二七》，頁三四一。

133 〈廣東婦女解放協會清遠分會第一次會員大會〉，《婦女之聲》，第二十期（一九二六年七月一日），頁二二一。

這樣偏頗的立場自然引起輿論對婦協側目。

一九二六年，梅縣爆發一樁轟動廣東社會的離婚案，案子一曝光就引起大眾注意，因為主動提出訴訟的是女方（妻子）。妻子公然尋求法庭裁判訴請離婚，在廣東罕見罕聞，公眾矚目之餘也對案件議論不休。這位不顧旁人眼光，把婚姻問題攤在眾人注視下的女子，名叫羅紉蘭，讀過書，雖不是文盲卻也沒有太高教育程度，羅紉蘭的父母親在她年幼時替她訂下婚約，待到羅女成年，依約和男方完婚。婚後，羅紉蘭發現丈夫是個無知無識的浪蕩子，作為太太的羅女經常被丈夫毆打侮辱，她忍無可忍逃往婦協求救，堅決表示要離婚。婦協出面協助羅女打離婚官司，整個案情曝光後，輿論對婦協協助羅女離婚大加譏諷，[134]有人乾脆以「高等娼寮」稱婦女協會。[135]國民革命是想要給予婦女「解放」的機會，但社會配合的條件不足，顯然，解放是有限度的，並非無限上綱。

一九二七年一月，廣東省新興縣一位年輕女學生名叫伍獻貞，年齡十七歲，就讀於第一女子小學校，伍獻貞母親過世得早，父親是小商人，伍女年幼時，祖父替她訂下親事，對方是鄰村陳輝庭家的兒子。伍獻貞在校時立志獻身革命，公開表示不能接受包辦婚姻，隨即向陳家提出解除婚約，然後逃到香港親戚家躲藏。伍獻貞逃婚之後，不斷寫信給各機關請求幫助。她寄出的信，其中附了一份離婚宣言，上面寫著：「被革命波濤激動了我沉寂的心，湧起了革命的心潮，感覺受宗法社會的傳統思想束縛的痛苦和淒慘，使人不得不去革命。」[136]接到伍女來信的新興縣縣黨部，把信轉交給縣自治總局，請出面仲裁，仲裁結果伍獻貞逃婚被認定是非法，婦協大不以為然，全力替伍獻貞辯護，指責縣府當局立場不公允，說縣府專門包庇禮教守舊分子。為了捍衛婦女的婚姻自主權，婦協與執政當局針鋒相對，她們對縣府的指責，攻擊力道猛烈：「最難堪的就是加入了國民黨的孔老二的信徒，自認為『革命者』又不敢攻擊舊勢力，還有一種就是食教育飯的——尤其是食女子教育飯的，這種教育家以為這樣的鬧亂子，一般的紳士不送他的女兒去讀書，女學不是因此衰落嗎？」[137]婦協站在婦女一邊，全力和「禮教守舊」勢力宣戰，結果是激化男性對婦女工作的敵意。

和男性極度反婦協的角度不同，婦協的工作有時直指不合理惡俗應廢除，大多數婦女實是受惠者。其中馮秀娟被丈夫控告不貞案，結果令多數婦女獲得婚姻更合理的待遇。女性婚前守貞向來是中國社會心照不宣、堅不可破的女性性規範，除了五四新文化運動知識分子學

134 羅紉蘭，〈我為什麼要離婚〉，《婦女之聲》，第三十八期（一九二六年十二月一日），轉引自廣東省婦女聯合會、廣東省檔案館編，《廣東婦女運動歷史資料》，頁五七六—五七七。

135 素，〈婦女協會真的是高等娼寮嗎？——為婦女協會週年紀念而作〉，《婦女之聲》，第三十八期（一九二六年十二月一日），轉引自廣東省婦女聯合會、廣東省檔案館編，《廣東婦女運動歷史資料》，頁五七四—五七六。

136〈新興縣的一個女性叛逆者〉，轉引自廣東省婦女聯合會、廣東省檔案館編，《廣東婦女運動歷史資料》，頁三三六。

137 同註136，頁三三五。

理式的討論外，人們幾乎不會公開談論女性性貞操，如果有人敢於揭開個人私密，可想而知，結果是物議沸騰。廣東當時報刊對待馮秀娟案的反應就是如此，大小媒體巨細靡遺探究馮女案件的各種細節，從糾紛發生的時間開始，善良妻子碰見多疑丈夫就引起公眾議論紛紛。馮秀娟和丈夫李煥貞結婚的當天晚上，丈夫在兩人同衾共枕後，突然辱罵妻子不貞，第二天丈夫李煥貞把新婚妻子馮秀娟帶到地方檢察廳，當庭要求聘請醫生檢查女方是否是處女。檢查結果證明馮秀娟婚前的確守貞，這下子變成丈夫無故誣控妻子，案情急轉直下。地方檢察廳判李煥貞侮辱罪名成立，不過只處以罰款區區五十元了事。這樁丈夫告妻子不貞的新婚糾紛，因丈夫大動作要求檢查妻子，導致作為新嫁婦馮秀娟名譽掃地，地檢廳雖還了妻子清白，公眾的議論裁判與訕笑已難挽回，地檢廳最終輕判男方，等於縱放丈夫無理跋扈，婦協對判決結果深感不滿，提出嚴重抗議。[138]婦協斥責案子從成立到判決都不合理，丈夫李煥貞控訴妻子馮秀娟不貞，地檢廳受理後還真對妻子進行檢查，後來輕饒丈夫誣告，荒謬過程都可歸咎是男性婦女片面貞操觀念作祟。女性貞節與否，男子說了就算，並且貞操還只要求女子遵守，要說侮辱女子人格，莫此為甚。[139]婦協訴諸公眾，聲明地檢廳和法院往後不能再受理控告女性不貞的案件，原因是男方提出這類訴訟，法院受理就助長壓迫女子、侮辱女子的控告成立。[140]沸沸揚揚的馮秀娟案，後續效應不小，在婦協義憤填膺的抗議下，許多婦女把爭女權轉向注重法律及執法單位對女性權益保護的作用。法律條文中有太多壓迫婦女、不合時代精神的規範，這些法條抱持男尊女卑傳統，對廣大婦女有害無利。女權要提升，修法勢在必行。[141]一九二四年後，國民黨屢屢在其公布的婦女運動綱領中，提及法律修訂原則要遵循男女平等。第二次全國代表大會婦女運動決議案，明白宣示大會結束後六個月內，修律必須完成。[142]廣州婦女對修法期望甚深，為了催促國民黨在立法、修法上加快腳步，一再強調法律修訂公布對提升國民黨開明政治形象有絕大幫助：

> 彼立法者，完全受其人當時思想環境之影響，完全為其四周文化所包圍，其觀點、其觀念皆取諸其所處文化範圍之內而已。惟社會環境隨時代而變遷，人民思想隨文化而進展，則法律不得不隨之而改造也明矣，近年人民思想日新月異，銳利進展，婦女運動尤見熱烈，

138〈函飭市婦女部辦理馮秀娟被誣不貞案〉（一九二六年三月二日），《五部檔案》，中國國民黨文化傳播委員會黨史館藏，館藏號：部一一二四九。

139王一知，〈改訂男女不平等的法律〉，《光明》，第七期（一九二六年四月十日），轉引自廣東省婦女聯合會、廣東省檔案館編，《廣東婦女運動歷史資料》，頁一九三。

140劉蘅靜，〈對於制定法律的幾點小意見〉，轉引自廣東省婦女聯合會、廣東省檔案館編，《廣東婦女運動歷史資料》，頁五三七—五三八。

141〈第一次國內革命戰爭時期廣東婦女運動的概況〉，收入廣東省檔案館、廣東婦女運動歷史資料編纂委員會工作室編，《廣東婦女運動史料，一九二四—一九二七》，頁三三九。

142黎沛華，〈救濟逃婚離婚婦女的一點意見〉，《婦女之聲》，第十四期（一九二六年四月一日），頁一一二。

> 而仍用不革命不平等的法規，不適於現時社會環境，而障害黨國之進展，實非淺鮮！[143]

一九二六年，廣東菁英婦女們，在累積許多婦女工作經驗後，認定從法律上確認女權保障是婦女運動根本之道，這是女界對修法抱持很高期待的原因。

一九二六年年底，國民黨成立司法行政委員會專責司法改造各項工作。司法改造牽涉到的女權保障，則由國民黨中央婦女部與省婦女部共同討論後提出。[144]女界菁英對法律修改中出力最多的是劉蘅靜。劉蘅靜，廣東番禺人，北平師範女子大學畢業後赴美留學，歸國後長期服務於廣東教育界，對廣東社會風俗有深刻掌握。劉蘅靜十分熱衷於修法，她所提建議都是從婦女出發，如堅持修法要遵照男女平等原則，舉凡選舉權、財產權以及一切的自由權，只要是原來「國民」享有的，婦女們應當一體適用。修法如何達成女權保障最令女界關注的，莫過於鏟除惡風俗，惡風俗包括納妾、童養媳、守節、虐媳、強迫女子婚姻、蓄婢等，婦女們寄望法律能將之掃除殆盡。而爭議不休的女權修法篇章，當屬婦女婚姻權怎樣才算平等。原先國民黨主張結婚離婚絕對自由，婦運領袖考慮到離婚自由雖有助於女子掙脫不幸婚姻，過於自由也可能縱容男子動輒援用法律訴請離婚。在婦女教育、經濟條件遠落後於男性的中國社會，沒有一技之長的婦女，一旦離婚，生活可能難以為繼，一如娜拉出走的故事。因此法律應該朝有條件離婚，才能避免陷婦女於更深的痛苦之中。[145]

國民黨啟動修法工程，婦女們的焦點放在民律中有關婚姻、家庭的立法條文，要一一刪修絕不能再保留一絲危害婦女權利的內容。女界菁英特別注意到母系親權與女系財產繼承權一直以來在法律體系中，對男性的照顧和對女性權利的偏廢。民國成立後，母系親權判決的根據仍然依照清末民初修訂的法條，那就是《大清民律草案》，這部民律草案的立法精神遵從的是儒家男系宗法觀，母系、女系在親族定義中，通通被排除。根據《大清民律草案》第一三七八條條文「行親權之母於再嫁後，不得行其親權」。廣東菁英婦女認為夫婦離婚後，丈夫得再娶、妻子得再嫁，算是各自成家，為什麼法律只承認生父與兒女的親緣，卻否認生母與兒女也有親緣？法律以父系為中心，歧視母系，不符合男女平等精神，應該逐一修正。就倫理層面而言，法律也不應抹殺母子情感。[146]至於遺產繼承資格與順位，根據《大清民律草案》〈親屬篇〉第一四六六條條文「所繼承人之直系卑屬，關於遺產繼承人以親等近者為先，若親等近，則同為繼承人」、「前項規定於直系卑屬係嗣子者適用之」，同律第一四六八條條文「無前二條

143 羅守頤，〈男女平等法律爭議〉，轉引自廣東省婦女聯合會、廣東省檔案館編，《廣東婦女運動歷史資料》，頁五三八。
144 〈司法行政委員會函覆中央執行委員會〉（一九二六年十月十六日），《漢口檔案》，中國國民黨文化傳播委員會黨史館藏，館藏號：漢一三五五／一。
145 黎沛華，〈救濟逃婚離婚婦女的一點意見〉，《婦女之聲》，第十四期（一九二六年四月一日），頁一二。
146 〈中國婦女在法律上之地位〉，轉引自廣東省婦女聯合會、廣東省檔案館編，《廣東婦女運動歷史資料》，頁五三三。

之繼承依下列次序定應承受遺產之人（一）夫或妻（二）直系尊屬（三）親兄弟（四）家長（五）親女」。[147] 全部遺產繼承法條合起來看，排斥女系至為明顯。首先，無後者要立嗣子，不得選擇女性；再者，遺產繼承順位，女兒不算直系卑屬，順位排在祖父母後，位居最末。[148] 父母死後的遺產繼承問題，關係女兒能否獲得經濟上的支持，對多數婦女而言，父母遺產可能是除嫁妝外，唯一稱得上完全屬於婦女的個人財產。遺產繼承連結到婦女經濟地位能否改善的問題，女界所提的修法意見相當一致，主張力爭到底者態度堅決。不過一直到遺產繼承條文成文時，法界、女界才察覺到另一個重大爭議，那就是已嫁與未嫁女兒，是否應享有同樣繼承權利。

國民黨修訂有關女權保障的新法，在廣東起步，後隨北伐軍事推進到華南，再到華中，革命勢力所到之處，全部適用新法。國民黨所頒定的革命新法，在城市引起的回響十分熱烈，許多女性援用新法來替自己爭取權利。上海盛氏家族的女兒爭產官司轟動四方、喧騰一時，原因就是盛宣懷女兒依據國民黨頒訂的新繼承法，要求她們也應分得遺產。名人家庭的爭產事件，眾所矚目，爭產的經過替國民黨的新法作了最好宣傳。當盛宣懷嫡女盛愛頤主動向法院訴請遺產分配裁判時，滬上報刊爭相報導此一官司，盛愛頤理直氣壯在法庭上陳訴盛家姐妹們應與兄弟們享同等財產承繼權。盛家兒女的爭產內鬨，官司一路從法庭延燒到小報，市井議論紛紛。[149] 名門之後爭分家產，輿論看熱鬧之餘，也使繼承法對女性權益的照顧傳播開來。國民黨於一九二六年在婦女工作中得到好評，大江南北流傳國民黨是保障女權的政黨。有一個寧波案例也動人心弦，陳逸是一位就讀寧波女師的女學生，她在報上投書，說她現在的家庭，生母是後母，嫁進陳家後生了她和她妹妹兩個女兒，她們上面還有一個哥哥是前面母親生的。父親及元配相繼過世，生母把三個孩子扶養長大，哥哥成婚後，用盡手段迫害生母及二個妹妹，意圖獨吞家產。陳女道出自身遭遇，感嘆受舊遺產制壓迫的女子數不勝數，國民革命成功了，不合理的遺產制才能被推翻，女子才能真正爭權利、求平等！[150]新遺產制，令多少婦女在家中揚眉吐氣。

國民黨修訂了更能保障婦女權益的法律，爭取了城市中、上階婦女的好感與支持，各地黨部婦女部聲望大大提高，婦運在上層婦女方面，前景一片樂觀，第二次全國代表大會開會，婦女代表人數遽增。一九二六年一月，國民黨第二次全國代表大會，省黨部、特別市黨部、特別黨部共九九處指派代表出席大會，各省市黨部中設置婦女部的有四川、湖北、湖南、廣東、廣西、江西、江蘇、山東、福建、浙江、直隸、北京、漢口、上海十四處，出席大會女代表共有十六人，占全體代表十六分之一（全體大約二百五十餘人），[151]比起第一次全國代表大會

147 同註146，頁五三四。
148 何香凝，〈把黨綱對內政策第十二條討論一下〉，《廣西婦女運動月刊》（一九二六年），頁一〇。
149 璽生，〈女子繼承財產問題〉，《禮拜六》（上海），一九二八年九月一日。
150 陳逸，〈遺產制下的女子〉，《中國婦女》，第十一期（一九二六年四月十日），頁三—五。
151 葛季膺，〈中國國民黨第二次全國代表大會席上得來的感想〉，《中國婦女》，第七期（一九二六年二月二十日），頁三。

只有三位女代表與會，[152]增加了十三名。[153]二次黨代表大會，會上提出黨務報告，女黨員人數也大有進展。據統計國民黨員當時黨員總人數約二十餘萬，女黨員有二千人，占總黨員人數百分之一。第二次全國代表大會召開時，為了激勵女代表與會意願，會前，國民黨公布保障女代表名額的遴選辦法。辦法規定先由各省主動推薦三人呈報黨中央，黨中央再從中指定一人與會。[154]有鑒於女代表對議事不熟，大會上女代表被列為「特別委員」。婦運前輩加上國民黨創黨元老，丈夫（廖仲愷）在黨中聲望崇隆的何香凝，十分不滿女代表被列做「特別委員」，她在大會召開前屢次提議，女代表們應和各省選出的代表具有相同開會權，不僅具有發言權，也要有表決權。[155]何香凝用心為女代表們爭取能見度，結果並不理想。女代表們的發言常常被譏笑，她們提的意見看法不是幼稚就是空言不務實。女代表們的提案，許多人不明白內容到底說什麼，男代表們肆無忌憚的嘲笑，女代表們更覺畏縮，到後來開會都不敢開口，保持沉默。同樣是女代表的葛季膺描述「女同僚」開會意興闌珊的態度，十分生動，她說：

對於一切，政治經濟軍事黨務的討論；彈劾懲罰叛黨者和慰勞嘉勉努力諸同志的提案；總章決議的文字修改等等都很冷淡——沒有什麼意見參加。除了偶然聽見微弱的「應聲蟲」的附議從座間發出，或不耐煩地向主席說聲「辯論得好久了，快請表決罷」，很難得有人頭頭是道地侃侃而談。即在表決的時候，大家似乎連舉手鼓掌的一舉一動也懶得表示起來。[156]

各省百中挑一的國民黨全大會女代表，她們在省區都是一方之選，普遍受過教育、有社會歷練經驗，卻不能在政治場合和男性平起平坐。女代表能力不足，國民黨黨內男性對婦女乃至婦運看輕，就可想而知。

國民黨婦運在一九二六年有成功之處，但也埋下失敗伏筆。國民革命的氣勢如虹，助長軍閥控制地區的婦女團體開始公開活動。北方婦女組織原有私下接受國民黨支助者，過去只能偷偷摸摸，如今一改過去死氣沉沉的樣貌，個個摩拳擦掌，很想有一番作為。北方的婦女團體，

152 宋慶齡，〈在廣州婦女界歡迎大會上的演說〉，《婦女之聲》，第六期（一九二六年一月二十日），頁七。國民黨第一次全國代表大會三位出席女代表，是由孫中山指定，三人是陳璧君、何香凝及唐允恭。

153 第二次全國代表大會女代表人數有十六人。參見葛季膺，〈中國國民黨第二次全國代表大會席上得來的感想〉，《中國婦女》，第七期（一九二六年二月二十日），頁三。

154 該方法由上海女黨員提出，中央執行委員會會議通過。參見〈中國國民黨第一屆中央執行委員會第一〇三次會議〉（一九二五年八月十日），收入《中國國民黨第一屆中央執行委員會會議紀錄彙編》（臺北：中央委員會秘書處編印，一九五四），頁一五三，中國國民黨文化傳播委員會黨史館藏，會議紀錄一．三—一。

155 〈提議請明白規定出席二全大會各女特別委員有表決權案〉（一九二六年一月），《漢口檔案》，中國國民黨文化傳播委員會黨史館藏，館藏號：漢五四六二。

156 葛季膺，〈中國國民黨第二次全國代表大會席上得來的感想〉，《中國婦女》，第七期（一九二六年二月二十日），頁三。

與南方公然頂著政黨帽子掛招牌不同，一般婦團仍維持社會團體形貌，這樣更有利於進行婦女工作。北方的婦女團體不能動輒喊出群眾動員，她們多半較重視婦女教育、社會調查及婦女救濟等工作。一九二六年十二月，北京成立「婦女之友社」，發起人有呂雲章、黃周瑜、褚松雪、徐閨瑞、張瑩、張挹蘭、廖玉珍、丁自明，這些女性許多畢業自高等學府，學養、能力無庸置疑。婦女之友社成立後，會員擴展迅速，短時間就已有二百名會員。婦女之友社著重的婦女工作是社會調查，立會後曾有計畫派出會員到各省各縣調查婦女生活，這些調查有助於婦女之友社後來對婦女進行援助，如怎樣使婦女獲得生活獨立，婦女平民教育、普通教育的需求，職業教育的方向，[157] 婦女工作所需經費來源是國民黨。

上海，是另外一地婦女部工作與國民黨政治聲望明顯互相拉抬的地區。一九二六年後，國民黨上海特別市黨部婦女部，提列經常性工作所需增加的經費，這些經費主要用在收容、照顧到部求助的婦女身上。前往國民黨上海特別市黨部婦女部求助的婦女不外乎這幾類：有受丈夫凌虐，離家出走請求保護者；有借款以解生活燃眉者；另外有請代打官司求請離婚者，[158] 婦女部開銷大幅增加。一個例子是一位年輕女性名吳薔葆，為逃避繼母安排的婚事，以求學為藉口離家出走，父親率人四處打探，最後找到她，想用強迫方試綑綁吳女回家。吳女伺機逃到上海各界婦女聯合會，接著又到中國國民黨婦女部尋求幫助，婦女部收容吳女，並出面和吳父溝通，吳父終罷手離開。[159] 國民黨聲望日高，婦女部不能壞了名聲，這類救助收容，成了婦女部工作常態。上海一位婦聯成員碧瀾曾對吳薔葆女士的遭遇發表看法，她說：「中國舊婚制下的女子，有的經了百般波折而如吳女士（吳薔葆）一樣奮鬥出了，有的因力弱或無外界援助而勉強甚至於因此而自殺者，往往有之。」[160]國民黨婦女部自居是婦女托庇之所，救得一個是一個，群眾動員就被撇在一邊了。廣西婦女工作開展時間較晚，但救援婦女工作有後來居上之勢。婦女組織替廣西婦女排憂解難，例證不勝枚舉，原因是廣西落後，舉目所見婦女受婚姻磨難者，數不勝數。一個例證是有一名婦女名覃超容，廣西江口人。覃女的丈夫病亡，她被翁姑強迫賣婚，頑抗不從，為求自保，覃女出逃梧州，赴當地婦聯會求援。[161]國民革命掀起婦女逃家風潮，過去許多婦女縱有再大痛苦，也不敢輕易逃離家庭「小墳墓」，原因是害怕闖入社會更大陷阱中，一旦婦女們認為離家後沒有出路，也不會有人同情解決自己苦難，盼望解決就是空談，有了國民黨婦女組織撐腰，情況便大大不同。國民革命的婦女工作發展到後來，漸漸把工作重點放在

157 Christina Kelle Gilmartin, *Engendering the Chinese Revolution: Radical Women, Communist Politics, and Mass Movement in the 1920s* (Berkeley: University of California Press, 1995), p. 161.

158 〈中國國民黨上海特別市黨部婦女部為援助被虐待婦女之訴訟事件徵請義務律師啟事〉，《革命婦女》，第七期（一九二七年七月十三日），頁一六。

159 吳薔葆投書，〈舊婚制下的一個逃生女子〉，《中國婦女》，第六期（一九二六年一月三十日），頁六—八。

160 碧瀾，〈讀「舊婚制下的一個逃生女子」之後〉，《中國婦女》，第六期（一九二六年一月三十日），頁八。

161 若珊，〈請看工友們的革命精神〉，《廣西婦女運動月刊》（一九二六年），頁四。

對婦女憐苦恤弱、救援扶助上，在左、右派鬥爭政治煙硝味十足背後，出現另外一股婦女工作新契機，婦運領袖不乏有人反省到救助婦女是否比婦女動員更符合全體婦女利益？一九二七年八月，有一篇登載在《革命婦女》上的文章，高度讚揚一九二六年後，婦女工作調整方向後的影響。〈婦女運動的今昔觀及其未來〉這篇寫於國民革命即將收尾的文章，追溯一九二六年的婦女工作，認為種種成績說明國民政府是真正為婦女謀自由與平等的政權：

> 婦女運動在北方反動勢力下絕無聲息，在國民政府勢力下的各處，則有相當的聲勢。國民黨對於婦女運動，站在援助與指導的地位，於是可見目前婦女運動的環境是順適的、援助的。我們以一個問題來說，在前五六年的時候，任何地方的婦女運動，第一個困難問題，大都脫不了經費奇窘，當時熱心婦女運動的人們很多，而終是困於經費不能發展。可是到了如今，經費問題便不成為問題了，國民黨對於婦女運動在經濟方面也是予以援助的。……現今的問題就是如何才能享受婦女所具有的自由與平等。162

當國民黨婦女工作調整方向時，共產黨婦女工作堅持固守群眾動員。一九二六年，共產黨認定國民革命情勢大好，國民黨贏得廣大民心，軍事進展順利，各地黨部得到普遍支持，群眾運動熱烈昂揚。中共婦女幹部對情勢判斷與婦女工作應如何進行的看法，和國民黨截然不同。一九二六年，時任中共共青團廣東省委委員的區夏民，在北伐將拉開序幕時，對婦女工作做出反省，她認為以往婦運失敗主因是「無主義鮮明、組織嚴密之政黨領導」，[163]如今一切都不同，在國民黨掌權下，政治統一，婦女問題在不久將來必能得澈底解決，她說：

我們不能離開政治談解放。……國民黨已經明白告訴我們：「於法律上、經濟上、教育上、社會上，確認男女平等之原則，助進女權之發展。」我們看得出，只有國民黨才是婦女們的好友，只有國民黨才是誠心為婦女謀解放。婦女們——有誠意謀解決，真想解放的婦女們，只有一齊歸到國民黨旗幟之下去努力。[164]

一九二六年，中共中央婦委計畫的婦女運動是以全中國為目標。當時婦委提出一九二六年下半年至一九二七年年初工作報告，強調政治、軍事與婦女運動三者密切配合，依三者搭配的程度來判斷，婦女運動態勢大約可分成兩類區域：一是完全反動的省區（北方區、河南和山東等省）；二是國民政府革命能夠控制的省區（湖南、湖北、廣東、廣西、江西以至四川、福建等省）和政治開明的江浙區。[165]中共中央婦委的報告一再申明，國民革命是婦運起落的關

162 江立，〈婦女運動的今昔觀及其未來〉，《革命婦女》，第十一期（一九二七年八月十日），頁七。
163 區夏民，〈女學生應有之覺悟〉，《廣東青年》，第二期（一九二六年五月三十日），頁一一。
164 同註163，頁一一—一二。
165 〈中共中央婦女委員會工作報告（節錄）〉，收入中華全國婦女聯合會婦女運動歷史研究室編，《中國婦女運動歷史資料，

鍵。中共黨內的婦女幹部，固守政治動員與婦女工作間的緊密關係，儘管中共女黨員不放棄運用國民黨這塊招牌，不過顯然非常不認同國民黨婦女工作放棄群眾動員路線。國民黨第二次全國代表大會開會時，中共中央宣稱革命婦運正攀向高峰，婦女工作必須抓緊時機、再接再厲，各地婦女工作不能放鬆群眾宣傳。[166] 對比國民黨婦女工作鬆散各行其是，中共婦女工作較能遵照中共中央婦女運動議決案指示，在國民革命跨出廣東後，國民黨婦女部、婦女協會、各界婦女聯合會，左派及共產黨相互間時時有奪權的威脅。[167] 縱使是對民間的婦女團體，中共中央婦委會也有一套滲透的工作方式，中共中央婦委會曾明令各地黨員要深入婦女群眾，同時不能忽略維持與國民黨黨員及各類婦女組織的友好關係。[168] 一九二六年國際婦女節前夕，中共中央婦委會對各地同志發出通知，為打入各地婦女團體，要切實對所在地婦女團體及女學校進行調查，調查的重點放在婦女團體成員的思想派別，政黨在女學校中的勢力，若能深入瞭解個人政黨屬性，追究哪些人是研究系、民黨、CP或CY，[169] 這樣最好。

左派及女共產黨員在各地婦運機構中的奪權戲碼，使菁英婦女對國民黨婦女工作產生疑慮。一九二六年七月，廣州國民黨中央原想營造婦女團結來為國民革命造勢，建議召開全國婦女代表大會。這個建議首先得到上海各界婦女聯合會回應，接著廣州、湖南、湖北女界也宣布加入。不久，也就是數日之後只剩下上海、廣州兩地一些婦女勉強進行，接著，這兩個地區的婦女團體聯合行動也不了了之。中共中央婦委會曾就全國婦女代表大會流會原因提出報告，報告指出上海方面，具有基督教色彩的婦女團體、民間的女子參政協會與親國民黨的上海各界婦女聯合會，彼此間存在隔閡，對全國婦女代表大會最終保持距離。廣州方面，婦女團體陷入左、右派立場對立，互相猜忌、難以合作，婦運陣營從國民革命開始的同聲共氣，走到你唱你的調、我吹我的號。[170]一九二六年下半年，國、共婦運路線分裂態勢明顯，而政治鬥爭也到了一觸即發的地步，兩黨合作局面眼看要瓦解。婦運路線之爭對比政治鬥爭，顯得微不足道，[171]倒是幹部間分黨分派，如今更加旗幟鮮明了。

一九二一—一九二七》，頁六九六。

166 〈中共中央婦女部通告第九號〉，收入中華全國婦女聯合會婦女運動歷史研究室編，《中國婦女運動歷史資料，一九二一—一九二七》，頁四八五。

167 〈中國共產黨第三次中央擴大執委會關於婦女運動議決案〉，收入中華全國婦女聯合會婦女運動歷史研究室編，《中國婦女運動歷史資料，一九二一—一九二七》，頁四七五。

168 蔡和森，〈婦女運動〉，《中國青年》，第一一七期（一九二六年三月十三日），頁一一。

169 〈中共中央婦女部通告第六號——關於紀念「三八」節的工作〉，收入中華全國婦女聯合會婦女運動歷史研究室編，《中國婦女運動歷史資料，一九二一—一九二七》，頁四八三。CY 是指共產主義青年團。

170 〈中共中央婦委報告（節錄）〉，收入中華全國婦女聯合會婦女運動歷史研究室編，《中國婦女運動歷史資料，一九二一—一九二七》，頁四九三。

171 國民黨容共後，女性共產黨員人數大為增加。她們在國民黨中大肆擴張勢力，引起反共婦女團體不滿，雙方互相攻訐。參見游鑑明，〈中國國民黨改組後的婦女運動〉，《國立臺灣師範大學歷史學報》，第十八期（一九九〇年六月），頁三八一。

第三節　革命中的兩性及性

革命的婦運，除動員婦女、解救婦女，另外一個激動人心之處是替婦運注入各式各樣的「革命文化」。一九二五年，和廣東同步，國民革命軍所到之處，婦運領袖帶領當地婦女舉辦紀念日慶祝來宣示新政權的到來。一九二六年的三八節，包括廣西梧州、[172]湖南長沙、平江、醴陵、衡陽，江浙兩省的南京、丹陽、徐州、寧波、江西安慶、河北保定、湖北省、四川省各地，大江南北分散極廣的區域，許多省市婦女舉行群眾集會，慶祝這個前所未聞的革命婦女節日。[173]各地革命婦女節日所安排的紀念活動內容相似，主要發揮寓革命宣傳於節日慶典之中，目的是號召各階層婦女團結，鼓吹國民革命勝利，才能伸張婦女權益。以湖南長沙三八節慶祝大會為例，大會出席的群眾主要是女學生和當地婦女團體，婦運領袖在大會上以簡單明瞭的方式介紹國民黨的婦運，包括消除女學生受到的壓迫，及保障中上層階級婦女權利，拉攏與會婦女是三八節慶祝的重頭戲，如同報刊盛讚湖南長沙三八節的成功，在場女學生及婦女團體情緒熱烈：

是日各女校偕行放假，上午九時各校同學相繼整隊至省教育會前坪集合者有周南、稻田、長沙女師、民本、新化女學校友會、努力社、新潮社、競進社等二十餘團體，約千餘人。首由主席繆伯英報告開會意思與「三八」紀念之歷史和意義。……語畢即大呼，婦女

> 參加革命，反對學校束縛女生行動，反對女校檢查書信，男女教育平等，男女法律平等，禁止蓄婢納妾，廢除娼妓，女子有財產承繼權，國民會議須有女子參加。[174]

湖南長沙三八節慶祝會後，報刊報導，在場婦女許多人申請入黨。[175] 眾多婦女集合在一塊兒參加紀念日活動，是婦運最生動的宣傳手段，這類宣傳使參與者感受革命的激動人心，見證群眾的奮發昂揚，「親臨其境」易使婦女受到感召，體會革命的集體奮鬥精神。

紀念婦女革命節日，搭配各地婦女機關推出的文宣刊物，婦運宣傳多管齊下。受過初等教育，不甘心遵循舊日模式，結婚進入家庭的年輕女性，可以在革命陣營中發揮才能。大量婦女工作需要女幹部，光是各地由婦女機關掛名主編的婦女刊物，短暫時間中陸續出刊，年輕知識女性不怕找不到合適的工作，只要是能文能寫的，革命婦運陣營全部歡迎。短短幾年間問世的革命婦女刊物，稱得上是琳瑯滿目、盛極一時。一九二六年，廣東一地，有中央婦

172 根據廣西婦女運動報告，梧州市黨部未成立前，梧州、桂林等處婦女團體組織皆屬微弱，至黨部成立後，婦女界加入國民黨者多，梧州方面有廣西婦女聯合會和梧州女權運動同盟會，受黨的指揮，兩會人數約二百人，屬於黨員者約一百三十人。參見〈婦女運動報告〉，《廣西婦女運動月刊》（一九二六年），頁四一。

173 楊之華，〈中國「三八」運動史〉，《赤女雜誌》（一九二七年），頁二四。

174 〈三八紀念湖南婦女示威大會〉，《中國婦女》，第九期（一九二六年三月二十日），頁六。

175 同註174。

女部與省婦女部合力主編《婦女之聲》、廣州特別市婦女部主編《新婦女》、婦女解放協會主編《光明》、《婦女生活》、女權運動大同盟主編《廣東婦女》。廣東之外，北京特別市婦女部主編《婦女鐘》、江蘇省婦女部主編《吳江婦女》、廣西婦女聯合會主編《婦女之光》、湖北婦女協會主編《湖北婦女》、湖南女界聯合會湘南分會主編《湘南婦女》、湖南女界聯合會主編《婦女先鋒》[176]、四川各界婦女聯合會主編《四川婦女》、江西省婦女協會主編《江西婦女》[177]，北京還有一個與國民黨關係深厚的婦女刊物《婦女之友》，一九二六年九月十五日創刊，[178]屬半月刊，其中一位主編是張挹蘭，她同時也是國民黨北京市黨部婦女部長，女黨員身兼婦運幹部及刊物主編，在當時是極普遍的現象。[179]另一個例子是湖南省長沙女界聯合會出版的《婦女先鋒》，掛名主編是女共產黨員繆伯英以及國民黨省黨部婦女部長黃頤，[180]湖南省女界聯合會海納百川，同時網羅聲名遠播的共產黨及國民黨兩位婦運領袖合作共事。

革命潮流風起雲湧，影響下的文宣沸沸揚揚、群眾氣勢浩浩蕩蕩、年輕婦女更顯得奮進高昂，這些都是政黨領軍下新時代婦女的新文化。許多從前在中國不聞其名的外國婦女，去世多年，生平事蹟說不上震古鑠金，遑論列入世界偉人名單中，但在中國革命後輩前呼後擁下，竟一躍而成為中國革命婦女家喻戶曉的女英雌。革命勢力牽引下，在中國女界跨過生死、超越國籍，編造出革命婦女最傳奇、最有影響力的，就屬德國女革命家盧森堡（Rosa Luxemburg）了。一八七一年出生的盧森堡，死於一九一九年，早在中國革命大肆介紹她之前，盧森堡已在柏林入土為安至少六年了，[181]中國婦女對於一位遠在德國又已不在人世的外國革命女性瞭解多少，顯然不重要，重要的是把盧森堡轉變成為中國革命的女性典範。盧森堡已經離世這個事實，打開給予中國革命可以填進各種意義的空間和想像，圍繞著盧森堡革命行動所遭遇的恐怖屠殺、暴力血腥都被淡化，保留給中國閱眾的是熱情、犧牲、無畏，冒險而不減浪漫氣息。盧森堡來自哪裡，是什麼血統，反對什麼、贊成什麼，都不是描述革命者巨大形象需要在意的細節，重要的是盧森堡代表的是一種「婦女革命精神」。一篇出自一位廣東婦女運動幹部手筆

176 〈民國十五年一至五月份中央婦女部婦女運動概要報告〉（一九二六年六月），《五部檔案》，中國國民黨文化傳播委員會黨史館藏，館藏號：部一〇六一一。

177 〈中央婦女部婦女運動報告〉（一九二六年五月十五日至一九二七年三月十日），《漢口檔案》，中國國民黨文化傳播委員會黨史館藏，館藏號：一二七六三。

178 該刊由進步婦女張挹蘭、呂雲章等主持，於一九二七年四月被軍閥查禁。參見〈呂雲章回憶錄〉，收入李又寧編著，《近代中華婦女自敘詩文選》（臺北：聯經出版事業有限公司，一九七九），頁三八一—三八二。

179 張友松，〈亡姊挹蘭傳〉，《新女性》，第三卷第一號（一九二八年一月），頁一七五—一七六。

180 〈《婦女先鋒》發刊辭〉，《婦女先鋒》，第一期（一九二六年三月八日），頁一。

181 羅．葉夫澤羅夫、英．亞日鮑羅夫斯卡婭著，汪秋珊譯，《羅莎．盧森堡傳》（北京：人民出版社，一九八三），頁四四—一七三。羅莎．盧森堡（Rosa Luxemburg, 一八七一—一九一九），德國馬克思主義政治家、社會主義哲學家及革命家，德國共產黨的創始人。一九一五年，德國社會民主黨宣布支持德國參與第一次世界大戰時，她和卡爾．李卜克內西（Karl Liebknecht）合作成立馬克思主義革命團體「斯巴達克同盟」，該組織於一九一八年十二月重組為德國共產黨。一九一九年一月，柏林斯巴達克起義遭自由軍團鎮壓，盧森堡、李卜克內西等被捕犧牲。

的〈紀念女革命家盧森堡〉，以同為革命獻身的使命感，極端崇仰的筆觸，向中國介紹這位「與軍閥戰、與政府戰、與資產階級戰、與資本家的走狗戰」的革命女傑：

> 我以為最應該特別紀念的是伊的「革命精神」。我們從伊一生的歷史看，伊自始至終，百折不回，「鞠躬盡瘁，死而後已」的革命精神是如何的充實，如何的深厚，如何的偉大！這是怎樣的值得我們的崇拜，值得我們的敬仰！伊一生是奮鬥的生活，不畏強御，不怕艱難，不顧危險，不念生死。伊與軍閥戰，與政府戰，與資產階級戰，與資本家的走狗戰，伊絕不調和，絕不妥協，堅持到底，以至於死！這真是「革命者的模範」，至於永久不朽的精神，是最值得我們紀念。我們紀念她，我們應該以伊為模範！[182]

盧森堡雖是德國籍，在革命的宣傳中，她具有「中國魂」，每每婦運領袖都帶頭高呼：「你應該做那已死的盧森堡，領導他們上那血戰之路！」[183]是自我期許，也鼓動別人向盧森堡看齊。

左派及共產黨人介紹的盧森堡，被包裹在動人心魄的近代德國革命史中。一九二五年，廣東婦協首次把國際青年日（九月第一個星期日）列為革命節日加以紀念，在她們對外發出的開會通知中，提到李卜克內西（Karl Liebknecht, 1871-1919）和盧森堡兩個人，稱他們是世界革命反對帝國主義的先行者，他們的革命功績最值得後人景仰的是，一九一五年李、盧領導革命的青年集合在瑞士伯恩開會，不幸被反動派掌握行蹤，遭到逮捕，婦女協會以歌頌勇者的口氣說：「我們的婦女領導者盧森堡竟為反帝國主義犧牲了他的生命了。」[184] 歐洲或說德國社會主義陣營分合與馬克思主義信仰的崛起，是一段複雜曲折的歷史，左派及共產黨婦運一律化繁為簡，摘錄革命人物的生平，符不符合歷史事實不是婦運領袖關心的，對她們來說，感情的投射與不畏死的精神和號召才是宣傳重點，目的是最好能為中國革命製造成千上萬的「盧森堡」。中國以「盧森堡」為典型，如湖北婦女協會主編出版的《湖北婦女》上面刊登的〈紀念盧森堡女士告全省女界同胞〉一文，含糊地把盧森堡安放在革命婦運的先鋒位置，通篇充滿革命式的口號，但不必是忠於歷史的描述：

> 中國的全民族是被壓迫的，中國的婦女是包括在整個的被壓迫民族之中，假使中國民族不能自由獨立，中國的婦女是沒有獨立自由的可能！所以中國婦女要求解放，必須從事於反帝國主義運動。……盧女士在歐洲大戰發生的時候，極力反對帝國主義的戰爭——變帝國主

182 〈紀念女革命家盧森堡〉，收入廣東省婦女聯合會、廣東省檔案館編，《廣東婦女運動歷史資料》（廣州：廣東省婦女聯合會、廣東省檔案館，一九九一），頁一九八。

183 葛季膺，〈中國國民黨第二次全國代表大會席上得來的感想〉，《中國婦女》，第七期（一九二六年二月二十日），頁五。

184 〈廣東婦女協會為國際青年紀念告婦女〉，收入中央檔案館、廣東省檔案館編，《廣東革命歷史文件匯集，一九二一—一九二六》（廣州：中央檔案館、廣東省檔案館，一九八三），頁七。卡爾・李卜克內西，德國馬克思主義政治家、律師，德國共產黨創始人之一。李卜克內西在萊比錫及柏林修讀法學和政治經濟學期間，成了馬克思主義倡導者，一度是活躍的第二國際成員（Socialist Youth International）。一九一九年，和羅莎・盧森堡等一起被捕犧牲。

義的戰爭為國內民眾自由的戰爭，所以她不僅是德國的無產階級革命首領，直是全世界被壓迫民眾的首領。中國婦女是整個被壓迫的中華民族中的一部分。盧女士為解放世界被壓迫群眾奮鬥而死，亦即為解放婦女奮鬥而死，所以我們婦女紀念女士的意義深遠一層了！[185]

湖北婦女協會組成分子本就是婦運派中較激進者，《湖北婦女》把盧森堡說成是無產階級女性革命者，是看穿帝國主義邪惡，力抗到底、不畏死的革命勇者，評價至高。

左派及共產黨婦運宣傳主調是反帝國主義，在這個脈絡中，除了盧森堡，俄國女性也是中國革命婦女運動的前輩，俄國革命是中國的導師，蔡暢一九二五年發表的〈俄國革命與婦女〉說到：「俄國工人革命已經完成了，凡關於婦女在社會上之一切不平等的爭鬥通通掃除盡了，總歸一句，十月革命根本解放了俄國婦女！中國婦女若求澈底的解放，只有團結起來！積極參加革命運動。」[186]俄國革命後的婦女地位改變，這些報導陸續傳入中國，公眾媒體最感興趣的是俄國革命政府對結婚、離婚法律的大幅修訂，一九一七年十二月二十日俄國頒布新令，規定離婚絕對自由，同時放寬離婚條件為男女兩方只要有一方提出，雙方就可解除婚姻關係，[187]在離婚、結婚絕對自由的原則下，俄國革命政府主張同志結合才是理想婚姻。這段時期，中國知識界、媒體出版界處於後五四時期，在自由戀愛風潮帶動下，「性」的道德應該是什麼，公眾議論紛紛卻莫衷一是。俄國的婚姻絕對自由，替五四後中國擁護「性」開放自由不應加任何道德約束的主張，打了一劑強心針。《新女性》提倡性自由不遺餘力，這個刊物轉譯了俄國人寫的〈革命時期的性生活〉，文中對俄國婚姻改革極力吹捧，其中一段譯文說到：「（婚改）因此而組成的家庭，對於政治，對於生產與勞動，自然不能不有一致的見解。」[188]

俄國革命對中國左派及共產黨文化有深刻影響，當「革命」越來越神聖、越來越浪漫、越來越神祕，最終黨員就把革命詮釋為某一種具體的生活方式、情感關係及婚姻態度，政治領域的革命感染到個人生活，個人生活就越來越「解放」。一九二〇年代人們口中的「解放」逐漸流行後，與男女關係「隨便」似乎變成等義詞，這種印象追根溯源，是俄國革命、共產黨員作為以及公共媒體報導，三者共同製造出的僵化而普遍的集體印象，主要線索是刺激公眾好奇窺探的性自由。俄國革命時，出現一位言語大膽、標新立異的婦女柯倫泰（Alexandra M. Kolontai, 1872-1952），她自己暴露自己曲折的人生遭遇，包括曾有三十個丈夫，[189]她寫的自傳

185 〈紀念盧森堡女士告全省女界同胞〉，《湖北婦女》，第十一期（一九二六年一月二十日），頁九—一〇。
186 蔡暢，〈俄國革命與婦女〉，《光明》，第三期（一九二五年十一月十日），頁七。
187 沙洛金著，愈之譯，〈革命時期的性生活〉，《新女性》，第四卷第七號（一九二九年七月），頁八九三。
188 微知譯，〈新俄國的女性〉，《新女性》，第一卷第五號（一九二六年五月），頁三四五。
189 劍波，〈新戀愛問題〉，《新女性》，第三卷第十二號（一九二八年十二月），頁一三五九。柯倫泰（Alexandra M. Kolontai, 1872-1952），俄國共產主義革命者，原是孟什維克黨黨員，一九一四年加入布爾什維克黨，一九一七年進入俄國黨的中央委員會。十月革命後，當選為國家救濟人民委員，是列寧政府中唯一一名婦女。一九二〇年，她任俄國黨的婦女工作部部長，

體小說《戀愛道中》[190]，被改寫後的翻譯本在中國出版，讀者的興趣都放在女主角蓋尼亞領會到的革命真義，使她變得一心追求個人自由和非占有的性關係，[191]柯倫泰本人和她寫的小說對中國閱眾來說，只有一個主題就是革命帶來性解放。一九二〇年代，俄國婦女「柯倫泰」流傳到中國，遇到的時機，正當左派及共產黨青年群體把革命看作是反叛一切、橫掃一切，他們風靡柯倫泰式戀愛，提倡男女間歡愛不用經過耗時費日的戀愛，婚姻的繁文縟節更屬多餘，革命者不瞻前顧後，男女間的結合越簡易越好，柯倫泰式戀愛被簡化成「一杯水主義」，陳獨秀長子陳喬年詮釋過「一杯水主義」，[192]簡而言之這句話代表性絕對開放自由。革命替性自由開路，人性黑暗閘門的鎖匙也同時被打開，面對一杯水主義，共產黨女青年的猶豫退卻可想而知，女同志心理、生理上承受極度震盪，畢竟把貞操觀丟到九霄雲外，把一夫一妻關係視作糞土，是太過離經叛道，性自由揭開革命失序的一幕，共產黨內一場混亂的風暴正在醞釀。國民黨扛起革命大旗，反軍閥、反帝國主義打動民心，全中國到處都有吶喊助陣的聲音，不少年輕女學生或女青年，抱著對革命的憧憬，投入這股時代洪流中。在一波一波軍事勝利中，「革命」的變化也同時發生，最顯著的是左派及共產黨走向激進，革命從正義之師變成壓迫來源，革命的對立面是反革命，革命如同一把尚方寶劍，揮向誰，誰就得聽令，集體的服從與瘋狂，就難以避免，性的絕對自由就是最好例證。青年女性嚮往的革命，隱然要反過頭來吞噬她們。不過，時機尚未成熟，激進的作風仍然被壓制在一小撮群體中。北方軍閥尚未垮臺，革命陣營清新、守法、不擾民的形象要維持住，這樣醜化軍閥才能事半功倍。

北伐的軍事作戰與政治宣傳配合，革命陣營大打反軍閥的文宣戰。軍閥禍國殃民，劣跡斑斑，人民無處申冤，一般人道聽塗說，缺乏完整的訊息。南方媒體本來就喜歡揶揄軍閥，特別是軍閥奸淫貪婪，總是難逃報刊諷刺挖苦，如張宗昌強擄常州巨紳女兒，成為張大帥第十九房妾，瞿秋白就寫了一篇〈中國婦女之白化與赤化〉，說張宗昌的作法是軍閥的「公夫主義」。[193]報刊接二連三報導軍閥好色縱慾、納寵置妾，如同封建帝王心態的腐敗作風，深入人心，南方婦女經常拿軍閥姨太太眾多做文章，如葛季膺〈主張與批評——太太〉一文說的：

封建制度下的天子每婚有三宮六院，七十二妃，後宮佳麗更不計其數，現代的軍閥如已死的袁世凱、倪嗣沖，未死的曹錕、張作霖等左右姨太太當不下數十人，一般官僚政客

當時她已發表了許多批判家庭關係和資產階級性道德的著作，立場毫不妥協。柯倫泰堅持理想主義和個人關係的自由意志論，這些想法很快就被俄國黨在家庭方面的政策摧毀。中國左派及共產黨對柯倫泰的介紹，極少注意她的「理想主義」或是婦女工作，幾乎全部注意力全放在她關於性自由及解放的主張上。

190 林房雄著，默之譯，〈新「戀愛道」——柯倫泰夫人的戀愛觀〉，《新女性》，第三卷第九號（一九二八年九月），頁一〇四六。

191 山川菊榮，〈柯倫泰底戀愛〉，《新女性》，第三卷第十二號（一九二八年十二月），頁一三九四—一三九七。

192 陳碧蘭，《我的回憶——一個中國革命者的回顧》（香港：十月書屋，一九九四），頁一三一。

193 瞿秋白，〈中國婦女之白化與赤化〉，《赤女雜誌》，創刊號（一九二七年三月八日），頁九八。

縉紳地主納寵置妾更是常事，這都表示他們的榮耀位尊金多的意思，不幸的婦女就此做了人格的犧牲者。[194]

革命宣傳把軍閥醜惡化，最能引起共鳴的是軍閥把婦女當作性玩物。一九二七年，國民革命軍總司令部政治部搜集軍閥劣行惡狀，編寫出版《婦女與奉系軍閥》一書，書中列舉各式各樣軍閥欺侮良家婦女的惡行，如奉系軍閥在唐山、北京、江蘇、天津等地縱容士兵姦淫女子，[195]又如張宗昌、褚玉璞利用楊度牽線，設陷意圖侮辱北京京劇名角孟小冬。[196]革命文宣集中火力抨擊軍閥踐踏婦女人格，把所有婦女視作囊中物，為所欲為，是道道地地的封建餘孽。

軍閥的私生活淫亂，偏偏喜歡抬出禮教約束年輕女性，動不動就要嚴「男女之防」。一九二六年十月四日、二十日，奉天、天津兩處接連出現政府貼出的公布寫著「嚴禁女子剪髮、男女同校」。[197]五四公眾關注的女學生剪髮爭議，已漸平息，浙閩蘇皖贛五省總司令孫傳芳竟又重拾舊路，下令禁止婦女穿著旗袍、剪短頭髮，禁令一出，一些剪髮姑娘趕忙找假髮來戴，軍閥一時風、一時雨的草率決定，後來不了了之。《上海日報》追蹤張宗昌禁令的結局，說到：「有少數女生鑒於去年禁穿旗袍之效果，仍有鴨屁股招搖過市者。」[198]婦女我行我素者看來不少，軍閥開時代倒車，政令又不能貫徹施行，到頭來威信掃地。[199]

革命號角聲隆隆響起，四方震動，軍閥提心弔膽，為防止變亂起於腳下，原來對女校、女學生就防範甚嚴，在北伐進逼下，手段更趨粗暴。南方不斷向北方女學生喊話，鼓動她們響應革命，一齊推翻專斷軍閥。主持青年宣傳工作的共產黨員楊賢江，一九二七年曾對北伐的婦女運動做過簡要的歷史整理，他提到五卅運動後，全國各地女學生基於愛國心理，加入婦女工作，婦運聲勢上揚，他說：「中國革命的女學生和勞動婦女的聯合參加國民革命，便是中國婦女運動走上了正軌。」[200]女學生是婦女界菁英，她們的影響力不容小覷，婦運不能沒有女學生，她們是革命反對軍閥的尖兵，女學生這群民國新出現的女性知識群體，一旦與革命站在一起，那麼新政權與過去許多舊政權間的分野，就不證自明。只要北方女學校發生風潮，南方政府及報刊就盡其所能煽風點火，反軍閥的鬥爭戰線便拉到女校中。

194 葛季膺，〈主張與批評——太太〉，《婦女之聲》，第十六期（一九二六年五月一日），頁一二。

195 國民革命軍總司令部政治部編，《婦女與奉系軍閥》（廣州：國民革命軍總司令部政治部，一九二七），頁一—八。

196 同註195，頁九。

197 楊之華，〈中國婦女運動罪言〉，收入廣東省檔案館、廣東婦女運動歷史資料編纂委員會工作室編，《廣東婦女運動史料，一九二四—一九二七》，頁五五九。

198 〈鴨屁股的反響〉，《上海日報》，一九二六年十月三十一日。

199 〈中共中央婦委報告（節錄）〉，收入中華全國婦女聯合會婦女運動歷史研究室編，《中國婦女運動歷史資料，一九二一—一九二七》，頁四九六。

200 楊賢江，〈中國的婦女運動〉，《新女性》，第二卷第一號（一九二七年一月），頁一三。

一九二五年，北京女師大爆發驅逐校長事件，一場風波暴露軍閥極端腐敗專制，不得人心。女師大事件起因是原校長許壽裳請辭，知識界一些人主張女校最好交由女校長主持，留美的楊蔭榆受到矚目，多人推薦下，楊蔭榆接任女師大校長。[201]楊蔭榆出身江蘇無錫的書香世家，家中兄弟姊妹六人，她排行第五，十六、七歲遵照母親訂下的婚約，嫁給同鄉一個低能大少爺，結婚後發現真相，她抓傷自己丈夫，反抗強硬的婆婆，逃回娘家，這件事驚動無錫縣官，後在自己親哥哥（楊絳父親）支持下，先後入蘇州景海女中及上海務本女中就讀，兩所女校在民初都以辦學開明著稱。一九〇七年，楊蔭榆年二十三歲，考取東京女子高等師範學校，隻身東渡日本留學。楊蔭榆出任女師大校長，是有淵源的，一九一四年，日本學成歸國的楊蔭榆進入女師大（當時還是北京女子高等師範學校，簡稱女高師）擔任理化教授兼學監主任，四年後，一九一八年楊蔭榆被選送美國，預備進入哥倫比亞大學研修教育，出國之時，據說許多女高師學生不捨楊老師，自動到車站揮淚送別。一九二四年，楊蔭榆結束在美國刻苦學習的生活，她獲得哥倫比亞大學教育學系學士、碩士。學成後回到中國的楊蔭榆，接受教育部長章士釗委任，出掌女師大。[202]

楊蔭榆接任校長第一年（一九二五年），女師大就發生學生抗議校長蠻橫無理。事件起因是楊校長對學生召開五月七日國恥紀念講演會持不同意見，學生不理會校長所提看法，堅持原議，校長認為學生違犯學校規定。五月九日，校方宣布開除不聽勸告的六名學生，包括蒲振聲、張平江、鄭德音、劉和珍、許廣平、姜伯諦，[203]學生聽聞消息後情緒沸騰，批評楊校長處置失當，公開喊出要撤換校長。面對學生群情激憤，楊校長態度強硬，對外發表一封公開信，替自己所作所為提出解釋，她說處置並無不當，一切都是為整飭學生風紀。楊校長的信一出，風波非但沒有止息，還越演越烈。女師大學生與校長對峙僵持，風波延燒到教職員。北京知識界有些人是支持楊校長的，認為她治校嚴格，對維護女學生名譽有正面影響，他們看不慣女學生動不動就在學校鬧事、趕校長，為了壓制女師大學生的氣焰，抬高楊校長的威望，這群知識分子批評女學生行為不知檢點，公開「嘯聚男生」。[204]這下子女師大風波被導引成了女學生私生活道德的辯論，支持女學生的師長們紛紛跳出來，和他們口中支持楊校長的「正人君子」展開激烈的言詞交鋒。在女師大兼課的教師馬裕藻、沈尹默、周樹人、李泰棻、錢玄同、沈兼士、周作人七人聯名於報端發表宣言，替女師大學生辯護，宣言提到學生品學兼優，

201 周作人，《知堂回想錄》，下冊（香港：三育圖書文具公司，一九七〇），頁四四一。

202 楊絳，《將飲茶》（香港：三聯書店，一九八七），頁七二—七六、九〇—九一。根據楊絳回憶，她的三姑母楊蔭榆自嫁了一個傻子丈夫繼而掙脫束縛後，一生遭遇即坎坷彆扭，不屑做什麼賢妻良母，對戀愛和結婚全不在念，就一心投身社會。抗戰時，在蘇州為了拯救被日軍蹂躪的四鄰，時往日軍部交涉，一九三八年被日軍謀害。

203 〈許廣平給魯迅信〉，一九二五年五月九日。〈兩地書〉，收入魯迅先生紀念委員會編，《魯迅全集》，第七卷（上海：人民文學出版社，一九七三），頁八八—八九。

204 魯迅，〈可慘與可笑〉，《京報》副刊，一九二六年三月二十八日，頁一。

絕無外界謠傳任何不規矩的行狀，並且「平素尤絕無懲戒記過之跡」，[205]被校長開除的六名學生全部無辜。楊蔭榆是中國第一位女大學校長，在近代中國提升女權的歷史進程中，可說聲名卓著，她一心以為能把在美國所學的教育理論付諸實行，要求學生致力學問，不要參與社會政治運動，立意雖佳，但不合風雲詭譎的時代環境，整頓校風不成，反受到學生無情抨擊。學生說楊校長自居為婆婆，北京女界更是尖酸刻薄，說楊蔭榆：「夷大學為家庭，大行刁悍陰狠之姑嫜之行，丟盡女界之臉，現盡女界之醜。」[206]

女師大學生擴大與校方間的衝突，校長被阻，進不了學校，癱瘓了學校正常上課，學潮拖了幾個月。八月一日，楊蔭榆率領保安隊及大學教授百餘人強行回到女師大，動用武力解散盤據學校學生、斷絕糧食供應，手段強硬，招到批評。[207]學生並不甘休，她們抗議楊蔭榆校長和北京教育部長章士釗，編造女學生不守規矩，態度輕浮多有「踰閑之舉」[208]的流言，周作人後來給友人的信中也說，楊、章兩人意圖散播女學生私生活淫亂以混淆視聽。[209]女師大學潮在校長強勢回校後，情況反更混亂，八月六日教育部明令解散女師大，原校址改辦女子大學，楊蔭榆此時已請辭，離開北京到蘇州。八月十九日教育部司長劉百昭夥同陳寶泉，兩人帶著部員十多人武裝強行接收女師大，[210]學生被逼遷出學校，離校女學生不願屈服，集議另外尋找新地重建女師大。女師大驅逐校長風潮，持續近半年，十一月教育部部長章士釗離職，兩所女子大學同時得到北京當局承認立校，學潮才告結束。[211]

南方報刊擴大宣傳女師大撤換校長事件，批評校長之外，同時喚起學生以行動來追求革新。向警予所寫的〈對於根本改革北京女子師範大學的意見並質北京女子師範大學全體同學〉指出中國女子最高學府，又是中國女子高等師資養成所，竟受到如此侮辱，她鼓吹女師大學生自治會加入國民運動，積極行動才是真改革，女師大應為全國婦女作表率，她說：

北京女子師範大學的校長人選最低限度應有二十世紀社會革新的思想，而且根本贊成女子解放的見地。質而言之，要能一面反對東方國粹妾婦之道的教育，一面反對西方拜金主義的教育，而澈底了解二十世紀的新潮流。但是單靠校長達到根本改革學校的目的仍舊

205 〈對於北京女子師範大學風潮宣言〉，《京報》，一九二五年五月二十七日。

206 〈全國各界婦女聯合會為北京女子師範大學風潮事宣言〉，《京報》，一九二五年六月二日。

207 〈國立北京女子師範大學學生自治會全體學生宣言〉，《京報》，一九二五年八月九日、十日、十一日、十三日。愚露，〈女師大風潮〉，《京報》副刊，一九二五年八月十日，頁八。

208 章士釗解散女師大呈文中有「諸生荒學踰閑，恣為無忌」字眼。周作人，〈與友人論章楊書〉，《京報》副刊，一九二五年八月十二日，頁二。

209 周作人，〈答張崧年先生書〉，《京報》副刊，一九二五年八月二十一日，頁二。

210 有麟，〈八月二十日的京報和晨報〉，《京報》副刊，一九二五年八月三十一日，頁四。

211 櫻庭弓子著，王惠敏譯，〈女校長之夢——北京女子師範大學校長楊蔭榆〉，《魯迅研究月刊》，一九九四年第二期（一九九四年二月），頁六九。女師大風潮經過，可參考呂芳上，《從學生運動到運動學生：民國八年至民國十八年》（臺北：中央研究院近代史研究所，二〇一五，二刷），頁二三三—二四〇。

是不夠的，何況校長能否符合我們的理想還是一個問題呢，因此我們不能不於校長之外更進一層謀個萬全的方法，這萬全的方法就是學生的自覺。[212]

上海婦運宣傳，擴大女師大風波中男性對女性的壓迫，沈至精的〈婦女解放與國民革命〉中說到：「堂堂國立女子師範大學，竟然被所謂教育總長武力解散，所謂一班社會領袖和當局，正以為女子不過是男子的附屬品，育兒器罷了。」[213]南方輿論喋喋不休就是要北方婦女認清，軍閥統治下，校長、教育部長通通都是打手，只有加入革命陣營才能真正去舊迎新。

女師大風潮在北方引起「禮教」應否復興的爭議，批評女學生與維護女學生的兩方，最後的焦點都集中在年輕女子私生活是否稱得上嚴肅。許壽裳回憶魯迅在北京的日子，提到女師大事件，他說北京教育部解散女師大的公告，是「疊用輕薄字句來誣蔑女性」。[214]對女大學生指指點點，語帶曖昧，與南北政爭，北方軍閥對革命激進的防堵有關係。一九二五年，北京政局動盪，馮玉祥的國民軍與南方國民革命軍遙相呼應，共產黨組織的群眾運動，包括農運、工運、婦運都是以下層民眾反抗上層統治的方式來完成「革命」，軍閥對人民向來是無法無天、作威作福，共產黨主導的群眾運動威脅軍閥統治，軍閥對共產黨視若寇仇，對「赤化」恨之入骨，奉張及段祺瑞掌握北京政權時，高舉反赤旗幟，對各種民眾團體、組織一概抱著敵視的態度。[215]年輕學子向來就反軍閥，易被政黨滲透影響，軍閥動不動就把矛頭對準學校，吳佩孚曾公開批評北大男女共學不易管理，[216]赤色思想便於傳布，「整頓學風」不可輕忽。[217]一九二六年年初，段祺瑞、張之江、章士釗、賈德耀等人你一搭我一唱，[218]大肆宣傳說：「邇來學風不靖，屢起變端，一部分不職之教職員，與曠課滋事之學生，交相結託，破壞學紀。」[219]言下之意是除了專心教與學外，教師與學生最好不要過問校外事務，這些暗示都是為了撲滅南方革命宣傳在北方知識界中的傳布，竭盡所能減輕共產黨滲透。北方政客、武人經常對學風提出批評，復古的建議不絕於耳，如西北邊防督辦張之江說的：「數千年來，賴先聖之道術禮教，以維人心於不敝。」[220]社會風氣繫之於學生一舉一動，北京當政者認為世風浮囂，原因是學風

212 向警予，〈對于根本改革北京女子師範大學的意見並質北京女子師範大學全體同學〉，《婦女週報》第七十五期（一九二五年二月九日），頁一九六。
213 沈至精，〈婦女解放與國民革命〉，《中國婦女》，第三期（一九二五年十二月三十日），頁四。
214 許壽裳，〈亡友魯迅印象記．女師大風潮〉，《回憶魯迅資料輯錄》（上海：教育出版社，一九八〇），頁一一二。
215 〈中國共產黨為孫中山先生逝世週年紀念日告中國國民黨黨員書〉，《嚮導》，第一四六期（一九二六年三月十七日），頁一三四四。
216 〈整頓學風文件〉，《語絲》，第七十一期（一九二六年三月二十二日），頁九四。
217 楊善南，〈今後怎樣辦呢？〉，《京報》副刊，一九二六年三月十四日，頁六。
218 徐瓊英，〈張之江與整頓學風〉，《京報》副刊，一九二六年三月十四日，頁三。
219 〈臨時執政段祺瑞命令〉（一九二五年八月二十六日），《語絲》，第七十一期（一九二六年三月二十二日），頁七。
220 〈西北邊防督辦張之江致內閣總理賈德耀電〉，《語絲》，第七十一期（一九二六年三月二十二日），頁八。

不良，學風不良是男女界限泯除造成的，結果就是「狂簡小子，蕩檢踰閑」，[221]社會廉恥喪盡。[222]京官、軍閥對男女同校、同學深惡痛絕，與恐懼「赤化」有關，北方軍閥把共產黨人激進作為攻擊南方革命的把柄，醜化共產黨，說他們是「共妻」的黨，軍閥眼中男女同學離「共妻」就是一步之遙，張之江這位西北邊防督辦自認這是個合理的推論，他說：

我國禮制素重男女之防，夫婦之別，先聖有精意存焉，今則不曰解放，即曰戀愛，既已合校，復欲共妻，鶉奔狐綏，醜態穢聞，使人目不忍睹，口不忍言，為父兄者必不忍任其子女之猖狂如此，當軸者亦未宜置之恝然。[223]

共產黨人講「解放」，北方軍閥抬出「禮教」來對抗。中國傳統文化與軍閥統治綁在一起，一時間此起彼落維護禮教聲浪充斥，代表性的發言就如：「禮教為立國大防，潛修乃求學要義。」[224]五四新文化運動打倒孔家店、揚棄舊禮教，知識界、教育界爭相迎接新思想，軍閥被視為倒行逆施，不得人心可想而知。縱有學者張東蓀在《東方雜誌》發表〈由自利的我到自制的我〉，支持北方當政者所說的禮教與民心有正向關係，[225]但大多數知識分子都看穿，禮教是軍閥用來鎮壓迫害學生的藉口，真正的事實是：「在北京喫了許多學生的，不是大打其禮教電報，頂呱呱的頭等禮教維持大家麼？」[226]五四新文化運動過後，禮教早就是眾矢之的，如今和軍閥政權綑綁，更加無人聞問了。

軍閥為防堵革命影響，極盡可能地誣蔑激進女性名聲。北方婦運領袖劉清揚，是天津婦女中的知名人物，她的私人感情被一些報刊挖出並大做文章，說她性關係混亂。劉清揚自己站出來澄清流言蜚語，她說自己從頭到尾就只有一個愛人，那人是張申府，[227]劉、張算是共產黨成立不久，早期入黨的兩位黨員，報刊對兩人關係大作文章，不能排除是因這對夫妻的黨員身分。南方革命高唱戀愛自由，[228]北方軍閥偏要扼殺男女間的你情我愛。

禮教爭議方興未艾，更嚴重的軍閥暴行接踵而來。一九二六年日本軍艦炮擊大沽港口，早在一九二四年十月奉系與魯（直）軍在灤州對戰，日本陸軍出兵幫助奉軍，日本軍事介入助長軍閥混戰，北京陸續有反日風潮發生。反日抗議尚未止息，北京至天津海口間因軍閥戰

221 徐瓊英，〈張之江與整頓學風〉，《京報》副刊，一九二六年三月十四日，頁四。
222 〈西北邊防督辦張之江致內閣總理賈德耀電〉，《語絲》，第七十一期（一九二六年三月二十二日），頁八。
223 〈西北邊防督辦張之江致臨時執政段祺瑞電〉，《語絲》，第七十一期（一九二六年三月二十二日），頁八。
224 〈賈德耀覆張之江電文〉（一九二六年三月十日），轉引自奚明，〈禮教吃人〉，《新女性》，第一卷第五號（一九二六年五月），頁三二七。
225 北溟，〈由自利的我到自制的我〉，《東方雜誌》，第二十三卷第三號（一九二六年一月十五日），頁五—一三。
226 章錫琛，〈禮教與私慾〉，《新女性》，第一卷第五期（一九二六年五月），頁三一八。
227 劉清揚，〈我的幾句話〉，《京報》副刊，一九二六年三月十四日，頁八。
228 當時出版的書刊中，有集中於宣傳革命即帶來「絕對任性的自由戀愛」。參見陳既明，《革命的婦女問題》（上海：三民書店，一九三四），頁三。

事不休，威脅外船通航安全，各國對華提出最後通牒，隨即調遣炮艦集結於大沽口。[229]列強舉動引起中國民眾反感，一九二六年三月十八日，北京市民聚集在天安門召開國民大會抗議列強武力威嚇，[230]段祺瑞的衛隊在場警戒，對示威群眾開槍射殺，當場有四十多人死亡，二百多人輕重傷，[231]死者中有三個女學生。軍隊對手無寸鐵的民眾開槍，暴行加深北京市民的憤恨，軍閥的殘虐無道到了令人髮指的程度。事後，段祺瑞公開辯解說，集會請願者都是「赤化」分子，死有餘辜。三月二十三日，三一八事件殉難者全體追悼會在北京舉行，周作人書寫的一副對聯掛在會場，諷刺「赤化」帽子亂飛，隨便就扣在異議群眾頭上，上聯是：「赤化赤化，有些學界名流和新聞記者，還在那裡誣陷。」下聯是：「白死白死，所謂革命政府與帝國主義，原是一樣東西。」[232]三位死於軍隊槍下的女學生，她們是燕京大學學生魏士毅、北京女子師範大學學生劉和珍、楊德群，女性在眾目睽睽下傷重慘死，人心受到嚴重震撼，軍閥為了掩蓋罪行，誣指三人，說她們是「暴徒」、「赤化分子」，[233]不得已開槍就是為消泯共產黨氣焰。[234]北方報紙為揭穿軍閥文過飾非的說詞，以追根究柢方式報導說執政府的衛隊槍口，專門對準剪頭髮女生，[235]在場目擊者也指證說「死者都是剪了髮的女旗手」。[236]北方軍閥把群眾抗議看作洪水猛獸，提防著群眾抗議可能和南方革命裡應外合，一點風吹草動都令軍閥坐立難安，鎮壓手段自然十分殘酷粗暴，無論剪髮女學生是否真是女共產黨黨員，[237]她們絕對是軍閥對革命群眾深惡痛絕的替罪羔羊。[238]

北方知識界一開始並不是因傾向革命，才替女學生喊冤、抱不平，他們的言論更多是出於人道與同情，以及長輩愛護晚輩的心態，女學生的犧牲對於男性集體是很大的刺激，年輕的、青春的、嬌弱的軀體，在血泊中躺下，這種血淋淋的控訴，使女學生的師長輩慚愧、自責，也使屠殺的劊子手殘暴的統治本質無所遁形。在女師大授課時，就受到女學生愛戴的魯迅，滿懷深情地寫下一篇紀念文章來褒揚死傷女學生，在魯迅一貫冷嘲熱諷的尖刻文字間，還是可以看到男性師長面對年輕女學生的流血，難掩的震驚與憤慨：

229 〈荷公使致外交總長函〉，《京報》，一九二六年三月十七日。
230 及泉，〈三月十八〉，《現代評論》，第三卷第六十八期（一九二六年三月二十七日），頁一三。
231 自清，〈執政府大屠殺記〉，《語絲》，第七十二期（一九二六年三月二十九日），頁五。
232 周作人，《知堂回想錄》，下冊，頁四五五。
233 呂雲章，〈哭我的同學和珍〉，《京報》副刊，一九二六年三月二十三日，頁四。
234 樹松，〈痛心話〉，《京報》副刊，一九二六年三月二十九日，頁三。
235 秋芳，〈可怕與可殺〉，《京報》副刊，一九二六年三月三十日，頁六。
236 丘玉麟，〈我們的女旗手〉，《語絲》，第七十四期（一九二六年四月十二日），頁五。
237 女子剪髮動機不一，燕大女學生追述魏士毅剪髮是因為頭髮太少。當時有一篇評論，提及女子剪髮為多數國人所不許，請願女士以此而喪失生命，實徒以外觀，而受實禍，顯將女子剪髮動機歸為愛美。誌照，〈執旗者與剪髮者〉，《京報》副刊，一九二六年三月二十八日，頁八。
238 于天慧，〈哭亡友魏士毅女士〉，《京報》副刊，一九二六年三月二十九日，頁七。

> 當三個女子從容地輾轉於文明人所發明的槍彈攢射中的時候，這是怎樣的一個驚心動魄的偉大呵！……我已經說過：我向來是不憚以最壞的惡意來推測中國人的。但這回卻很有幾點出於我的意外。一是當局者竟會這樣地兇殘，一是流言家竟至如此之下劣，一是中國的女性臨難竟能如是之從容。我目睹中國女子的辦事，是始於去年的，雖然是少數，但看那幹練堅決，百折不回的氣概，曾經屢次為之感嘆。至於這一回在彈雨中互相救助，雖殞身不恤的事實，則更足為中國女子的勇毅，雖遭陰謀祕計，壓抑至數千年，而終於沒有消亡的證明，倘要尋求這一次死傷者對於將來的意義，意義就在此罷。[239]

女學生流的血、受的傷是強烈的指控，軍閥等於是自掘墳墓。

三一八事件，為北方軍閥敲響喪鐘，女學生死傷是南方宣傳的大好題材，婦運領袖們不失時機地稱頌女學生是反抗軍閥的勇士，是急先鋒，王一知寫了〈對於統一婦女運動的意見〉說到：「今年北京慘殺，婦女多有死傷，更足證明我婦女已勇敢的站在前線與壓迫他的敵人奮鬥了。」[240]橫死的女學生，被南方抬到了「女烈士」的地位，變成「烈士」的女學生，就從三一八事件的抗議者蛻變成革命的同盟者，她們是北方婦女踏上革命戰線衝鋒陷陣，和軍閥帝國主義鬥爭的開始，事件的始末受到婦運宣傳左右。碧瀾所寫的〈悼三月十八日北京慘劇中我們的死者〉，替女學生死傷定調，她說：

這種直接與軍閥帝國主義鬥爭而被槍殺的事實，在中國婦女界是第一次，這是婦女在中國民族革命運動史上第一次的流血！親愛的姊妹們！北京被槍殺的姊妹，她們的生命，已經為我們全民族解放而犧牲了！她們的鮮紅的熱血，已經為我們流了！……我們誠然可悲可哭，但是攸攸悲哭是沒有用處的，攸攸悲哭不獨不能慰死者的靈魂，而且假若死者有靈，一定要笑我們罵我們無志的，因為攸攸悲哭是弱的表示。只有積極地起來為死者復仇，即繼續死者未竟之革命工作，才是我們唯一的態度。[241]

遠在廣東的共產黨女青年黨員區夢覺，對三一八事件究竟掌握多少消息，並不清楚，但她直截了當地說了：「女子革命精神之表現，就從此開始了。」[242]無論是碧瀾或區夢覺，對於北方軍閥的暴行，都抓緊機會發動宣傳攻勢，在南方革命向北方日漸逼進的情況下，婦運或婦女們競相投入各式各樣的宣傳戰。軍閥失去人心，南方宣傳占上風，「革命解放」從南方流傳到北方，在公眾媒體上披露的婦女行動及事件，都有革命與反革命的解讀，革命宣傳

239 魯迅，〈紀念劉和珍君〉，《三一八運動資料》（北京：人民出版社，一九八四），頁二四五—二四六。
240 王一知，〈對於統一婦女運動的意見〉，《光明》，第八期（一九二六年六月三十日），頁一三。
241 碧瀾，〈悼三月十八日北京慘劇中我們的死者〉，《中國婦女》，第九期（一九二六年三月三十日），頁二。
242 區夢覺，〈悼我們的死者〉，《光明》，第七期（一九二六年四月十日），頁一六。

很有暫且放下個人自由的爭取，走向集體化的趨勢。一位女學生提到「解放」，她說：「雖然我個人僥倖得到解放，但是多數婦女呢？她們真是要生不能，求死不得呵！我們怎樣呢？因此我就感覺到，人類是不可離的，彼此大家都有共同的關係，要求個人的樂，還須要大家同樂才是，因此我就毅然加入革命的政黨，去共同努力。」[243]革命的激情誘使一些女學生標新立異，越走越偏，彼此鼓勵丟開戀愛與文學的興趣，把全部注意力放在革命。[244]革命與反革命絕無妥協空間，這使青年男女走向極端，而人們所作所為也被政治解釋填滿，幾乎沒有灰色地帶可言。[245]

革命所到之處，捲起鬥爭激情，群眾深信解放是革命，不解放是反革命，集體化使革命的解放不容質疑，各種強制、強迫的解放就在革命陣營中上演。革命所談的解放繞到最後，變成戀愛的主張與態度，說到底就是任何男女在革命面前沒有「不愛」的權利，這對婦女造成巨大衝擊。茅盾創作的有關「大革命」時期的小說，對於革命、解放與戀愛有許多著墨，有一段文字寫到：「單身的女子若不和人戀愛，幾乎罪同反革命——至少也是封建思想的餘孽。」[246]年輕女性面對「解放」，感受到了革命的背叛，許多人加入革命原是抱著衝破家庭牢籠，改革社會守舊風氣，提高婦女自主權利。一位曾經熱切投入革命，對社會改革抱著美好憧憬的青年，在歷經幾年的革命生活後，一九二八年他回顧了個人革命史，說到：

幾重壓迫下的我們，不是自誇的話，是很有革命性的；這不是矯作而是由環境自然而然地激發出來的。對於現在的社會制度，我們是感著高度的不滿，我們要在這荊棘縱橫、豺狼滿道的堆裡開闢一條出路來，於是這微妙地響亮著的「革命」是多麼打動我們的心弦！它有磁石般的吸引力使我們趨向它的懷抱。[247]

青年們的激昂熱情製造了革命陣營許多引人入勝的事蹟，年紀輕輕的男男女女，他們集合起來把「父權」打倒在地，家庭、父母、師長這些附屬於「父權」的制度在革命面前通通倒塌，青年們自己作主，如同茅盾（沈雁冰）筆下所寫的，革命迎來了「動亂中國的最複雜的人生的一幕」，[248]什麼光怪陸離的事都可以被承認、被接受。革命的軍事衝殺、政治鬥爭意

243 俠明，〈一個少女的奮鬥精神〉，《少年先鋒》，第一卷第十一期（一九二六年十二月十一日），頁七。
244 區夏民，〈女學生應有之覺悟〉，《廣東青年》，第二期（一九二六年五月三十日），頁一三。
245 此處的批評觀點與史書美評論茅盾的另一部作品《腐蝕》相似。史書美認為茅盾在書中虛構出的女性心理，根本把女主角直接變成性對象的鋪陳方式，體現是一個男權社會中掌權的男性視角，控制女性扮演的角色，迫使她們接受並內化這種男性視角，其實就是一種反女權主義傾向。參見史書美，〈中國現代文學中的女性自白小說〉，《當代》，第九十五期（一九九四年三月），頁一〇八—一二七。
246 茅盾，〈蝕：幻滅、動搖、追求〉，《茅盾全集》，第一卷（北京，人民文學出版社，一九八四），頁七一。
247 張眠月，〈《幻滅》的時代描寫〉，《文學周報》，第八卷第十期（一九二九年三月三日），頁三五。
248 茅盾，〈從牯嶺到東京〉，《茅盾論創作》（上海：上海文藝出版社，一九八〇），頁二八。

外地在青年男女間幻發奇異吸引力，由此掀起天翻地覆的社會改革。

在革命這張護身符下，激烈社會改革硬生生扭轉財富、權勢、地位、婚嫁的運作及分配方式，過程及結果令大部分人瞠目結舌，在遠離革命後被稱為「左傾幼稚病」。小說家姜貴親歷革命自我陶醉式的社會改革，他把這一切寫進小說《重陽》，小說刻劃青年革命者過度理想化而流於荒誕的行徑，令人哭笑不得，譬如革命把自由戀愛變成教條，革命男子成家用分配妻子的方式。[249] 小說《蝕》三部曲的作者茅盾，曾聲稱創作是以若干生活經驗作基礎，[250] 許多描述北伐前後社會改變的小說，當中的人物類型和故事架構來自他所見所聞。[251] 小說與歷史在敘事模式上的確有所不同，[252] 這卻不能抹殺小說臨摹時代的痕跡，茅盾小說描寫的事件、創造的人物、發生的情節、選擇的結局無不散發革命的氣息，女主角們是後來被冠上「小資產階級傾向」的年輕知識女性，她們是革命開始最熱情的一群支持者，後來逐漸成為革命洪流中載沉載浮的隨波逐流者，戀愛、物質磨蝕了女性革命的心志，她們多數變得游移懦弱。一九二八年，阿英（錢杏邨）以小說評論家的身分提出對茅盾作品的觀點，他指出茅盾以革命為背景的小說創作，有個共同的主題就是所有女主角沒有一位加入革命而能真正認識革命的。阿英的左派文學觀點，藉評論小說表達自己對革命女性的不信任，他說：「我們不需要這樣的沈醉戀愛、忘記革命的女黨人。但目前的一般現象都是如此。有的大都是專門戀愛的女革命黨人，缺少專門革命、側重革命的女革命黨人。」[253]

國民革命軍底定長江流域後，軍事及政治勝利使革命有了狂歡的氣息，青年男女在革命陣營中志同道合，有許多機會走進戀愛，革命激起戀愛，戀愛推動革命，兩者走到一起令青年迷醉又困惑的地步。[254]一些青年認為革命爭的是真自由，這是戀愛必須的條件，革命者要有犧牲、利他、熱情、反抗、勇敢的性格，這也是真戀愛者的人格，[255]革命與戀愛都要付出代價，兩者能兼顧嗎？革命的「公」與自私的「愛」如何取捨，一時間報刊掀起「革命與戀愛」孰先孰後的討論。有的意見指出革命、戀愛一定會抵觸，青年人若沉迷戀愛，就會遠離革命，喪失獻身的熱情，戀愛阻礙革命，革命青年要避免陷入戀愛。[256]一些意見認為革命與戀愛可以

249 姜貴，《重陽》（臺北：作品出版社，一九六一）。

250 茅盾自承「一九二五—二七年，這期間，我和當時革命運動領導核心有相當多的接觸，同時我的工作崗位也使我經常能和基層組織與群眾發生關係」，引自茅盾，〈《茅盾選集》自序〉，收入孫中田、查國華編，《茅盾研究資料（中）》（北京：中國社會科學出版社，一九八三），頁四六。

251 茅盾，〈從牯嶺到東京〉，《茅盾論創作》，頁三四。

252 王德威，《想像中國的方法：歷史．小說．敘事》（北京：生活．讀書．新知三聯書店，一九九八），頁二九九。

253 阿英，〈茅盾與現實〉，收入孫中田、查國華編，《茅盾研究資料（中）》，頁一〇九。

254 有關革命與戀愛心理活動相似的狀態。參見迪特瑞希．史汪尼滋（Dietrich Schwanitz）著，劉海寧、郜世紅譯，《男人是不完美的女人》（臺北：商周文化，二〇〇三），頁一〇—一四。

255 天裔、劍波，《新婦女的解放》（上海：泰東書局，一九二八），頁七七、八〇。

256 澹卿，〈革命與戀愛〉，《革命婦女》，第九期（一九二七年七月二十七日），頁一三。

調和，革命精神最重要的是忠誠，就是認定主義、確定信仰，百折不回地努力實行，不達目的絕不甘休，這種精神和戀愛的追求並無不同，戀愛也是認定目標就要拚命追求，終身不二，信愛到底，革命與戀愛不但不衝突還彼此相輔，所謂：「戀愛萬缺不了革命的精神，不肯犧牲，不能忠貞誠摯的人，不是真能革命的人，其於戀愛，亦復同然，這可見戀愛與革命關係之密切了。」[257]一九二〇年代青年們颳起戀愛旋風，這陣旋風是革命賜與的，與革命如影隨形的「解放」，釋放給青年男女更多自由，婚戀毫無束縛最令人神往，革命賦與青年們戀愛自由，有了戀愛的青年難道就此背離革命？拋棄奮鬥的精神嗎？那麼革命者就不是革命的信仰者，而是背叛者。因為革命被神聖化、非人性化，革命者受困於私心和公義的交戰中，這是革命與戀愛爭議不休的核心，因為永遠不會有標準答案。將革命進行到底的言論，認為革命者擔負改造社會，擴清一切不良道德與風俗的責任，包括清除歧視女性和迫害兩性戀愛的社會成見；真正戀愛者，會為其他眾多人能得真正戀愛，持續奮鬥，做現社會堅持到底的革命者，真正戀愛者替天下人造同樣的福，革命到底「掃除直接或間接妨害戀愛的一切」。[258]革命高於一切，革命者豈能分心於戀愛？革命時時可能遇險，這會危及戀愛穩定，革命軍人如沉迷兒女情長，革命意志就不夠堅定，所以革命者沒有戀愛的自由。北伐時期在總政治部宣傳科擔任宣傳員的朱其華，在革命結束後回顧自己經歷過的革命與戀愛不能兼顧的痛苦，他在漢口隨軍出發到前線時，寫了一封信給相戀的女同志，說希望在前方自己可以變成炮灰，這樣「革命與戀愛，一切都解決了。真的，要解決問題，最澈底的只有死，活著，問題總不會澈底解決的」。[259]革命青年男女的戀愛掙扎，帶出「解放」下的狂放自由與失落絕望，革命的兩重性，個體突圍後，逃不出集體的包圍。

一部分青年男女困惑於革命與戀愛無解的兩難，一部分完全擺脫這個束縛，他們拋棄戀愛神聖，把戀愛看作是性解放。朱其華的回憶提到革命陣營中的一種風氣：「我們鼓吹性交的絕對公開與絕對自由，還有另一個重要意義，就是對封建意識作戰，我們要把一切的封建思想，舊道德與舊禮教觀念根本掃除。」[260]國民革命軍收復兩湖後，廣州、武漢兩方政爭日趨激烈，武漢政府掌握在左派政治人物手中，共產黨人十分活躍，社會風氣自由開放，褚松雪這位結婚、逃婚，後與張競生再婚、別戀的新派女性，說到她當時在武漢見到各機關男女職員的浪漫行為，大家嘲謔不忌，打鬧無時，武漢社會流傳一個說法，就是性道德的解放是整個人格的解放，結果是戀愛關係複雜化。褚松雪還提到武漢社會出現一股性自由的風尚，首當其衝的是破除婦女片面貞操，女性被鼓勵主動追求男性，青年男女澈底奉行性關係多角開

257 晴川，〈覆蔡金瑛同志所問〉，《革命婦女》，第七期（一九二七年七月十三日），頁一二。
258 澹卿，〈革命與戀愛〉，《革命婦女》，第十期（一九二七年七月二十七日），頁一〇。
259 朱其華，《一九二七年底回憶》（上海：新新出版社，一九三三），頁一三八。
260 同註259，頁四〇。

放。[261]武漢左派及共產黨人等於把革命所提倡的社會改革死搬硬套，享革命之福者有，受革命之害者更多。

武漢在革命洗禮下，人們眼中見到許多新奇的現象，首先是民眾的穿著換了式樣，女性不再羞答答，爭相換成戎裝短髮，武漢政府的左派要角鄧演達所寫的〈新藝術的誕生〉，讚嘆地說到武漢街道上的人群，少見穿長衫馬褂，穿中山裝的多了很多，光顧剪髮鋪的，女子占三分之一，「雄赳赳的先生們，要不是和她細談，誰也不曉得是男是女。」[262]國民政府在武漢成立一所軍校，專收女生，年輕女性趨之若鶩，入學女生和男子一樣出操受訓，扛槍、上前線，革命中誕生的一群「女兵」，令世人眼界大開，年輕女子入伍生沾沾自喜。謝冰瑩也是武漢軍校女生的一員，她的自傳小說巨細靡遺地描寫當女兵的這段經歷，小說中說到當時入伍受訓的女同學，一點也不勉強，她們很興奮可以藉此脫離封建家庭，當兵對青年女性來說，是一條從前沒有過的出路，[263]入伍後女同學換上軍服，從此就拋下對愛的羈絆和安慰，當了女兵，最迫切的任務只有兩個字——革命，女青年們都認為自己的前途和幸福，寄託在革命事業上。[264]

婦運移到兩湖後，大部分工作由左派及共產黨婦女發動。兩湖社會保守，婦女固守男外女內生活，婦運的首要工作是推行放足與識字，[265]另外專門針對湖北婦女，還有一個工作重點是鼓勵剪髮。[266]為歡迎廣東中央婦女部部長何香凝抵達漢口，當地婦女們召開一個歡迎會，會上婦運領袖請何香凝代為轉達政府，請明令禁止女子纏足。[267]武漢婦女團體，把放足當成革命的里程碑，急切推行，她們高舉「保障人身自由」，[268]強行壓迫纏足者放足，一定限期內若不遵行就要繳交罰金，[269]纏足婦女人心惶惶，有些女性自己甚至家族都十分抗拒，[270]武漢市面屢傳婦運人員不管三七二十一，拿起剪刀就解開婦女纏足、就剪短婦女頭髮，社會騷亂不安，逼得武漢政權不得不出面禁止婦運過激的行為。[271]

---

261 褚松雪，〈女職員問題〉，《中央日報》（漢口）副刊，第九十四號，一九二七年六月二十八日，頁二〇五。

262 鄧演達，《中央日報》副刊，第四十九號，一九二七年五月十二日，頁八九。

263 艾以、曹度主編，《謝冰瑩文集（上）》（合肥：安徽文藝出版社，一九九九），頁六〇。

264 同註263，頁七七—七八。

265 〈湖北省婦協改選後第一次擴大執委會議〉，《民國日報》（漢口），一九二七年三月二十六日。

266 漢口紀念三八節活動時，漢口特別市黨部詹質存演講時提出纏足、蓄髮都阻礙婦女解放。〈漢口十萬婦女熱烈紀念三八節〉，《民國日報》（漢口），一九二七年三月九日。

267 〈湖北省婦協歡迎何香凝部長〉，《民國日報》（漢口），一九二七年一月十六日。

268 維什尼亞科娃．阿基莫娃著，王馳譯，《中國大革命見聞（一九二五—一九二七）：蘇聯駐華顧問團譯員的回憶》（北京：中國社科院出版社，一九八五），頁二四三。

269 武漢放足委員會會議通過《放足條例》，其中載有放足期限規定：「武漢三鎮，三十歲以下之裹足婦女，限定在五月十六日以前，一律放盡，到期不放者，則實行罰款。」參見《民國日報》（漢口），一九二七年四月二十日。

270 Antonia Finnane, "What Should Chinese Women Wear? A National Problem," in Antonia Finnane and Anne McLaren eds., *Dress, Sex and Text in Chinese Culture,* (Clayton: Monash Asia Institute, 1999), pp. 14-15.

271 〈國民黨中央婦女部通告〉，《民國日報》（漢口），一九二七年六月三日。

革命把婦運引到女性身體改造，目的是為澈底打倒封建、拆除僵固的男女刻板關係。長久歷史沿革中的一套女性規範往往是透過女性身體傳達，譬如女子纏足搭配的就是「內言不出、外言不入」男外女內的禮教大防，革命延續同一個歷史脈絡，以改變女性身體來宣示新時代的新氣象。革命在廣東發軔時，一九二五年廣東大學開辦女童軍，打造前所未有的女子新形體，女童軍陳汝湘、范桂霞、余幗英、楊瑞初等人現身在公眾視野，她們「穿上軍服、圍了毛毯、背了布囊，右邊掛了水壺，左邊佩著小刀繩索，踏著大步走」！圍觀這支隊伍的廣州市民，議論紛紛，有人說到：「真奇怪，好好的一位姑娘，裝成丘八爺的一般模樣。」[272]革命把軍事及軍人聲望推到頂端，女性裝成丘八爺模樣是對傳統柔弱女性最澈底的背棄，也是對革命熱烈的謳歌。在革命陣營的刊物上，包括《婦女之聲》、《新婦女》、《民國日報》、《國民新聞》等都有青年女子發表意見，就女子是否應和男子一樣有平等從軍權進行論辯，一些青年女性公開呼籲有權和男子一樣接受軍事訓練、軍校教育，[273]青年女性把接受軍事教育看作是真正的男女平等。一位青年女性這樣說：「婦女要受軍事教育來鍛鍊體格，使體格強壯，分擔男子的工作，又武裝起來，掃除一切平等自由障礙，才是到真正平等的路。」[274]武漢軍校創建後招收女學生，圓了一些革命女性當兵的願望，當了兵的女學生理所當然換上男性樣式的「軍裝」。一九二六年，武漢中央軍事政治學校女生隊首批女學員入學，女生正式當兵是歷史破天荒第一遭，新生個個雀躍不已，謝冰瑩後來在回憶中說，女學生入學後最得意的事莫過於和男學生一樣打扮——穿灰布棉衣、軍帽、著橡皮底鞋、打綁腿。受訓時，男長官對女學生訓話，提醒女學生的髮式要去除嬌柔，「頭髮一律剪短，最好是剃光，像我們的一樣。」[275]女學生謝冰瑩入校後蛻變為一名「革命女兵」，曾經出操路過湖北嘉魚，當地居民以一種好奇的眼光打量她，對她從頭頂看到腳跟，一位拄著枴杖的老婆婆說：「我長到八十多歲了，從沒有見過這樣大腳，沒頭髮，穿兵衣的女人。」[276]

武漢軍校女生經過正規軍事教育與訓練後，編成女生隊，她們除了擔任政工，也編入戰鬥部隊到前線作戰，部分女兵經歷戰火洗禮，她們回到後方，女界以歌頌英雄的方式報之以熱烈崇拜，[277]軍訓、入伍、參戰、凱旋，女性模仿男性以行動證明，男子魂可以套進女兒身，

272 楊瑞初，〈入女童軍之後〉，《光明》，第十三期（一九二六年四月一日），廣東省婦女聯合會、廣東省檔案館編，《廣東婦女運動歷史資料》，頁三六七。

273 婦女應當受軍事訓練的討論，《婦女之聲》曾出版一期女子軍事教育號。此外廣州《新婦女》、《民國日報》、《國民新聞》等報刊上也有各種言論，有些贊成、有些反對，無論如何，此討論觸及了所謂男女平等是否意味著女子必須從事和男子相同工作的迷思。參見鄺鄺，〈讀女子軍事教育以後〉，《婦女之聲》，第十六期（一九二六年五月一日），頁二二—二五。

274 張崴，〈婦女軍事教育與男女平等〉，《婦女之聲》，第十六期（一九二六年五月一日），頁二一。

275 艾以、曹度主編，《謝冰瑩文集（上）》，頁七三。

276 謝冰瑩，〈寄自嘉魚〉，《中央日報》副刊，第七十三號，一九二七年六月六日，頁三四。

277 〈湖北省婦女部、省婦協歡送中央軍校女生隊出發西征〉，《民國日報》（漢口），一九二七年五月二十二日。

女兒身獲得解放，不再是束縛，不再受別人奴役驅使。章錫琛是上海一位有影響力的著名編輯，他目睹這種改變，說道：「現在的女子，是一個堂堂皇皇的獨立的人，對於自己的肉體，便得有自由、自主的絕對權利的人，固然不能像上古以前的供任何人的使用，尤其不能像中古以後的應該被一人所專有。」[278] 武漢街上，女子崇武的軍裝打扮蔚為風潮，一位蘇聯翻譯員在回憶中提到，當時漢口群眾遊行，一支婦女宣傳員隊伍吸引大家目光，他的形容是：「一群姑娘們穿著男式的白色制服，帽子上有國民黨黨徽，隊伍裡背著毛瑟槍的婦女最引人注目，這是國民革命軍的政工員。」[279]

革命陣營中的「男女平等」，在女性模仿男性中逐步成為事實，這個事實卻不見得禁得起考驗。這樣的模仿男性，本質上是扭曲女性，原本從女性主體出發的改革，就淪為革命的附屬品。典型是女子是否需要束胸，這是一個關於女性私密的穿著問題，革命婦女以「革命式的討論」對私密穿著指指點點，廣州市政府還下了命令「禁止女子束胸」，革命陣營中有人附和，說到：

女子束胸這件事，無非是為了應酬社會上一般人的荒謬觀念，人的身體是應當有充分發達的機會，而且要加以適當的保護。現在婦女要求解放的運動已經擴大，婦女求解放的呼號已經呼起，然而我們要實際得著解放，必定要能以革命的精神去奮鬥，革命的精神就是要對於一切風俗習慣制度能不稍猶疑的打破，我們革命的女同志，自然具有這種精神，對於這種習慣當需能首先打破以為倡！束乳不但妨害了女子的健康，並可使民族的體格逐漸孱弱，因為女子為國民之母，母乳又為生命之源，母體受了壓迫，母體不健康生下來的國民自然也受影響。[280]

「禁止束胸」本來立意良善，革命的過激作法卻令人生畏，所幸束胸不如纏足和剪髮一眼就可辨識，對婦女的衝擊相對較小。武漢的婦運在革命激情推波助瀾下，進展到掌管婦女身體每個細節，同時一一拆除對婦女的束縛，[281]婦女工作激起許多人的恐懼反感，最終舊社會的男權體制對革命進行反撲。河南流傳國民黨「公妻共產」，當地最大一股幫派勢力紅槍會，喊出鏟除道德墮落的革命軍口號，爭取河南百姓倒戈。[282]一九二七年，武漢國民黨分共，報紙

278 章錫琛，〈中國女子的貞操問題（續）〉，《中國婦女》，第十三期（一九二六年四月三十日），頁三─四。

279 維什尼亞科娃．阿基莫娃著，王馳譯，《中國大革命見聞（一九二五─一九二七）：蘇聯駐華顧問團譯員的回憶》，頁二七二。

280 燕，〈廣州明令禁止女子束胸〉，《革命婦女》，第八期（一九二七年七月二十日），頁一三─一四。

281 「革命不只在於除去這些戕賊身體自然發育的病態美，而且還要消融男女間不同的服飾和身體上不同的發展」。參見飛黔，〈纏足、束胸和穿耳〉，《革命婦女》，第八期（一九二七年七月二十日），頁一四。

282 〈北伐中工作經過〉，《民國日報》（漢口），一九二七年六月十九日；〈湖北省婦女協會開歡迎中央軍校西征女生凱旋大會〉，《民國日報》（漢口），一九二七年七月四日。

上討赤消息滿天飛，共產黨共妻、漢口出現婦女裸體遊行，各種聳人聽聞的消息到處流竄。[283]國民黨的反共宣傳火力全開，指控共產黨「性道德瓦解」，共產黨也不客氣地回敬，攻擊國民黨「殘虐污辱女性」。一九二七年年中，國民黨清黨雷厲風行，兩湖氣氛緊張，謠言四起，左派人士主持的漢口《民國日報》，不斷報導共產黨被捕遭到殺害的消息，傳言湖北省內軍隊武力鎮壓殺害中共黨員，女同志及婦女被殘酷迫害，包括以繩索穿乳、裸體遊街，更駭人聽聞的報導說已經犧牲的革命女性，被剪掉短髮、割掉兩乳、胸腹被刺。[284]

「分」共使革命陣營中的年輕女性，一時間不知何去何從。武漢街上不復見雄赳赳、氣昂昂的女兵身影，風聲鶴唳的清共，把她們驅散得無影無蹤。目擊者這樣說，夏斗寅政變的消息傳到武漢，「許多斜掛武裝帶，身穿漂亮中山服的革命分子，便即忙披起長袍馬褂，溜到外國旅館去住著了。」[285]革命的青年都躲起來，革命的姊姊妹妹又何嘗例外！就連革命稱呼都要改正，武漢革命高峰時，許多人不稱某某夫人、某某太太，改稱獨立的某先生、某同志，[286]才剛改的稱呼，隔不久就無人再提了。武漢軍校女生本來出盡風頭，分共後不免窮途末路。男生可以繼續當革命的兵，女生雖然揹了幾個月的槍、天天上操場，要加入正規軍還是痴人說夢，學校不能待了，革命軍不能收，家也歸不得，許多女學生當時是決絕逃離家庭進軍校，她們既做了宗族、親戚、家鄉人眼中的反叛者，哪裡還再回頭過安分守己的舊日子，記者對這群女兵的命運投以憐憫的眼光，說：「分校解體之後，女生隊都成了失林之鳥，真是備極慘酷。」[287]

一九二八年年中，清共以武裝鬥爭形式出現，革命陣營分崩離析，左派這樣形容當時的情況：「工農及遊民無產者，大半已受了共產黨的宣傳，離去了國民黨，小資產階級更恐懼工農及遊民無產者而放棄了國民革命。」[288]婦運不能倖免，領袖、幹部星散，婦女工作無人主持。陳公博是少數對革命中成長起來的婦運，持肯定態度的左派黨人，他在革命告尾聲時，沉重指出婦運所犯過的致命性錯誤，未來如果有機會重振，該往何處去，陳公博說：

婦女運動的趨勢既以自由結婚和自由離婚為運動中一個重要主張，於婦女與農民運動中間遂發生極衝突的現象。湖北農民協會很有幾次圍攻婦女協會，河南的農民也有幾次屠殺婦運的人員。……農村情況既與都市情況不同，我們應得要另定一個農村運動的策略，譬如家庭衛生運動，婦女識字和手工運動，婦女放足運動，應作為運動的第一期。男女公開交際，自由婚姻，應作為運動的第二期。自由離婚，經濟平等，應作為運動的第三期。

283 章錫琛，〈論禮教與共產共妻及裸體遊行〉，《新女性》，第二卷第五號（一九二七年五月），頁四七五—四八二。
284 〈武昌婦女今日追悼被難烈士〉，《民國日報》（漢口），一九二七年六月十五日。
285 荷笠，〈「革命」問題〉，《中央日報》副刊，第九十六號，一九二七年六月三十日，頁二二一。
286 〈兒女的性底問題〉，《中央日報》副刊，第九十號，一九二七年六月二十四日，頁一七六。
287 朱其華，《一九二七年底回憶》，頁二八四。
288 馬濬，〈中國革命之今日和明日〉，《革命評論》，第一期（一九二八年五月七日），頁二〇。

倘使沒有第一期的工作，突然去到農村宣傳結婚離婚自由，令農民懷疑「公妻運動」還是小事，令農民懷疑本黨整個的政策而不信任本黨，致使國民革命失了力量，這是一件重大的過失。[289]

像陳公博如此關注革命婦運何去何從的男性黨員不多，大部分認為婦運注定沒落了，《革命評論》是革命結束後左派（改組派）代表性的政論雜誌，一九二八年五月，這一刊物刊登一篇〈過去民眾運動犯了許多錯誤〉的文章，判定婦女運動澈底收攤，文章說到：「恐怕除了幾個大都市和極少數的少數人以外，尚非今日客觀能夠容許作為普遍的運動，我只有看將來經濟變遷的背景，才可以決定的。」[290]這一年國民黨名義上統一中國，中央黨部組織大幅改組，婦女運動風停雨歇。

一九二〇年代令人目眩神迷、轟轟烈烈的婦女運動霎時間沉寂。[291]一九二七年年初，武漢的婦女解放，令陳獨秀感慨說：「婦女解放運動是怎樣呢?可以說還沒有什麼成績。三個大都會，有些剪髮的女子；先婚後嫁，生私孩子，寡婦嫁人，都不像從前那樣奇恥大辱的事；除了這些事，實在找不出別的成績了。」[292]這位共產黨思想的導師級人物，對婦運走到無一不解放的地步，有些無奈，而解放到底變成了走投無路，似乎也在陳獨秀的預想之中。

革命婦運儘管風消雲散，戀愛自由、情慾解放卻悄悄在重造青年男女的婚姻觀。革命擊碎「好男不當兵」的偏見，傳播現代軍人的英武形象，軍人得到年輕女性青睞。南昌、武漢兩地崇拜軍人的風氣特別明顯，報紙的報導指證歷歷地說女學生喜歡嫁軍人，「幾乎變成一種流行病症」，[293]還有人把年輕女性愛軍人的風氣冠上「皮帶與戀愛」。[294]在革命陣營中負責宣傳工作的郭沫若就說：「近來皮帶的作用很大；有許多女同志因為戀愛皮帶的關係，竟也革起命來；還有許多男同志，因為吃醋的關係，竟也背起皮帶來。」[295]有些報紙以充滿嘲諷的口吻，形容一窩蜂追逐革命軍人的女性，已到了失去理智的程度，說她們：「只要所會著的男性是時髦的、漂亮的、智識階級中的，有六皮——皮帶、皮靴、皮包、皮裹腿、皮鞭子、牛皮——資格的，其餘的也就什麼都不問了。」[296]崇拜軍人、自由戀愛、性解放，這些風氣混攪成一團，男女間鬧出薄倖及欺騙事情也就稀鬆平常了。一九二七年三月，上海報刊登了一件戀

289 陳公博，〈婦女運動的錯誤〉，收入范祥善編，《現代婦女評論集》（上海：世界書局，一九三〇），頁五—六。
290 〈過去民眾運動犯了許多錯誤〉，《革命評論》，第一期（一九二八年五月七日），頁一一。
291 呂雲章，《婦女問題論文集》（上海：女子書店，一九三三），頁一九。
292 陳獨秀，〈我的婦女解放觀〉，《赤女雜誌》，創刊號（一九二七年三月八日），頁一。
293 天矞、劍波，《新婦女的解放》（上海：泰東書局，一九二八），頁一二三。
294 左馨，〈革命婦女與和平〉，《革命婦女》，第十一期（一九二七年八月十日），頁一五。
295 《中央日報》副刊，第五十四號，一九二七年五月十七日，頁一三一。
296 《中央日報》副刊，第一〇八號，一九二七年七月十一日，頁八八。

愛糾紛新聞，事件因女主角投江自殺身亡，出了人命增加了新聞的熱度及可看性。這件戀愛糾紛按報紙的報導，起因是年輕女子馬振華與青年軍官汪世昌相戀。雙方婚前已同居，過不久汪世昌說馬振華不是處女，離棄馬女，馬振華受了男方刺激，憤而投江自盡。汪世昌得知馬振華自殺消息，打算共赴黃泉，他也選擇投江，卻被救上岸，撿回一命，輿論懷疑汪世昌尋死不是出於真心。這樁戀愛糾紛案件，因女方自殺、男方獨活，輿論一面倒替馬振華抱不平，罵汪世昌負心。

婦女的言論在這些挺馬罵汪的言論中，意外地顯得公允。《青年婦女》出版了一期「馬振華投江問題專號」，認為馬振華、汪世昌應各打五十大板，青年婦女的編輯以為時代婦女解惑的筆觸，提到年輕女性在性及愛面前應如何自處。[297]在〈馬女士之死——喚醒迷夢〉的文章中，作者提醒年輕女性，社會風氣開放，男子假借自由戀愛新名詞，滿口我愛妳欺騙女子，這些人當中「專用極卑鄙的手段，以滿足性慾為目的的無恥浮薄少年，至少十占九半吧」。[298]〈評汪世昌自白信中之言〉一文中，警告女子不能耽於解放的迷惑，拿愛當作反抗束縛利器，隨意把愛苗散播，「舊禮教束縛固屬不當，然解放亦應有範圍，若認爬進窗口、撞壞鐵床為解放，竊恐天下萬國無此情理！」[299]馬、汪事件中，婦女收束了「解放」，使解放與革命鬆綁，若解放是革命婦運所帶來的影響，那麼這個影響肯定已經黯淡了。一九二八年一位男性國民黨員回顧曾經風光的婦女運動敗得十分澈底，原因有二個，一是「男性對婦女根深柢固的蔑視」，二是「婦女天性能力限制」，字字句句一針見血，他說：

第一外部的原因：本黨對於婦女運動，雖有許許多多的決議，可是從來沒有實行過；男子對於女子的觀念，至今未能改變，視女子為所有物，蔑視女子的人格，以舊道德眼光去批評和攻擊革命婦女的行動和言論。

第二婦女本身的原因：婦女自己沒有求解放的決心，每每轟轟烈烈的幹一頓，一鬧過之後就算完了；婦女能力的缺乏，也是婦運失敗之一因，一方面不能自己領導運動，事事要仰仗男子的指導；婦女的狹隘胸境未能放開，每每看事看得太近，對於同是被壓迫的，或以爭領袖，或以爭權利的緣故，不惜互相攻擊，致革命的婦女因而分散。300

這二個原因說明婦女地位不是一場革命就能改變得了，顯然還需要很長時間從經濟、教育、社會觀念變化來支持搭配的。

297 青年婦女社編（上海），「馬振華投江問題專號」，《青年婦女》，第二十期（一九二八年三月二十九日）。
298 張鵑聲，〈馬女士之死——喚醒迷夢〉，《青年婦女》，第二十期（一九二八年三月二十九日），頁四。
299 不平，〈評汪世昌自白信中之言〉，《青年婦女》，第二十期（一九二八年三月二十九日），頁四。
300 帥壽華，〈婦女運動之失敗和今後應有之努力〉，《革命民眾》，第七期（一九二八年十月三十日），頁二一四—二一八。

第四章　革命幻滅

第一節　訓政階段的婦女協會

一九二七年年底，國民革命軍揮師直抵黃河以北，宣稱已有十六省歸治，至此，國民黨認為軍政階段已近尾聲，訓政階段起步。訓政的政治藍圖是確立一黨執政，為達成此一政治目標，國民革命的群眾運動勢必轉型，甚至取消，畢竟「承平」階段，不適合再喊打喊殺。婦女運動既是國民革命群眾動員的一環，自然也在新政治目標下，改頭換面。國民黨從國民革命中看到婦女運動、婦女工作的起伏與能量，從廣東開始的革命婦運，其間紛亂多過建樹，對女性能力的不信任，男性國民黨員從來沒有掩飾過。不論是第二次全國代表大會女代表說話詞不達意，或是婦女運動惹惱紳商、地主、農民，或是革命男女自以為是的解放，或是左、右派婦女間你爭我奪的慘烈，乃至婦女團體、婦女組織間的惡鬥，這些「斑斑劣跡」，都是國民黨規劃未來婦女工作者，難以抹去的參考經驗。一旦有機會重整婦女工作，去除上述弊端就成了刻不容緩的考慮。

一九二八年二月二日，國民黨召開二屆四中全會，提出黨務整理計畫。計畫目的之一是清除國民黨內的共產黨勢力，保證各地黨部確實遵從三民主義的國民革命，同時黨與群眾運動關係也須清理加強。[1]二屆四中全會宣告國民政府從軍政跨到訓政，黨部因應新政治階段來臨，進行改組。為貫徹黨對群眾運動的有效領導，四中全會做出決議，各級黨部在改組期間暫停所有活動，直至中央執行委員會遴選合格黨員同志組成省黨務指導委員會代行中央執行委員職權，督導各級黨部切實改組整理，[2]黨務才得恢復。二屆四中全會另外一項重要決議是群眾運動轉為「民眾運動」，國民革命時期的農民、工人、商人、婦女、青年五部一律取消，中央設置民眾訓練委員會，處理關於民眾的訓練事宜。[3]「動員」不再出現於民眾運動中，取而代之的是「訓練」，以呼應訓政的政治目標。一九二八年五月十五日，國民黨中央民眾訓練委員會成立，[4]民眾訓練與民眾團體整理於焉展開，原先國民革命氣壯山河的群眾隊伍，至此一哄而散。

二屆四中全會宣布原先的群眾運動全面停止，一些黨員悲觀的認為國民黨不要民眾了，要離開民眾了。[5]為緩解這股悲觀情緒，中央民訓會於一九二八年六月六日發出一份通告，督促各級黨部迅速成立民訓會，[6]這是國民黨為安撫外界認為群眾運動從此收攤的疑慮。事實上，安撫歸安撫，國民黨的確一步一步清理群眾運動。民訓會成立後，國民黨中央常會接著通過「民眾訓練計畫大綱」及「各級民眾團體整理委員會組織條例、辦事通則、服務規則」，[7]一連串的條文都表明，執政者不容群眾運動繼續存在，而訓政階段的民眾工作美其名是「訓練」，究其實就是不能有逸出國民黨控制之外的其他社會組織及民眾團體。這時北伐時期的國民革命接近尾聲，群眾團體與群眾工作因政治、軍事紛亂，勢力分散、成員混雜、派系分立，民

1 以「改善中央黨部組織案」的提案為例，其案由說到：「三民主義與被壓迫民眾之關係實為至深且切，亦即黨的工作與民眾運動互為表裏，不可須臾離也。乃比年以來，各地同志只知努力黨的工作及實地參加民眾運動，卻疏忽黨與民眾相互關係之原理，以致民眾運動有離黨獨立之傾向，而農民工人青年婦女商民等各種運動更各自為謀，現出層出不窮的互相間之糾紛與衝突。長此以往，不惟破壞黨的指揮統一，失卻領導全體被壓迫民眾共同奮鬥之本旨，且亦有損農工商學聯合戰線，分散革命勢力，有形無形，加厲階級鬥爭之危機，大有悖乎本黨全民互助之本意。」〈中國國民黨第二屆中央執行委員會第四次全體會議紀錄〉，《浙江民政》，第四期（一九二八年三月一日），頁七。

2 〈中央前日議決省黨務指導員法章〉，《中央日報》，一九二八年三月七日，第二版。

3 〈中央民訓會的組織條例〉，《中央日報》，一九二八年五月十六日，第三版。

4 國民黨中央常務會議於一九二八年五月十四日，通過民眾訓練委員會暫行組織條例，十五日中央民訓會成立，十六日開始辦公。參見〈中央民訓會報告中央常會第一號〉（一九二八年六月），《五部檔案》，中國國民黨文化傳播委員會黨史館藏，館藏號：部一〇八三四。

5 賴特才，〈中央對於民眾運動的態度（在中央黨部第十九次紀念週報告）〉，《浙江黨務》，第七期（一九二八年七月十四日），頁一二。

6 根據中央執行委員會公布的省黨務指導委員會組織通則，規定指委會的組織分五個部分：（一）秘書部，（二）組織部，（三）宣傳部，（四）訓練部，（五）民眾訓練委員會，與中央黨部組織相同，只是中央多了特種委員會。參見〈黨務消息〉，《中國國民黨漢口特別市黨務指導委員會半月刊》，第一期（一九二八年七月一日），頁一。

7 〈中央民訓會報告中央常會第一號〉（一九二八年六月），《五部檔案》，中國國民黨文化傳播委員會黨史館藏，館藏號：部一〇八三四。

訓會為有效控制民眾工作，決定先行整理民眾團體，第一要務是辦理總登記。總登記的施行只限於各地原有、已立案的民眾團體，新成立的通通不算在內。[8]總登記保證民眾團體直接受國民黨指揮領導，[9]如此一來，共產黨員在民眾團體中的影響力澈底被清除，國民黨藉民眾工作強化一黨執政的社會基礎，態勢顯然。[10]

訓政的婦女工作當然與民眾運動目標一致。四中全會決議撤銷婦女部，卻保留了伴隨國民革命在各地出現的婦女運動組織——婦女協會。婦女協會在北伐時期大部分掌握在共產黨及左派手中，一九二七年國民黨發動清共，中共女黨員及左派婦女不是遭除名就是隱匿逃亡，婦女協會又重回國民黨手中。這個國民革命時期由政黨一手扶持並數目眾多的婦女協會，在眾多民間婦女團體中性質殊異，既聽命於政黨又保有民間團體的運作方式。國民黨中央民訓會對婦女協會情有獨鍾，在取消各種群眾運動組織時，獨獨保留婦女協會。從軍政到訓政，婦女協會的轉型、重新定位與工作內容正好用來說明國民黨對婦女工作的全盤規劃，這個組織究竟與國民革命有何種承續、斷裂關係，更重要的，國民黨與共產黨的婦女工作自此峰迴而路轉，國民革命兩黨又合作又爭鬥的婦女運動，至此「都付與了斷垣殘瓦」，走上新階段。

從國共合作到北伐時期，國民革命的這一段歷程，是近代中國婦女運動從空前高峰走向必然的低谷，[11]「革命」確實是帶動婦女運動漲落的重要推力。一九二〇年代國民革命婦女運動創造無數種婦女工作經驗，其中國民黨婦女們藉政治動員創造了女性獨特的社會活動方式，例如軍事救護或濟貧扶弱，也可以仰賴組織，動員更有效率等等。溫和派的婦女工作，發展革命與家庭婦女工作的良性結合，她們秉持生養嬰孩的婦女本性，使母性在革命公眾視野中獲得肯定。[12]軍政結束、訓政伊始，國民革命中以母性為基礎發展出來的婦女工作形式，是國民黨建立新社會可仰仗的方式。在建設新國家的前提下，婦女領袖們重起爐灶，訓政時期的婦女工作，包含在國民政府建造社會新秩序內，一切都在規劃之下。

訓政承襲軍政階段，婦女工作仰仗婦女團體進行。一九二七年，武漢國民黨中央婦女部，在一份婦運報告中強調，婦運工作的首要是派出黨員前往各地組織女工會、婦女團體，這樣才能展開黨的主義宣傳，這一報告同時指示各省市婦女部，要切實注重指導轄下的婦女團體，

8〈中央民眾訓練委員會解釋民眾團體整理委員會組織條例〉，《浙江黨務》，第四期（一九二八年六月三日），頁八—九。

9〈民眾的指導和訓練〉，《中國國民黨漢口特別市黨務指導委員會半月刊》，第三期（一九二八年七月三十一日），頁二。

10〈中央執行委員會民眾訓練計畫大綱〉，《浙江黨務》，第八期（一九二八年七月二十一日），頁一一—一二。

11這個看法，自北伐進入尾聲後即出現。如江西的黨員檢討婦運歷史時，即說到「革命勢力的破裂，影響革命熱潮的消沉，婦女運動又隨之失敗下來！……在每期革命的階段中，婦女運動必隨之進展；在每期革命消沉的階段中，婦女運動必隨之消沉」。參見〈由今年的總理誕辰紀念談到中國婦女運動〉，《策進週刊》，第二卷第五十九期（一九二八年十一月十二日），頁五二。

12廣州婦女部自成立後，即將慰勞戰士、救助傷兵及幫助貧弱婦女列為主要工作。參見該部歷次部務會議（一九二五年十一月十九日至一九二六年五月二十五日），《五部檔案》，中國國民黨文化傳播委員會黨史館藏，館藏號：部四三四三．一—五、四三四八、四三四七．一—九。

務使婦女團體能夠集結在黨的旗幟下，續替革命出力。[13]早先打入或拉攏地方婦女團體，使政黨的婦女工作事半功倍，此一操作模式，訓政仍然沿用。本來大部分民眾婦女團體免不了都有組織散漫、成員龐雜的毛病，由政黨在背後指導成立的婦女團體，較能避免上述弊端，這就是為什麼婦女協會會在訓政時，獨受國民黨青睞，變成婦女工作指揮中心的原因。南京一位婦女運動領袖就曾提到婦女協會與婦女運動間你中有我、我中有你的緊密關係，她說：「自革命軍崛起嶺南，揮戈北指，三年之間，統一中國，婦女運動於斯勃興，各地遂紛紛有婦女協會之成立。」[14]

婦女協會本是政黨「附屬」組織，只是政黨由國民革命時期的共產黨，換成訓政時期的國民黨。北伐軍事勢力所到之處，婦協隨之成立，政治、軍事與婦女協會關係密切，這點使得婦女協會全然不同於其他自願結合的民間婦女團體。[15]扛著政黨招牌做婦女工作有好有壞，好處是一呼百應，壞處是使那些對政黨抱著疑慮的婦女遠離婦協、抵制婦女工作。北伐時期的婦女協會還有一個天生的缺陷，那就是比起農、工、商、學的濃厚階層色彩，北伐婦女協會以「婦」作號召的跨社會階級聯合，處處構成婦女工作的瓶頸。[16]婦女工作落到群眾運動邊緣，乃所必然。國民革命越接近完成，就越見到婦女工作的迷失，革命男同志懷抱對婦女工作既同情又輕視的心態，不重視婦女又不能放棄婦女，如同江西省黨部一位男同志所說的，他認為訓政時期的農民、工人工作，重點應放在改善生產條件、穩定生計及加強適應社會經濟變遷。

至於青年及商人工作，重點是注重革命思想及信仰訓練，論到婦女工作，重點是注重培養、救濟，與去除婦女普遍的依賴性，這樣才能提高婦女社會地位。[17]婦女知識水準不高，加上天生的體力、能力限制，國民革命鬧得沸沸揚揚的婦女運動非但沒有改變男性對婦女的僵化印象，反而強化婦女不能參與政治的刻板說法，連女黨員自己都檢討說：「過去的事實，女子因為智能的薄弱，在國民革命的過程中，發生了許多幼稚和錯誤。」[18]

國民黨著手整理黨務，通令民眾運動首重訓練。各省民訓會按照黨中央指示，著手整理省區內民眾團體。這段黨務整理期，婦女協會竟意外脫穎而出。國民黨認定婦女普遍能力水準遠落後於男性群眾，這有礙於訓政社會新秩序的建立，因此找到一個能夠服從政黨的婦女

13〈中央婦女部婦女運動報告〉（一九二六年五月十五日至一九二七年三月十日），《漢口檔案》，中國國民黨文化傳播委員會黨史館藏，館藏號：漢一二七六三。

14〈南京市婦女救濟會籌委會函中央黨部〉，中國第二歷史檔案館藏，檔號：七二二．一八七七。

15〈南昌婦女解放協會宣言及簡章〉（一九二七年），《五部檔案》，中國國民黨文化傳播委員會黨史館藏，館藏號：部一八五三。

16婦運與農民運動的衝突最為顯著，湖北農民協會圍攻過婦協，河南農民則曾屠殺婦運人員。陳公博，〈國民革命的危機和我們的錯誤（續）〉，《策進週刊》，第二卷第三十三期（一九二八年四月二十四日），頁一七。

17任石，〈用客觀事實評論江西的民眾運動〉，《策進週刊》，第三卷第五十七期（一九二八年十月二十九日），頁一七—二一。

18蘭畦，〈五中全會應該注意婦女問題〉，《策進週刊》，第二卷第四十八期（一九二八年八月十二日），頁四。

團體，使其成為政黨與婦女大眾間溝通的橋樑，變得格外迫切。國民黨中央曾發下一道通令，指示：「各地各級黨部，應注意促進各種婦女團體的組織和發展，並須在各種組織中，使本黨婦女同志多多加入。」[19]就因國民黨認為婦女工作不能沒有婦女團體帶頭，婦女協會因緣際會得以在訓政時期浴火重生。一些地區的婦女協會在黨務整理過後，重新開張，氣勢更盛北伐時期。一九二八年七月，浙江省黨務整理工作開始，婦協整理委員會隨即成立，婦協整理委員會成員有王璧華、錢匡權、馮蘭馨、林松、傅郁蘭、王薇、諸華仙等人，她們工作確實迅速，短時間內派員整理浙江全省二十多個縣的婦女協會，婦女協會數目大量擴張。浙江省內已成立婦協的縣市數目達總縣市三分之二，省黨部民訓會隨即主持召開省婦女協會選舉委員會之後於一九二九年十一月二十日，宣布浙江省婦女協會正式成立。[20]浙江省各類民眾團體整理委員會中，婦女協會整理委員會表現最好，這與婦女協會整理委員會清一色由婦女擔任，不無關係。事實上，從國民黨開展婦女運動以來，領導群一般都是女性，婦女工作由婦女來作，這種黨務及政治安排，固然使婦女工作變成女性獨門經營，卻不免加深男性對婦女工作的輕蔑與加大男、女間的鴻溝。黨務整理時期，有些省份打破婦女包攬婦女工作的慣例，女黨員為此跳出來表達不滿，如江西省共有省黨務指導委員九名，其中沒有女性，一位女黨員對此種安排提出抗議，說：「婦女運動的失敗是足以影響及整個的國民革命的！而婦女的一切切身問題，唯婦女自己才了然清楚，故切實的婦運工作，應由婦女自身擔負起來，因此我們才主張各省黨務指導委員會中應有女同志參加。」[21]到底婦女工作是不是應該由婦女統包統攬？北伐時期，國民黨與共產黨最初從未就此問題表態，事實上國、共合作初期婦女運動主張不乏男同志的維繫與解釋，這點與五四新文化運動的女權，由男性討論關注並帶動媒體、公共輿論集體參與，十分相似。不過，論到實際的婦女動員與婦女工作，的確沒有男同志插手的餘地，是否女同志較不能梳理婦運理論，只能埋頭於婦女工作中？國民黨訓政時期婦女工作方式，似乎隱然遵循此一邏輯。據統計，二屆四中全會宣布成立省市黨務指導委員會，當時共計一百二十個省市黨務指導委員會中，只有三位女性，[22]但論到下屬的黨務整理委員會，各地就默契似的，由女同志組成婦女協會整理委員會。

既然國民黨看重婦女協會並視之為訓政時期婦女工作的橋頭堡。自然而然，婦女部的婦女工作幹部就通通流到婦女協會。四中全會取消婦女部，連帶所有婦女工作全面喊停，婦女部

19〈民眾的指導與訓練〉，《中國國民黨漢口特別市黨務指導委員會半月刊》，第三期（一九二八年七月三十一日），頁一一。

20〈一年來之浙省黨務（續）〉，《中央日報》，一九三〇年一月六日，第四版。

21 那君，〈江西婦女應向中央請命——請派女黨務指導委員〉，《策進週刊》，第二卷第三十三期（一九二八年四月二十四日），頁八—九。

22 根據一九二八年國民黨中央一百二十四次常務會議，組織部提出的各省各特別市黨務指導委員名單，其中只有三位女性，她們分別是浙江省的王漱芳、上海特別市的劉蘅靜、甘肅省的劉郁芬。見〈國內大事記（黨務與民眾運動）〉，《策進週刊》，第二卷第三十一期（一九二八年四月十日），頁四三。

幹部沒有去路紛紛投靠婦女協會。婦女協會因共產黨女黨員及左派女性遭清除後留下的空缺，正好由婦女部幹部補上，而婦女部未竟的婦女工作計畫及既有成果便一併帶入了婦協。[23]所以這時整理黨務並沒有削減婦女協會的功能，反倒趁機在各地樹起更多婦女協會招牌。[24]北伐時期從事婦女運動的婦女幹部並未被國民黨拋棄，她們換個身分留在婦女協會，[25]而婦女協會可說是一九二八至一九三〇年間各地婦運的源頭活水。就以南京的婦運為例，南京婦女運動於一九二六年三月之前，很是沉寂，[26]清共後，滬、寧、漢三方國民黨集結南京成立特別委員會，南京婦女工作尚無眉目，直至一九二七年十月，南京國民黨中央婦女部宣布成立。南京國民黨婦女部作為南京樹立政權的門面，更重於實際婦女工作的領導進行，這點在南京國民黨中央婦女部成立宣言中有明確說明。南京國民黨中央婦女部對外宣稱：「本部同人深願自茲以後，本總理大無畏之精神，根據本黨主義與黨綱政策，領導各地婦女攘臂奮起，努力一切，共同奮鬥，打倒軍閥、打倒帝國主義，剷除共產黨，消滅壓迫婦女者，以謀婦女真正之解放。」[27]不同於廣東國民黨中央婦女部的編制，南京中央婦女部取消部長，以委員會統籌工作，委員會下設祕書一名，部務縮減。[28]南京中央婦女部從成立到撤銷，歷時僅僅五個月，幾乎沒有任何工作成績。這期間，南京婦女部吸收大量廣東時期的婦女幹部，如廣東女權運動大同盟老成員陳逸雲被聘為南京中央婦女部祕書，鄧不奴被聘為指導科科長。[29]人事上的接軌，顯示南京與廣東婦女工作具有傳承關係。此外，南京國民黨中央婦女部已沒有任何共產黨婦運痕跡，一切部務都由親國民黨的婦女主導。南京國民黨中央婦女部在運作的短短五個月內，唯一致力的工作是調查並統整南京地區的婦女團體。[30]南京中央婦女部儘管匆促間成立、匆促間結束，

23 如原南京中央婦女部成員徐闓瑞，後被指派為南京婦女協會整理委員會委員。在整理期間，徐闓瑞對婦女協會的工作內容與定位與原婦協有所爭議，後由中央調查解決，徐某轉任江蘇省婦協整委。〈南京市婦女協會控訴整理委員徐闓瑞等違背黨紀案和該會與南京市商民協會、總工會、學生聯合會經費預算事項〉，中國第二歷史檔案館藏，檔號：七二二‧一八七六；另參見〈蘇省婦女協會〉，《中央日報》，一九二九年六月十三日，第四版。

24 北方地區的婦女協會大概皆於一九二八年年底至一九二九年年初之間整理或是成立，而已有組織而須整理的如山西婦女協會，新成立的則有河北省、南皮縣、遵化縣、定縣、無極縣、勝芳縣等婦女協會。〈山西婦女運動消息〉、〈河北省婦女運動消息〉，《天津婦協月刊》，第一卷第二期（一九二八年），頁三—四。

25 革命軍抵達濟南後，濟南女界組織國家主義婦女愛國協會，全體到辛莊勞軍，該會仍因襲「協會」之名。《益世報》（北京），一九二八年三月三十一日，第二版。

26 〈江蘇省黨部婦女部三月份工作報告〉（一九二六年），《五部檔案》，中國國民黨文化傳播委員會黨史館藏，館藏號：部一一二〇九。

27 〈（南京）中央婦女部成立宣言〉（一九二七年十月十二日），《五部檔案》，中國國民黨文化傳播委員會黨史館藏，館藏號：部四三八五‧一。

28 部內按工作分：（一）總務（三）指導（三）宣傳三科。參見〈（南京）中央婦女部組織大綱〉（一九二七年十月），《五部檔案》，中國國民黨文化傳播委員會黨史館藏，館藏號：部一四八一。

29 〈（南京）中央婦女部職員表〉（一九二七年十月），《五部檔案》，中國國民黨文化傳播委員會黨史館藏，館藏號：部一一九四一。

30 〈（南京）中央婦女部組織大綱〉（一九二七年十月），《五部檔案》，中國國民黨文化傳播委員會黨史館藏，館藏號：部一四八一。

還是能看到國民黨全盤掌控下的婦女工作是深耕基層。但深耕基層不是走入群眾，而是聯絡與掌握婦女團體，她們很清楚是想以婦女團體而非眾多分散的婦女群眾作基礎，進行婦女工作，與前此的工作方式，大有不同。

南京市婦女協會成立時間是一九二七年六月，[31]早於南京國民黨中央婦女部，只不過因二屆四中全會通令撤銷南京特別市黨部，南京市婦女協會不得不停止活動。一九二八年七月，在南京特別市黨部黨務指導委員會指令下，唐國楨、王惠之、杜隆元、徐闓瑞、呂曉道、王湧德、陳景芳等七人組成南京市婦女協會整理委員會，對南京市婦女協會進行澈底整理。南京市婦女協會整理委員會的工作步驟是想以首都的南京作標杆進行婦運，故女界因此寄以高度期待。南京市婦女協會整理委員會工作分為四科，分別是調查、登記、指導、總務。一開始婦協整委會對原南京市婦女協會所有會員重新登記，接著是資格審查，兩個程序結束後，統計合格會員共九百四十五人。南京婦協整委會為保證南京婦女協會指揮權能夠上下一以貫之，先在南京市內設立三個區婦協，分別是南區、北區及下關，各區之下設支部，三區轄下所有支部於一九二八年十一月前陸續成立，共計北區有九支部、南區有十支部、下關區有十三支部，這個組織方式不無北伐時期共產黨主持婦女協會，強調權力集中作法的意涵。以共產黨婦女協會的運作方式做參考，南京市婦女協會經整理後，體質健全、運作順暢。開始帶有國民黨「民主式」體制味道。整理後的南京市婦女協會依國民黨中央民訓會頒布的〈各級民眾團體整理委員會組織條例〉，[32]定一九二八年二月十三日至十五日三天，召開全市婦女代表大會，[33]南京市婦女協會正式成立。南京全市婦女大會開得熱熱鬧鬧，會上選舉了唐國楨、黃佩蘭、呂曉道、曹孟君、包轍、汪競英、祝惠芳、向素蘭、方韻春九人為南京市婦女協會執行委員；鄭雲影、臺光秀、楊德文、周敦佑、向懿典五人為候補執行委員；陳翠英、萬素英、徐閭瑞、邢子毅、馮文範五人為監察委員；王百靈、石雲村、黃東生三人為候補監察委員。就婦女工作而言，國民黨掌握下的南京市婦女協會，內部工作分組織、訓練、救濟、總務，[34]訓政的政治社會關係實貫穿在南京市婦女協會婦女工作中。

南京市婦女協會一成立，就以迎合婦女市民需求作為優先工作項目。救濟、扶助與收容，很快就躍居南京市婦女協會婦女首要的工作。「被壓迫婦女」這個沿襲自國民革命用來描述婦女集體處境的辭彙，到訓政階段指的是非常具體明確的個別婦女，她們站出來替自己找生

31 婦協成立不到一個月即有二十八個支部，會員六百多人。參見〈南京特別市黨部民眾訓練委員會報告〉，中國第二歷史檔案館藏，檔號：七二〇．一五。

32 該規定第一七條的內容有：各級民眾團體於登記完畢並且備下列手續者，「下級分會成立在三分之二以上者，已在當地公安局備案，並經公安局呈報上級官廳核准者」，在中央新法規未頒布以前，得依舊法規選舉職員，分別呈報當地最高黨部與政府備案成立。參見〈南京市婦女團體關於婦女活動與集會派員指導及婦女運動方案〉，中國第二歷史檔案館藏，檔號：七二二．一八七七。

33 南京特別市執行委員會常務委員方覺慧、段錫朋和蕭吉珊呈中央民訓會，請其派員監選及指導，同註32。

34〈南京特別市黨部民眾訓練委員會報告〉，中國第二歷史檔案館藏，檔號：七二〇．一五。

活資源，所以婦女工作救得一個是一個，十分具體。南京市婦女協會為了解決「被壓迫婦女」的困難，設立收容所及縫紉所，問題是收容與培養一技之長，或可救助於一時一人，卻無法救助全中國數不勝數的可憐婦女。果然，從各處遠道前來首都南京求援的被壓迫婦女數目實在太多，南京婦協只好把縫紉所擴大成為婦女工廠，以便讓更多婦女得以入廠習藝。救不勝救、助不勝助，南京市婦協的確未能在救助之外，想出更好的婦女工作計畫。婦女工作困局是存在的，但細水長流也許能滴水穿石。如婦女教育，婦協為救助長年失學婦女，設了下關、城內二所補習學校，免費，但招收的學員畢竟有限。婦女工作採鴨子划水式的南京市婦協，會員人數破該協會過去紀錄，全盛時期，會員人數有一千八百多人。南京市婦協的婦女工作說明了此時國民黨掌握下的婦女團體，有黨的經費挹注，但顯然無法應付無窮無盡的婦女救助事業，只能擇要進行。[35]錢與人是婦女協會比起其他婦女團體所具有的優勢條件，國民黨運用婦女協會把婦女工作變成黨的專門機構，在組織的工作性質上大有將社會的婦女群眾回復到北伐前對政治不聞不問的狀態，這樣的「穩定社會」，可能是當時一黨執政當局所亟欲塑造的。

事實上，這一時期國民黨軍事統一可謂進展迅速，而一些地區雖名為歸治，實際政務不是廢弛就是政出多門。為穩定各地社會秩序，著手整理社會團體以期逐步恢復政務運轉，是國民黨軍政結束時的當務之急，婦女協會的整理是其中典型。婦協在軍政跨到訓政階段，工作雖然有削減，地位卻大幅提升，國民黨派出的婦協整理委員，無不經過精挑細選，她們都是女界菁英，多少也都曾涉足婦女工作，雖有婦運經驗者並不足以保證能身膺婦協整理重任，但婦女個別的黨務工作及資歷也是考慮重點，這一切的篩選過程都是為了保證經過整理後的婦協，應是國民黨婦女工作最穩固的基地。以江蘇省婦女協會整理委員為例，該會共有六名成員，包括沙瑞娟，曾任江陰縣婦女協會執行委員；潘白山，日本女子大學畢業，曾任國民黨駐日總支部婦女部幹事；賀瞬華，曾任江蘇省婦女協會籌備委員；毛一鳴，原是北京女同志會常務委員；李劍秋，曾任江蘇臨時省黨部婦女部部長；張修，曾任南京特別市婦女協會常務委員，[36]六名婦協整委幾乎多半曾涉及國民黨黨務工作，更多是直接參與婦女工作，婦協整委的組成有長遠的設想，目的是為使重新運作的婦女協會能牢牢依照國民黨意志行事。

過去南京市婦女協會融合國、共婦女組織、工作經驗於一爐，此種特質非所有婦女協會所共有。國共合作結束時，北方許多省份的情況是國民黨勢力薄弱，許多地方根本沒有發生過群眾運動。國民黨尚未打下根基的地區，婦女協會往往先聲奪人，挾著豐沛金援、人力，不

35〈宣傳科——婦女運動口號〉（一九二七年十月十四日），《五部檔案》，中國國民黨文化傳播委員會黨史館藏，館藏號：部一〇二七六。

36〈江蘇省黨務指導委員會民眾訓練委員會呈農民、婦女協會、青年聯合會、工會委員會成績表和一九二八年六、八月份組織部黨務報告〉，中國第二歷史檔案館藏，檔號：七二二一·一八七八。

掛黨的招牌，直接聽命於黨指揮，似乎如此，婦女工作可揮灑的空間更大。[37]北平婦女界向來與國民黨關係不深，國民黨黨中央民訓會指派女黨員阮淑貞到北平進行婦女團體調查，這個工作目的是要釐清北平各個婦女團體的聲勢、組成分子以及與國民黨友好程度。附帶目的是嘗試由黨整合北平婦女團體。根據阮淑貞的調查，北平婦女團體中組織較完備的共五個，依序是：（一）北平女界協進會，（二）北平服務婦女勵進社，（三）北平婦女職業促進會，（四）覺社，（五）女青年會。五個婦女團體中居龍頭的是北平女界協進會，該會成立於一九二八年，成員多數是女師大及女大校友，不少人是國民黨黨員，總會員人數約有二百多人，超過另外四個婦女團體。排名第二的是北平服務婦女勵進社，成員以女師大校友居多，總會員人數只有七十多人。位居第三的是北平婦女職業促進會，這個婦女團體以提倡婦女職業為主。[38]排名第四的是覺社，這是純粹研究婦女問題的社團，覺社編輯出版了一份婦女刊物，刊物名稱是《覺》。排名第五的是女青年會，這個婦女團體隸屬教會系統。[39]

除了調查北平婦女團體外，阮淑貞的報告還提到北平市黨部民訓會曾協助改組女界協進會，目的是擴大組織並且擴大國民黨影響力。改組後的北平女界協進會，預備定名為「北平婦女協會」。北平市黨部民訓會的提議遭到北平服務婦女勵進社的激烈反對，女界協進會與北平服務婦女勵進社關係良好，不敢貿然自行其是，故而拒絕北平市黨部民訓會介入改組事宜。至此，北平市黨部民訓會只好召集在北平市黨部登記立案的所有婦女團體，通令各個婦女團體指派代表組織改組會議。在婦女協會籌備會的指揮下，婦女協會成員名單出爐，提交國民黨北平市黨部審查後，北平市婦女協會於一九二八年九月十五日宣告成立。[40]北平市婦女協會的組織採集議制，主持會務的是執行委員，共有九人，另監察委員五人，候補執委五人，候補監委三人。北平市婦女協會初成立，就有會員人數二百多人。[41]

南京市婦女協會，設四科是組織、訓練、救濟、總務，北平市婦女協會則設五部，分別是組織、宣傳、調查、職業、青年五部。可見婦女協會會務不是僵化齊一，而是因應各地不同情況，各有不同工作重點。北平與國民黨較為隔膜，又不像南京是國民政府首都，資源集中。也就是說，北平市婦女協會工作一是為拉抬國民黨聲望，二是為掌握北平社會脈動。北平市婦

37 一九二八年八月中央黨部民訓會為明瞭北方民眾運動，指派徐軼千、馬鶴苔兩人秘密赴平調查，該兩氏認為北平民眾運動極有組織。參見《益世報》（北京），一九二八年七月十四日，第六版。

38 該社於一九二六年設立第一女子平民職業學校，一九二八年又創辦女子理髮科學校，會員多來自中華女子商業學校教員、學生和中華女子儲蓄銀行行員，職業婦女的活動頗引起當時輿論的注意，尤其是新起的女子理髮行業。參見《世界日報》（北平），一九二八年十一月七日，第七版。

39 〈中國國民黨中央執行委員會民眾訓練委員會派阮淑貞調查北平婦女界情形〉，中國第二歷史檔案館藏，檔號：七二二一・一八七一。

40 〈婦女協會的目的是謀全體婦女的真自由平等〉，《北平日報》，一九二八年九月十七日，第六版。

41 〈北平特別市黨務指導委員會民訓會一九二八年七至十二月份工作報告〉，中國第二歷史檔案館藏，檔號：七二二一・八〇四。

女協會立會後第一步著手的工作是調查婦女問題，首要項目是婦女教育普及程度。北平市究竟有多少婦女受過初等、中等、大學、留學教育以及受粗淺平民教育者，要一一調查清楚。其次，有關北平婦女生計問題，北平市婦女生活水準如何？主要指已開放及未開放女子職業的單位、機關有哪些，又兒童寄託工作狀況。最後，調查各種迫害女子的劣俗惡習，舉凡虐婢、童養媳、販賣人口、納妾、逼良為娼以及走投無路婦女何去何從等，都要儘可能調查清楚。北平市婦女協會依據調查資料，會內增設第六個分部職業部，是為幫助北平婦女爭取平等職業機會及待遇。北平市婦女協會職業部表現可謂稱職，成立後就通令婦協各支部對轄下各分區普行調查，調查重點是職業婦女總人數、婦女職業種類、婦女職業地位和待遇、婦女對職業的要求、職工婦女生活狀況、失業婦女人數等六大問題。[42]婦女協會職業部調查工作使國民黨對北平市婦女職業有了初步認識，這些是北伐軍事倥傯中，婦女協會不可能從事的婦女工作。北平市婦女協會從組織到工作進行，說明國民黨想走出革命的混亂，建立新社會秩序的企圖。

安徽省婦女協會是另一個例證，代表訓政開始時，婦女工作轉向提升婦女教育與救助婦女貧困工作。安徽的婦女協會整理委員會，一開始就提出將來恢復工作的婦女協會第一要務是籌設平民婦女工廠。安徽婦協整委會認為軍政階段既已結束，往後人民衣食住行各項生活問題必須逐步增進，尤其軍事征伐行動漸平息，促進男女地位平等的設施應多增建，她們認為眼前急需的，莫過於是平民婦女工廠的設立。[43]安徽婦協整委會極力主張擴大原有的平民婦女工廠，認為這是最符合孫中山遺教的婦女工作項目。婦協整委會對平民婦女工廠深具信心，認為這將對社會起到風行草偃的作用。整委會說：

平民婦女工廠目前計畫容納作工婦女為數極微（不過數百人），實不能滿足大多數的需要，那麼推廣計畫勢在必行，而本黨總理遺教在發達國家資本、節制私人資本，此項工廠所需資本自以國家資本為宜，如逆產之沒收、救國基金之籌募，均大可利用之，假如工廠能普及全省，不但千幾百萬的婦女同胞得了保障，就是整個社會情形必更有可觀。[44]

安徽婦女協會整理委員會認定平民婦女工廠設立後，就能吸收貧苦婦女入廠，貧苦婦女在工廠中習得謀生技能，有工作就有收入，救貧不救窮才是婦女工作上上之策。因考慮省內貧苦婦女多數依賴勞力謀生，平民婦女工廠號稱工廠，卻不能設置技術水準高的生產項目，最恰當的產業就是手工業或簡易機器工業，另外成衣、紡織、理髮、洗染都可設置於工廠內，總之，要使無一技之長的婦女輕易上手。安徽省婦女協會，從實際需要出發，儘管婦女協會整委會

42 同註41。
43〈國民黨安徽省黨部訓練部工作報告，一九二九年〉，中國第二歷史檔案館藏，檔號：七二三一・七三三一。
44 同註43。

是國民黨指派成員組成的，但政黨並沒有深入干涉婦女協會的婦女工作。顯然，婦女協會在訓政時期擁有較多自主性。

黨務整理階段，各地婦女協會陸續恢復運作。訓政時期的婦女協會取消動員婦女的職能，相對國民黨並不特別重視對婦協的監督指導。婦女協會因此能從社會混亂失序的社團中搖身一變，成為與國民黨若即若離的婦女團體。一個例子是一九二八年召開國民黨掌控的全國教育會議，會上通過了「中等學校男女分校」決議案，社會上對中等學校應否男女分校原是有爭議的，按理，婦女協會受國民黨卵翼，應該與國民黨同聲共氣，結果是部分地區的婦女協會站出來反對全國教育會議決議。上海婦女協會從經濟、效率和課程三點說明為何要反對「中等學校男女分校」決議案，以此向大學院提出訴願請其撤銷原議案。為爭取女界同情，上海婦女協會還發通電籲請全國各地婦女團體聯合發動抗爭。[45]除上海婦女協會外，南京婦女協會也迅即呈請國民黨黨中央，提出取消原決議案的訴求。南京婦女協會的陳情書抬出國民黨黨綱來反駁中等學校男女分校主張的謬誤，陳情書說到：「『男女教育平等』在黨綱上已有明文規定，不料全國教育會議竟決議男女分校……實行男女分校不特失去提高女子教育本旨且係違背黨綱行為。」[46]婦女協會來勢洶洶，逼得國民黨不得不公開澄清，國民黨黨綱保障的男女平等權是指男女有受同等教育的機會，所以男女同校並非男女平等，男女不同校也非男女不平等，二者不能混淆。婦協走自己的路，不隨便附和黨的看法，這種唱反調方式，雖不致動搖「國本」，就一黨執政的國民黨婦女工作而言，的確已喪失了北伐時期那種橫掃一切的力道。

北伐時期的婦女協會，著重婦女動員，為了集結底層婦女，婦女協會曾積極介入婦女婚姻問題。當時革命陣營中的男性普遍認為婦女協會慣於興風作浪。例如北伐統一前夕，江西一位男黨員回顧江西群眾運動，還是對婦女運動不以為然，他說：「（婦女工作）毫不注意婦女經濟能力和革命思想的陶鎔，專叫他們做離婚的工作，甚至領導他們凌辱翁姑，以為是反封建勢力，……把整個社會變成了怠惰、虛浮、狂妄、奸詐、淫靡、徼倖等陰霾四佈的一個局面。」[47]認為婦女協會若不暫緩對婦女婚姻問題的介入，或根本改弦易轍，恐怕國民黨黨內男性對婦協工作就會抵制到底。[48]

---

45 上海婦協謂男女分校等於是把男女合校中的女學生趕出去，不讓其有書讀。參見劉衡靜，〈我們還是要說話〉，《上海婦女》，第一卷第二期（一九二八年九月一日），頁五。

46〈中央執行委員會秘書處致中央訓練部，抄錄南京特別市婦女協會第二次代表大會決議案〉（一九二九年五月二十一日），中國第二歷史檔案館藏，檔號：七二二·一八七七。

47 任石，〈用客觀事實評論江西的民眾運動〉，《策進週刊》，第三卷第五十七期（一九二八年十月二十九日），頁一六。

48 一九二八年，輿論對於婦協的女權救助仍免不了揶揄，如上海報紙評議該會為何只單單對欺負女子的男子提出攻伐，而對於當時轟動京滬的女主人黃慧如與其男僕陸根榮談戀愛的事件就靜默不語。協會對此回應道：「婦女協會負有謀解除婦女們的痛苦的責任是不錯的；婦女協會應該援助被壓迫婦女也是對的；但是，婦女協會的旗幟上，卻沒有寫著包管一切男女戀愛事件。」參見《上海婦女》，第一卷第三期（一九二八年十月十日），頁二一。

一九二八年二月，國民黨召開二屆四中全會時，南京大約有二百多名婦女聯名向國民黨黨中央提出十二個呈請案，這些呈請案內容代表首都南京女界對新政權的信任，同時，也傳達她們希望在國家及公共事務上，能夠代表婦女發言。南京女界所提的呈請案，配合國民黨的政策，一開頭就嚴厲批判共產黨婦女理論專重勞動運動，製造許多混亂，這些混亂導致誤導婦女工作目標，把婦女工作導向打倒資本主義，一般婦女受到矇騙，以致越走越偏。今後，婦女工作要遵照國民革命婦運理論，要讓全國婦女明瞭國民黨主張與共產黨大大不同。婦女工作理論確立後，共產黨運用階級鬥爭挑撥不同階級婦女間仇恨惡感作法，就可掃除殆盡。此外，共產黨的婦女工作，往往是利用一些潑悍無知婦女到處煽風點火，到最後連農民都被激怒，恨婦運入骨，此點絕對要警惕。南京婦女對國民黨提出建言，說婦女工作必須重新做起，各地革命女同志以解放之名，行亂七八糟墮落生活亂象，必要嚴肅糾正，不可等閒視之。婦女工作的領頭者是國民黨，國民黨黨綱明載婦女與男子一律平等，從今以後忠實遵照黨綱來進行婦女工作，絕對必要。南京女界以廓清婦女工作亂象為職志，對國民黨提出的呈請書，其中一段反省婦女能力確有不足之處，以為婦女工作不能躐等，必須從根本做起。南京女界是這樣說的：「邇年以來，在本黨努力範圍之內，在法律上女子已取得與男子平等之地位，惟是女子能力薄弱，給以與男子平等之工作，每不能勝任，致有許多不澈底的男子仍輕視女子，各機關聘用女職員，不過表示女子有參加之資格，實際則使其作極不重要之工作，推原其故，則婦女乏受教育為最大原因，教育為發展能力之利器，欲求能力之增加須先求教育之上進。」[49]這群首都的知識婦女向國民黨提出的陳請案，認同國民黨對婦女平等的追求，同時，也請求國民黨要把更多資源放在婦女教育上。知識婦女主張男女平等，要以提高婦女職業及適應社會能力來達成。這個看法自一九三〇年代國民黨統治下的婦女提出後，至一九四〇、五〇年代，大致沒有改變。

南京婦女對於國民黨的期待，對婦女全體能力的評價，並非僅限一時一地，各地婦女協會婦女工作與南京知識婦女的看法多不謀而合。一九三〇年代菁英婦女對婦女工作的主張，與一九二〇年代國民革命婦運的跌宕起伏息息相關，許多從北伐開始就在婦運行列的婦女工作幹部，在整理黨務過後，依然留在婦女協會。這些婦女幹部向來就不是「無產階級」，她們多半出身城市，對城市情況較能掌握，當婦女工作重點回到城市，對她們而言，業務的推動就駕輕就熟了。一九二〇年代末至三〇年代初，隨著城市資本經濟日益發達，許多婦女流向城市謀取生計，問題是城市比起農村更像是個吃人的世界，婦女無力謀生、無家可歸，以致流落街頭的現象日漸嚴重。北平特別市黨務指導委員會民訓會成立之初，[50]就注意城市婦女

49〈首都婦女代表呈第四次中央全體會議〉，中國第二歷史檔案館藏，檔號：七二二．一八七七。

50北平黨指會民訓會對婦協的指導宣言，也有注重婦女職業教育、協助婦女改良家庭社會的內容。《益世報》（天津），一九二八

生計與貧困問題，為了更清楚掌握此一問題，民訓會展開北平婦女生活調查。北平婦女在此次調查中被分成四級，各級差異取決於職業及經濟條件。第一級是貧苦婦女，主要是乞丐、婢女、傭工；第二級是職業婦女，主要是職教員、工廠女工、理髮館內女技師、縫工、女伶；第三級是家庭婦女，家庭婦女又可分為貧、中、高三等級；第四級是包括所有特殊狀況婦女，如學生、女犯人、娼妓等。北平特別市黨務指導委員會民訓會的調查，多少可以作為一九二〇年代末期，中國城市婦女就業、家庭、收入狀況參考。這個調查顯示一個趨勢，那就是越來越多城市婦女游離於家庭之外，獨個兒生活於城市之中。調查報告還警告說許多居住城市邊緣的婦女經濟條件極差，這樣的婦女最終流為女丐，大大影響治安。其次，女婢買賣問題嚴重，被賣的女婢成為買主私人財產，買主動輒打罵，非常不人道。另一類在城市受雇幫傭的婦女，待遇也好不到哪裡，她們經常勞動過度，待遇微薄。職業婦女情況較好，職教員的薪資大約和男子相等。至於工廠女工大多工資少、工時長、工作繁重，生活條件奇差。自接工作的縫工，處境與工廠女工相差不多。北平女伶的地位介於女婢和娼妓之間，伶界黑幕重重，需加整頓，否則流弊難免，為害社會匪淺。北平近一、二年新興起的行業是理髮館，很受婦女歡迎。婦女在理髮館工作，待遇比傭人、僕婦好，不過，理髮館需要較高的知識水準，這個婦女新興職業值得提倡。女學生，普遍認為她們有較光明的生活，不過許多女學生依然固守舊社會習慣，中學、大學女學生教育有待改進的地方還很多。監獄的女犯人，犯罪動機許多和婚姻及經濟有關。至於娼妓，不少人是因被欺騙被販賣才淪落成娼妓，普遍來說過的是非人的生活，若不想辦法取締並厲行廢娼，社會秩序難以維持。[51]北平婦女職業調查報告雖以北平為範圍，卻能舉一反三推測一九二〇年代末、一九三〇年代初城市婦女經濟處境的一般狀況。城市琳瑯滿目充滿各式各樣婦女能夠賺取收入的行業，不過陷阱更多，被高度商業化、資本化城市拋棄的婦女流離失所，城市處處時時都用「金錢」買賣，不像農村變通方式多多，「金錢」沒了，婦女就淪落成為城市隨處可見的生活失敗者。婦女協會多數幹部對這一切十分明瞭，她們認為政府機關、婦女團體必須積極介入，以免更多婦女走投無路、貧困無告。[52]從「金錢」觀點看，保護婦女最重要的是給予一份工作，婦女協會莫不疾呼政府應該獎勵，並開放更多職業別容納婦女。[53]北平市婦女協會簡直視婦女就業問題為唯一要務，除呼籲各機關、各單位要遵循男女平等原則多聘女職員外，一有機會就幫婦女安插工作，可謂不遺餘力。如一九二八年十一月，北平市婦女協會函致北平市政府請開放任用女職員，因此把三位婦女安插入婦女實習工廠任

年七月三十日，第七版。

51〈北平特別市黨務指導委員會民訓會一九二八年七至十二月份工作報告〉，中國第二歷史檔案館藏，檔號：七二二一・八〇四。

52另一份統計資料顯示，一九三〇年北平社會局調查該市從事職業的婦女數目，有一、八八六人，主要為女雇員及女招待員。《世界日報》（北平），一九三〇年十月三日，第五版。

53如向鐵道部長孫科請求鐵路國道要改用女子為售票員。《世界日報》（北平），一九三〇年一月十五日，第六版。

廠長、婦女救濟院任院長及任圖書室助理員。[54]

一九二八年八月，國民黨召開二屆五中全會，正式宣布訓政階段開始，強調建設工作是施政重點。[55]婦女協會對國民黨訓政建設說法的內容，反應熱烈。上海婦女協會公開呼籲，國民政府此後要依據黨綱推動保障女權行政措施並修訂各類法律條文。上海婦女協會的通電中說：「中國婦女運動雖然有了不少年的歷史，國民黨對於婦女運動也曾竭力的扶助，然而，直至現在，婦女在社會上的地位，婦女所受各方面的壓迫，實際上並不見較前差了幾多，這當然不能完全歸咎於婦女或負婦運責任的人，沒有切實執行國民黨關於婦女運動之政綱及歷次婦女運動決議案是主要的原因，所以舊社會的惡勢力依然存在，婦女們依然蠕動在種種壓迫之下。」[56]國民黨一黨執政的政權統治型態在訓政時期一步步踏出，婦女工作既是一黨執政下的社會事業，反過頭來說，一黨執政也需要婦女的共鳴、唱和。一個例子是上海婦女協會力行廢除蓄婢、納妾，[57]國民黨既標榜訓政建設，黨意即民意，那麼保障女權、提升婦女地位不用大費周章，只要國民政府頒布行政命令就可解決。[58]上海婦女協會的婦女工作幹部深信只要一道行政命令就能廢除社會惡俗，是有根據的，婦協成員娜君提供了完整的主張與見解。她說：

（一）由各地政府下令嚴厲禁止納妾，如有違犯者，予以嚴重之處罰，同時並令已作妾者無論老少及願改嫁與否，均一律赴登記機關，履行登記手續，由登記機關代其處置善後。（二）由各地婦女協會辦理登記並設法援助，……不過用不著另設立機關，這原是各地婦女協會的責任，即由各地婦女協會制定登記表，於政府下令登記後即通告開始登記。再據登記表調查確實後，據各個人的情形而代為相當處置之。願改嫁與脫離者，即令其另行擇配，或脫離關係；有不願改嫁或年老不能改嫁者，當代訂立永遠的保障條件，或願脫離而被壓迫及無力謀生者，則由婦協設法援助，若有不願登記，或壓迫不許登記情形，經查出後，由婦女協會呈請當地政府，予以嚴重處罰。[59]

婦女協會認為人民怕「罰」，罰是政府才能行使的統治權，婦女協會的婦女工作要有成效，必須借重政府威勢。訓政時期，國民黨所創造的國家與社會關係，從上海婦女協會廢婢、廢妾

54〈市府任用女職員〉，《新晨報》（北平），一九二八年十一月二十六日，第六版。

55〈中央第五次全體會議宣傳大綱〉，《中國國民黨漢口特別市黨務指導委員會半月刊》，第二期（一九二八年七月十五日），頁一。

56 娜君，〈婦女對五中全會的最低要求〉，《上海婦女》，第一卷第一期（一九二八年八月一日），頁一。

57 荷笠，〈再答胡人哲〉，《中央副刊》，第九十八號（一九二七年七月二日），頁一四。

58 一九二八年四月，南京國民政府正式頒布限制置妾的通令，該命令首先規定本妻若逾四十歲而未分娩者，才可置妾，且必須得到父母及本妻同意。此外，蓄妾要報告官廳，違反上述規定者科以罰金，而老人密買少女為妾，則處二等有期徒刑。該法令調和傳宗習俗與女權保護，充滿了由舊到新的過渡色彩。《益世報》（天津），一九二九年四月十九日，二版。

59 娜君，〈妾的解放與登記〉，《上海婦女》，第一卷第一期（一九二八年八月一日），頁一二—一三。

工作上，已可略窺。菁英婦女因為服膺也信任國民黨、國民政府的訓政建設方向，原有反思及批判婦運力道幾盡消失，更進一步，她們深信與政府合作才能達成女權保障與提升的目的。上海婦女協會澈底丟掉北伐時期，婦女工作動輒運用婦女不平等處境作為抗爭集結的旗幟，上海婦協的主要負責人明言婦女幹部不能抱著利用群眾心態，必須把婦女工作導向為提升全體婦女地位。劉蘅靜經歷過廣東婦運及武漢婦運，她語重心長的對婦女協會工作幹部說道：「把個人化在整個的『婦女』中間，切實為『婦女』做工作。能夠本著這種態度做去，婦女運動無論怎樣困難，總可以得著相當的效果。」[60]劉蘅靜，這位婦運元老替國民黨日後所有婦女工作定了調。

上海婦女協會對以行政命令保障女權寄予厚望，與其齊頭並行的是，婦女協會帶頭催促國民政府依據國民黨黨綱從速修訂男女平等的各類新法。女界對立法、修法將貫徹女權保障並非無的放矢，許多意見都明確指出其中關鍵是夫妻權利義務、直系血親關係、財產承繼權應有天翻地覆的變化。同時，也應大幅度修正傳統儒家倫理建構的家庭。當時，投書期刊表達意見的婦女此起彼落，典型的就是說：「私法上的夫妻關係、親子關係、承繼權、行為權，請照男女平等原則大大修改。」[61]國民黨曾明言訓政時期修訂法律，是依三民主義原則進行。婦女起而呼應國民黨此一主張，說到：「訓政開始，訓政的第一步工作，便是要除舊以布新，訓練人民如何引用政治以伸張民權，開始建設事業。……最要緊的，便是如何使舊政府舊法制消滅，如何使新理想新主張實現。」[62]二屆四中全會時，首都南京知識婦女對國民黨修法再度施壓。前述南京婦女提出的十二份呈請書中，有一部分是請求國民黨速訂符合黨綱精神的法律。呈情書這樣說：「本黨對於婦女解放向極注意，黨綱之所規定，歷來之所決議，皆為根據婦女之迫切要求。而婦女樂於參加國民革命，努力國民革命之完成，亦以國民革命為之成功能達到澈底之解放也。惟是黨綱之所列以及歷來之所決議案，迄今切實實行者極少，此殊足令婦女同志灰心，今後本黨要達到解放婦女之目的，對於黨綱決議案之關係婦女者，非切實實行不可。」[63]敦促國民黨速修新法，不只是婦女界共識，國民黨內許多男性黨員也表達新政權既立，著手修訂具有現代國家精神法律，[64]勢在必行。

北伐前後的國民革命時期已經展開的修法、立法工作，雖融入國民黨黨綱、歷次會議決議案，畢竟軍事倥傯下，許多法條的制定，不無粗疏並導致運用不靈。其中結婚、離婚男女

60 劉蘅靜，〈上海的婦女運動〉，《上海婦女》，第一卷第一期（一九二八年八月一日），頁八。

61 仲愚，〈女權問題〉，《現代婦女》，第一卷第五期（一九二八年五月），頁一四。

62 雲裳，〈預祝三民主義的平等法律成功（答胡展堂先生）〉，《江蘇女聲》，第三期（一九二九年），頁一。

63 〈首都婦女代表團呈第四次中央全體會議〉，中國第二歷史檔案館藏，檔號：七二一·一八七七。

64 廣東的國民政府於一九二六年十月成立行政司法委員會，歸於司法部轄下。而該委員會進行的工作實與其名稱恰恰相對，革命政府設置行政司法委員會的目的實為改革傳統政／法重疊的法制體系。參見《國民政府公報》，第二十二號，頁五—八、一五；《國民政府公報》，第二十三號，頁一〇。

權利規定，舉棋不定，各方無所適從。武漢時期，國民黨司法部曾宣布，結婚、離婚要尊重男女當事人的自由意志，第三者無權干涉。[65]這個原意是賦與婦女極大選擇自由的離婚立法，沒想到竟是婦女婚姻災難的源頭。一九二〇年代婦女多半沒錢、沒職業，敢輕易提離婚者，少之又少，倒是男性得到法律保障的自由離婚棄妻，反而順理成章。武漢政權推行的男女自由結婚離婚法，超前時代過多，弄得社會雞飛狗跳，為修補錯誤，武漢司法部只能再在原法後增訂補充說明，把男女關於結婚離婚的「自由」，稍加限縮。補充說明的內容是：「查離婚結婚絕對自由，係為男女婚媾行為，應絕對出於本人之自由意願表示，不容任何第三者之干涉，但未滿二十歲者，不在此列。至實行離婚，係男女雙方相互關係，自非片面自由可以解決，將來當有本此原則之法律規定，而法院對於事實問題及請求理由，亦非無衡量之餘地。」[66]補充說明提出後，考慮到經濟實在是婦女生死攸關大事，一九二六年十二月十八日，武漢司法部提出「扶養費」這個中國立法史上的全新觀念，認為依據法條判准離婚時必須考慮「扶養費」問題。[67]武漢司法部一連串立法、修法工作，宣布國民黨主導的法律修訂已展開步伐。問題是，陳義過高、超越時代限制，似乎變成修訂新法的一項困局。從法律引導社會轉變的觀點來看，法律似乎不能完全以切合時代需要的目的來修訂，「超前時代」無可厚非，問題出在，解釋與運用「男女平等」作為修法的核心宗旨，問題或許較小，但運用在實際判決上，過於注重「平等」，就變成「不平等」，畢竟男女間的性別差異，因時代變化而有不同，因此考慮「差異」

才能達成真正的「平等」。關於此點，許多知識婦女已有察覺。女界言論領袖劉蘅靜，一針見血說道：

男子挾其優越力量，已實行絕對的離婚自由，其不能不受法律限制的只有女子，舉例來說，一個男子要求離婚，經法庭判決不准後，他就可以另與別的女子同居，不理原有的妻子，只要他不舉行結婚，你就不能告重婚，「妾」一個字就夠做他自由的保障。女子要求離婚不遂就沒有辦法了，如果她也照樣不理原來的丈夫，而另與別的男子同居，法律就要判她犯罪，而且社會就要攻擊她。所以離婚問題在男子方面一點不發生困難，簡直是一個純粹的婦女問題，在這種新舊過渡時代，離婚問題更產生出一個極大的衝突現象，就是一部分女子極力要求離婚的自由，一部分女子極力反對離婚的自由。68

婦女協會及眾多女界菁英對法律修訂有深切期望，同時不忘從「婦女」立場與立法者進行論

65《司法公報》，第九期（一九二八年四月十五日），〈法規〉，頁九二。
66 來鳳儀，〈離婚絕對自由新解釋的研究〉，《中央副刊》，第一五六號（一九二七年八月二十九日），頁二三〇。
67 又有一項新通令下達，該內容為「如夫婦一造無故要求離婚時，應審度他造於離婚後能否獨立生活，視要求離婚者之財力，酌給扶養費用」。這是為了保護遭受片面離婚待遇的一方，間接壓制片面離婚的情況。同註66，頁二三一。
68 劉蘅靜，〈離婚問題〉，《上海婦女》，第一卷第三期（一九二八年十月十日），頁七－八。

辯。婦女畢竟比男性更瞭解婦女集體的弱勢處境，比如討論「妾」制存廢問題，[69]婦女反不如男性立法者堅持斷然取消妾制，她們認為要從婚姻制度出發，建造理想婚制比廢妾來得重要。[70]國民黨把修法、立法重責付與法學素養深厚的法律學者及行政官僚。[71]修法可說是國民黨建立一黨執政新行政作風的重要標的，婦女們的貢獻功不可沒，婦女協會提供的建言、努力替婦女發聲，種種表現可圈可點。立法院起草民法時，由江蘇省婦女協會整理委員會出面，召集了江蘇省以及首都南京婦女聯合召開會議，會上決議通知各地方婦女協會共同發表通電，籲請立法院秉持「男女絕對平等」原則修法。而為了造成更大聲勢，會上另一個決議是指派代表到立法院向院長請願，請求院長時時注意起草法案，「當以不違反黨綱為原則」。大會開過後，為了使婦女監督立法工作不致流於無人負責，「首都各界婦女法律平等促進會」就在與會婦女建議下預備成立。[72]

一九二九至一九三一年，國民黨主持修訂的新《民法》乃至新《刑法》，陸續頒訂施行，女界欣然雀躍，最令婦女滿意的莫過於一九二九年四月二十七日，國民政府司法院對婦女財產繼承權終於給出明確法律見解，那就是女子不分已嫁未嫁，都與男子一樣具有平等襲產權。[73]自此，女子襲產權不再爭議不休，而婦女受教育機會也沒有太多阻礙，政府各機關、行政部門從此大幅開放接受女性職員。[74]五四新文化運動以來，婦女心心念念的經濟、教育權，一直在提升。訓政時期國民黨一黨執政實踐了許多菁英知識婦女倡導的女權，國民黨的立法、行政措施逐步賦與婦女各種「公民權」，這個公民權融合清末「國民母」與民國初年「女國民」，也就是賦與婦女各式各樣現代社會中所應獲得的「權利」，這些權利超越時代，所以婦女們的急務是設法使自己達到能夠行使權利的智識程度或經濟條件。訓政時期的婦女當然談不上能夠行使完全的公民權，婦女工作要務只好退到培養婦女能力上。「培養婦女能力」，很容易就走上站在男

69 針對妾聲請離異的處理，山東高等法院曾有解釋令提到：妾之制度為習慣所有，但與男女平等原則不符；若本人不願為妾，當然准其離異，不必更問其所訴有無理由。已削弱了男子對於妾的夫權。參見愚，〈司法院解釋男女平權〉，《婦女共鳴》，第一期（一九二九年三月二十五日），頁四。

70 國民政府在提出親屬法草案時採重婚無效主義。

71 包括徐謙、胡漢民、王寵惠等人對有關女子權利的修法內容，都有重大的影響力。修改民法時，胡漢民為立法院長，極力衛護男女平等原則，其談話有「新民法規定男女絕對平等，凡男子可享之權利，女子亦一律相同。」王寵惠時任司法院長，也堅持「承襲財產，男女應絕對平等，不應加以任何限制」。參見毅韜，〈胡展堂對於男女平等民法之談話〉，《婦女共鳴》，第三期（一九二九年月一日），頁一；雲裳，〈婦女承繼遺產權與解放運動〉，《婦女共鳴》，第四期（一九二九年五月十五日），頁一。

72 〈首都婦女要求制定法律〉，《天津婦協月刊》，第一卷第二期（一九二八年），頁二。

73 〈女子繼承權之解釋——王寵惠呈中央黨部文〉，《申報》（上海），一九二九年五月九日，第七版。

74 第二次全國代表大會通過決議，政府各機關開放容納女職員，激勵婦女職業運動。該決議案後，婦運領導者亟呼聯合各界婦女要求政府立刻實行開放各機關，並且男女待遇平等。其後各省市不乏將「男女平等待遇」列為施政政令之一者，北平市政府即訓令總商會、商民協會、銀行公會、電報局、電話局、郵政局、電燈公司、漢平及平綏鐵路管理局，一律查照。參見〈男女平等待遇〉，《世界日報》（北平），一九二八年十月二十六日，第七版。

性背後，做他們「賢內助」單方片面的陷阱裡。[75]「賢內助」是「賢妻良母」的進化版，訓政國民政府本就具有濃厚「父權統治」傾向，[76]父權的運作，通常免不了有婦女的一臂之力。「賢內助」一旦成為訓政婦女工作主軸，婦女協會就陷於進退兩難局面，因為既然追求的是「賢內助」，那麼幫助婦女的工作就不能太招搖或太全面，免得婦女動不動就離家或離婚。婦女協會的工作日漸衰落，「賢內助」的楷模自有國民黨黨政要員配偶勝任，訓政統治逐漸上軌道後，政治新貴的夫人們挾著丈夫豐沛政治資源，媒體錦上添花，婦女工作變成是「官夫人」專利。[77]

當官夫人大出風頭，婦女協會也已走到落幕時候。國民革命時期風光一時的婦女協會，先是離開群眾、離開共產黨。訓政伊始，親國民黨的知識婦女以婦女協會為陣地，爭取婦女教育、經濟權，等到後二者目標已確立，婦女協會的存在就變得可有可無了。一九三〇年前後各地婦女協會陸續撤除，[78]由於國民黨在三屆第六十七次常會中公布了〈婦女團體組織原則及婦女團體組織大綱〉，[79]於是剩下的婦女協會便全部熄燈關門了。

第二節　左派女性回憶中的革命

近代婦女形像與地位的改變，起於晚清，五四之後進入激越年代，城市知識婦女走向獨立自主，「新女性」與傳統女性已見異趣。在「近代城市化與城市近代化」聲中，知識婦女易投入啟蒙、救亡運動，捲入政治漩渦，知識婦女和女工都歷經國民革命、北伐的洗禮，她們在政治操弄下，不能不在左派、右派、國共之間選邊站。一九二〇年代前期，國共合作下，尚能相

75 西方學者認為在英國婦女運動歷史上，比較激進的婦女團體如婦女社會政治行動聯盟（Women's Social and Political Union）與婦女自由協會（Women's Freedom League）受到研究者較多注意。事實上，比上述兩團體較保守的婦女自由聯合會（Women's Liberal Federation）仍有亮眼的婦女運動成績與貢獻。不同於前兩者拒斥所有男權秩序，後者採取依附政黨來尋求女子權利保障，這與一九二〇、三〇年代國民黨外圍組織婦女協會的走向相似。參見 Claire Hirshfield, "Fractured Faith: Liberal Party Women and the Suffrage Issue in Britain, 1892-1914," *Gender and History*, Vol. 2, No. 2（Summer 1990）, pp. 173-197.

76 Geisert 認為國民黨統治型態是「複合型權力」體制，即政府和超政府（地主、仕紳或是商人等）兩股力量合作構成政權運作。這個看法，沒有列入社會中的婦女角色。筆者認為從婦女方面來看，複合型權力體制正是國家／父權的表現。參見 Bradley K. Geisert, "Toward a Pluralist Model of KMT Rule," *Chinese Republican Studies Newsletter*, Vol. 7, No. 2（February 1982）, pp. 1-10.

77 一九三三至三四年，京滬兩地婦女發起提倡國貨運動，領頭的婦女除蔣夫人宋美齡外，諸多達官顯要配偶擔任各項會務，提倡國貨會的宣言起草者，由名律師鄭毓秀出馬。提倡國貨會開第四次籌備會時，通過一項決議，決議內容是呈請工商部設法在南京開辦一個規模較大的國貨商店，而被預定的邀約參加國貨商店開幕的來賓有，國民政府工商部長、南京特別市市長、及南京市社會局局長、南京市總商會會長等。國貨會籌備員包括了當時活躍社交圈的名流女性，有章繩以、章忠婁、許淑珍、吳貽芳、陶玄、李陶世、鄭毓秀、朱學勤、章以保、吳肇芙、張格徵、郝貴舜、譚祥等。參見〈婦女提倡國貨二次會〉，《中央日報》，一九三〇年二月二十六日，第三版。

78 江蘇省婦女協會組織，於一九三〇年奉令取消。天津、北平等地婦協亦在一九三〇年前後分別取消了。〈河北、江蘇、浙江、湖北、湖南、雲南、廣西、西康、南京、天津、北平、廣州、漢口省市黨部呈送婦女團體調查表〉，中國第二歷史檔案館藏，檔號：七二二．一八七二。

79 〈中執會第六十七次常會修正政治會議條例第十二條學生等團體組織原則及大綱〉，《中央日報》，一九三〇年一月二十四日，第三版。

安無事，但一九二七年左右派翻臉、國共決裂，自然也波及投入政治的左派和共黨女性。一九二八年北伐告成，國民黨實行訓政，不容共黨，在城市中，中共組織幻滅，左派女性或轉入地下、走向農村，或出國逃亡，或隱姓埋名，俟機而動。在這激進年代，多數左派婦女跟著革命潮起潮落，身不由己。這段時間到一九五〇年代，多半的歷史多隨中共官方冠冕堂皇的記錄起舞，事實上，從婦女史的角度觀察，許多左派女性的回憶錄，不只透露個人心酸心路歷程，同時穿透文字，我們更看到時代的另一面：「黨性」取代了「女性」、「集體」戰勝了「個人」。

在中共建立政權後，經歷一九二〇年代革命的「左派女性」，回溯自身參與政治、投入社會改革幾十年的生命歷史，往往都是以辛亥革命作為敘述起點。[80]左派女性自我書寫選擇的歷史起點，明顯受到國族、政治論述的影響。要證明這個論點，可以透過廣泛閱讀分析諸多左派女性回憶錄，找出她們敘述時的共同特點及隱晦的辯解，在同樣的歷史時間座標中，她們記憶的歧異性是什麼？把左派女性的回憶與近代中國政治史的歷史敘述重疊交叉比對，會浮現出一個明顯問題：到底誰在模仿誰的聲音？革命的女性書寫革命中的自我，有哪些遮掩？哪些是有意的暴露？她們的文字對革命歷史是補白還是辯駁？一九二〇年代，是左派女性集體活躍的時代，在國民革命聲勢高漲時，左派女性奮不顧身投入時代的激流中，她們傾向共產黨，也以黨員自許，到一九三〇年代、四〇年代，她們遠離共產黨統治地區，蟄居在國民政府政權控制的城市中，如戰爭時期上海或香港。一九五〇年代，在一波一波新政權發動清理革命隊伍的運動中，一再一再地被迫翻開自身曾經有過的歷史遭遇，向黨證明自己是忠誠的「左派」。左派女性算不上是新朝權貴，她們的文字書寫指出，一九二〇年代中國迎向革命後一直有持續不斷的革命、反革命歷史循環。許多中國後來的革命火種都在一九二〇年代已埋下，本節希望透過解析左派女性回憶錄，追索一九二〇年代至一九六〇年代的「革命」，始終盤踞在中國數十年政治紛亂中，一直未曾「告別」或「遠離」。

左派女性有曲折的個別歷史經歷，完整地閱讀綜覽她們的回憶錄並不容易。一方面，革命歷史滲透在敘述者所有回憶錄篇章，另一方面，每個左派女性各有不同身世、生平和經歷，一些瑣碎、意義不明的回憶錄段落，正考驗研究者能否超越字面的簡單描述，設法連綴成一個明晰的歷史圖像。回憶錄的文字是哪一種「歷史真實」？何種程度修飾整理了個人經驗，什麼樣的內容足以採信？閱讀女性回憶錄、解讀女性文本，不能不藉助「歷史性思考」，方法是一開始就把左派婦女回憶錄當成女性革命歷史文本讀，比對爬梳左派婦女自白與中國革

80 本文所研究的左派女性回憶錄主要包括：胡蘭畦，《胡蘭畦回憶錄（一九〇一—一九九四）》（成都：四川人民出版社，一九九五）；黃慕蘭，《黃慕蘭自傳》（北京：大百科全書出版社，二〇〇四）；秦德君、劉淮，《火鳳凰——秦德君和她的一個世紀》（北京：中央編譯出版社，一九九九）；陳碧蘭，《我的回憶——一個中國革命者的回顧》（香港：十月書屋，一九九四）；楊子烈，《張國燾夫人回憶錄》（香港：自聯出版社，一九七〇）。

命大歷史敘事間的罅隙裂縫。「歷史性思考」是依循革命敘事的時間軸，翻查回憶錄內容的細微末節，再回頭與革命宏觀敘事印證，兩者之間無論重疊或扞格，都是歷史研究可以介入解釋之處。左派女性回憶錄大部分內容可能是喁喁私語，因此研究者該如何理解、如何挖掘各類私語生成的不同意義，也可以說解剖內容，掌握「如何看」與「看什麼」，這或是研究左派女性回憶錄的好法門。左派婦女一生與革命有千絲萬縷的關係，和其他女性回憶錄大不同的是，左派女性敘述回憶文字產生的時空，顯著的影響著她們對自己生平的回顧，尤其是當敘述者經過無數次的政治運動或審判後，她們回憶錄中的用字遣詞顯得格外審慎；一些有關涉及個人審查的特殊事件或攸關政治立場的表態，文字表達更無一例外的堅定坦白。綜觀所有左派婦女的一生，兩個關鍵政治時間深深烙印在她們記憶中，一是一九二〇年代所謂的「大革命」時期，一是一九六〇年代末掀起的文化大革命時期，回憶錄的敘述不可避免地籠罩在一九六〇年代之前以及之後接連而來一波緊似一波的政治清洗。左派女性站在歷史的這一端，努力回想並記憶曾經經歷過的一九二〇年代歷史段落，所有關於過去革命狀態的描述，不能不說有許多部分是為了洗刷政治污點，反駁自己不夠堅貞的革命指控，另外，最重要的是，表明個人對黨的忠誠不二。[81]左派女性的回憶錄，道出革命的永不休止與循環延續，革命從不曾偃息，只有換另一種方式登臺。

在許多左派婦女書寫的自傳式回憶錄中，有一些部分是女性自身經驗的絮語，這比較接近是俯拾皆可得的個人生活「再現」，主要內容是個人親歷、親聞、親見的過去，「過去」再現的真實與否沒那麼重要，畢竟這只是個別的、蒙昧的個人遭遇。回憶錄的另外一大部分，讀來有刻意向外人表白、宣誓的意味，文字每每慎重經營，處處嗅得出政治壓力的蛛絲馬跡，尤其是從開頭讀到結尾，敘事迴旋，看似說得過去，細想卻又難以理解，這些幽微的矛盾、漏洞，暴露回憶錄作者欲言又止的掙扎。這種敘事文字的「掙扎」密集出現的段落，在左派女性回憶錄中幾乎毫無例外都落在相同的歷史時段，難免令人詫異。所有左派女性回憶錄，對於某段「過去」的歷史，她們的描述竟如此的重複相像，彷彿其中有這麼一個人的書寫被其他人通通抄一遍。高度相像的個人歷史回憶，正是左派女性回憶錄具有對過去大家共同認知的革命論述的顛覆。舉個例子，回憶錄在「再現」的層次上，一般作者的書寫不拘細節、漫無目的、指這道那，提到的全都是不具政治爭議的細微末節，若內容從「再現」層次跳到政治自白時，所謂的無關緊要的細節即告消失不見，留下的都是足以斷定政治忠誠的作為，不時插入作者自己所進行的自我政治檢查，敘述的文字內容就會與黨的革命史所宣揚的革命事件、革命功績、革命關鍵歷史，高度重疊。回憶錄的作者有時直白、有時隱約，都是為了再三說明自身從沒

81 學者指出猶太婦女回憶錄中呈現的二次大戰時德國納粹迫害猶太人的紀錄，她們從日常生活的細節鋪陳了德國連老百姓都應為納粹的罪惡共同負起責任，而這來自事後的回憶比起當時，其所顯現的意義是猶太婦女更清楚知道過去自己遭受到什麼待遇。參見Marion A. Kaplan, *Between Dignity and Despair: Jewish Life in Nazi Germany*（Oxford: Oxford University Press, 1998）

改變過、動搖過的「政治忠誠」。這些段落的回憶錄文字，啟人疑竇的是出自回憶者本身的個別書寫，卻高度一致化，難不成有外在其他壓力，令回憶錄的書寫變得「政治化」？左派婦女幾乎每一個人都在後來的政治鬥爭中受盡拷問折磨，拷問的內容又都涉及她們之前各不相干的歷史段落中的活動細節，許多密集出現的辯白式敘述，隱約之中，一股操縱作者心思的政治壓力呼之欲出。所有回憶錄合起來看，發現左派女性「過於整齊」的寫著一些歷史時空的個別變化，顯然一九四九年後政治動盪深刻影響著她們回憶更早的「那些過去」，這是左派女性回憶錄書寫時埋藏的共同心理脈絡。

解讀左派女性回憶錄，首先發現的是，個別女性書寫到個體經驗與政治無涉時，她們的關注重點與書寫方式自在又自由，文本的內容記述儘管不同，但情調卻相似，可以歸成一類，統稱是「女性的回憶文本」。所有的「婦女回憶」在歸類上之所以和男性有別，劃分的依據不是來自性別，而是在敘述內容與自我解剖時，女性對家庭情深款款的傾向。在生命經歷上，女性、男性的差異在於女性一生多半經過女兒、妻子、母親三種歷程，圍繞家庭生活的回憶和變化較男性寫來格外深刻。她們追憶的「過往」，也可看到國家歷史變動痕跡，不過這些大事件只是女性追憶「過往」的模糊時間座標，另外一個以自己家庭成員變化所展開的時間感，無疑更為重要。回憶錄按照家庭時間的推移，一一細數許多瑣碎的往事，「瑣碎往事」往往是回憶錄作者自認的「人生要事」，對書寫回憶錄的左派女性深具意義，她們有時不憚其煩的解釋，人生的片段遭遇都成為後來的重大影響，這些往往進不了「大歷史」。她們點點滴滴的個人回憶，在革命歷史政治敘事中，沒有什麼修補、校正和塗抹裝飾痕跡，回憶者暢所欲言，行雲流水，回憶的內容不妨以「軼事」視之，軼事的書寫天馬行空，如數家珍，左派女性常不加防備的顯露思想情感。當自由無邊無際的書寫一旦停頓，回憶錄中的文字轉為「辯白」，字斟句酌的推敲深恐別人會誤讀作者的詞義。這些段落，多少有些委屈難言，欲言又止，回憶主甚至用大量筆墨來形容一種不得不然的「為難處境」，回憶中的每個時間落點都緊扣住政治歷史的起伏變幻，故作無事般、含怨反省的、逆來順受的語調充斥在回憶錄的書寫中。

這其間厚重的政治壓力揮之不去，回憶錄跳轉的敘事言語，似乎隨時在提醒讀者，左派女性進行自我整理與「歸入革命隊伍」的努力。多數左派女性回憶錄作者，她們的真實人生稱不上能呼風喚雨、翻江倒海，在政治上的影響力實微乎其微，因為左派在革命歷史上，一直都不是政治舞臺上的真正主角，不論是因政治派性相同被歸於一類，或因理想陳義相近走到一起，歷史上左派向來就不是革命政治鬥爭中能占上風者。左派陣營中的女性，邊緣地位本不難想像，偏偏她們描述自己的回憶文字所調動的詞句，幾乎等同於是革命語錄，甚至二者幾無二致。個別左派女性回憶錄，說它們是革命集體記憶的翻版並不為過，左派婦女產出回憶錄的「這刻」，左右她們如何追憶過往，那些與她們同在一個時代為革命奮鬥，最終犧牲者，是完美沒有道德瑕疵的革命烈士，這些烈士的革命式紀念文字，提醒活著的左派女性，她們遠遠比不上已死的革命者，她們是如此不夠勇敢、不夠堅貞，以致一直活到此刻當下。左派女性為了掙脫加諸於身上的革命批判，只能學會用那些紀念已死革命者的文字來檢驗自己，同時在回憶錄中，鸚鵡學語般一再重複。回憶錄的「歷史敘事」工程，在生者、死者間穿梭，結果證明左派女性不再是左派了，她們是革命隊伍中新加入的成員，回憶錄一個又一個轉折，說明左派女性個體如何變成共產黨新中國的社會集體，回憶錄的「軼事」與「敘事」接續、平行或斷裂，成了研究近代中國革命歷史的女性經驗一個饒富意味的話題。

一開始的童年、青少年軼事，親切迷人。一九二〇年代後的左派女青年，寫到童年時都不忘說到孩提時代似乎注定了往後的「未來」。她們的回憶以這樣的方式開場極為普遍，那就是童年大家都懵懂幼稚時，她們已經有較顯著的，對周遭生活更深刻的感受與反應。左派女性回憶錄很有默契的把辛亥革命當作是脫離童蒙的起點，她們堅決表明辛亥革命劃開歷史的兩邊。左派少女們大都出身上層家庭，她們的家庭都曾有母慈子孝的清晰輪廓，出生的家庭條件所差無幾，左派少女說她們母親那一輩，和再前一輩的祖母們，兩代間母女感情親密，原因是祖母、母親所受的閨秀教養一脈相承，婦女以持家為全部人生的重要工作，上層家庭的婦女並不是文盲，她們識字並且知書達禮，只不過沒有機會在社會上施展抱負，建功立業。清末民初時局劇變，辛亥革命不只推倒滿清專制，連帶也使女性打開家庭外的新視野。一時間，政治、社會、教育各界，婦女們竄上躍下，好不熱鬧。家庭不再是女子唯一的生活天地，許多的女性幸運者踏出家門後又踏出國門，女性的人際網絡擴大至許多非親非故的陌生環境中，各式各樣的新消息、新知識、新觀點匯集到城市，又從城市傳播到各地，媒體出版熱絡，昨是而今非的令人目不暇給。有些不甘於再過封閉生活的女性懷抱崇高理想，投入時代激流中，積極活躍，最多的情況是她們躍居成為中小型城市中響噹噹的人物。在私人情誼的幫襯下，本來出身就不錯的女性，憑藉著上層婦女的金錢與聲望，她們率先投入女子教育，成績令人刮目相看。胡蘭畦追憶辛亥時在成都的少時生活，與母親密切來往的女性，最多是親朋，但也不乏許多密友，在胡蘭畦少女的眼光中，母親的這群女性朋友，無一不具備新思想，也對社會工作充滿熱誠，自己所受影響良深。[82]辛亥革命前後的所有「母親」們，在左派女性兒時的記憶裡，她們集十八世紀以降仕紳家庭婦教所推崇的母德與晚清禦侮救亡刺激中所出現的「國民母精神」於一身，肩負時代使命，教養子女之餘，心懷家國之憂。她們惦念著如何貢獻一己之力於社會，不疾不徐又從容的走入民國新時代，為在動盪中成長的「女兒」們創造了一個家國與個人的「想像」，雖具啟發，畢竟還是安穩的環境。跨過辛亥革命，在民國長大的「女兒」們，她們的道路起始就與母親們不同，她們多半進入正規學校接受教育，不再依賴家庭母親的庭教，制度化教育體系使年輕女性增加了許多年紀相仿的「女同學」，她們朝夕相處、

82 胡蘭畦，《胡蘭畦回憶錄（一九〇一—一九九四）》，頁二一—二〇。

耳濡目染，影響力有時大過家庭中任何成員。學校是一個完整獨立的組織，親緣、血緣在學校這個組織中消聲匿跡，「女學生」是個新名詞、新角色，她們同班、同屆、同校的親密聯繫，是母親那輩缺乏，又無從理解的關係。民國成立後初期的十年，年輕「女兒們」還發現她們得到母親們一輩子也夢想不到的自由，她們學校中出現男同學，男女甚至可以自由來往。左派女性的回憶中，深刻記著母親輩們如何謹守分際，她們不是抱著讚揚的心態，而是覺得「不可思議」，當然年輕女兒對男女授受不親的婦教嗤之以鼻，慶幸自己走出那樣僵化的言傳身教。以辛亥革命為界，母女兩代間有傳承、有斷裂，回憶錄中一一道來，無所遮掩。

辛亥革命後成長的年輕女兒不得不離家，家庭不是藩籬，而是不思上進者溫暖的避風港。為求學或工作，年輕女兒背著行裝上路，她們獨自一人奔赴異鄉。二十世紀初，中國鐵公路系統仍然落後，一地到另一地曠日廢時，行旅住宿備極艱辛，當然城市周邊較便利，投宿的旅館也可能較安全，不過婦女出門，依然不能避免要冒較高的風險，拐賣婦女的情況時有所聞，唸過書的女孩們，或者可以稍稍避掉被誘騙的危險，卻不稍減年輕女性單獨出外的危險，離家遠行需要勇氣與決心，所以很多年後依然印象深刻、記憶猶新，左派女性以驕傲口吻說那是人生重要起點。[83]普遍的情況是除城市外，中國各地通訊不便，鄉村尤其封閉，工業、商業、教育、政府機構、公共服務集中於城市，人們為了接受教育、追求知識以及吸收新觀念，乃至更多就業的機會，紛紛奔向城市。女性走出家門接著走進城市，獨立生活在陌生的異地城市展開，家庭親屬的支援在城市中付之闕如，年輕女性浮沉於社會，沒有親屬羈絆，是城市的現代景象，取代原來親屬關係的是城市中以求學、就業為背景的新社會網絡，無論是外地女性或是本地女性，進入任何一個機關、單位或組織，對女性後來人生烙印著深刻影響。[84] 奔赴城市的女性暫時擱置婚姻，她們以完成學業、投入社會工作為職志，甩脫農村中女性早婚的習俗，要說是城市年輕女性的冒險新姿態也可以。不過，連帶的社會黑暗與陷阱也可能難以避免。個別女性回憶溯及六七十年前，她們拋開以婚姻為婦女歸宿的桎梏，毅然奔向更廣闊的天地，冒險與無知令她們記憶深刻。多數左派女性懷想當時毅然決定邁出家門的一刻，她們雖有不同的敘說，但似乎都有共同的傾向，她們都緊抓住一個又一個細節，在細節中流連低迴。[85] 論及民國政治社會變化，也少不了城市年輕女性的動靜點綴，她們開始擠上舞臺，演出新角色，甚至動見觀瞻。左派女性對自己迎接新鮮環境，或者說舊環境迎接了一批新鮮年輕女性，有不能忘情的書寫。父母不在身邊，年輕女性省略衝決父權的過程，也開始有獨立

---

83 這裏所指的女性出遠門，是一種主動式的選擇，與被拐騙、被驅逐等被動式離家有所不同，後者並不以個人能力、知識的增長為目的，她們在社會上所遭受的生活風險與前者極為不同，不在本文討論範圍。一九二〇年代的政黨婦女組織，曾針對底層婦女離家提供協助。參見〈婦女運動報告〉，《廣西婦女運動月刊》（一九二六年），頁四一。

84 "Traveling Cultures," in James Clifford, *Routes: Travel and Translation in the Late Twentieth Century*, Cambridge, Mass.: Harvard University Press, 1997）, pp. 17-51.

85 包括楊子烈、陳碧蘭、胡蘭畦、秦德君的回憶錄中，都曾提到初次出門的興奮、新鮮與緊張。

作主的權利，她們踏進學校、吸收新思想、接受新觀念、建立新交往圈，從城市遷徙者變成定居者。[86] 民國初年，政治的腐敗黑暗，校方的守舊因循，激起年輕學子發出怒吼，他們衝出校門，上街遊行喊口號發傳單，男學生為主的隊伍中，女學生也不甘落居人後。「五四」對城市女學生是驚心動魄、又深具啟蒙作用的人生經驗，在時代浪潮中脫胎換骨的左派年輕女性，她們和男學生合作策劃抗議行動，肩並肩投入愛國抗爭，獨立自主的觀念邊抗爭邊強化，女學生、年輕左派女性從實踐中堅定獨立意志，待種種抗爭漸趨平息，她們把心思調回來對準婚姻、對準家庭，進行社會改造。五四刺激下的左派女性無一不反對傳統婚姻、反對舊式家庭，她們視戀愛自由為神聖不可侵犯，有過和男青年共事的奮鬥經驗，她們對男女間動不動就被說成鬼鬼祟祟頗為輕蔑，也不屑年輕女性沒見過世面般扭捏作態。為了證明自己行為的正當性，左派女性回憶說，她們公開又自然和男性同進同出，一起開會工作，外界議論，根本不值一提。年輕女性對物色人生伴侶，自有一番定見，認為志同道合是再恰當不過的事。五四新文化運動從大歷史的震盪五洲，變到左派女性筆下個人頓時的覺醒，回憶錄字裡行間往往把一場近代中國最重要的政治、思想啟蒙與救亡運動，拉到年輕女性的視野中，個人井然娓娓道出的「軼事」，豐富了五四運動的歷史內涵。

年輕女性在近代中國城市中的經歷，是左派女性回憶錄中引人入勝的篇章。大體說來，城市年輕女性如果社會活動頻繁，那麼多采多姿的生活面貌是可預期的。胡蘭畦隻身離家，為了追逐生活，一個人在四川省境內東奔西跑，居停的城市頗多，時間長短不一，在成都時認識當地《新蜀報》編輯，幾次談話後，報社樓上成了她的棲身之所。透過編輯，胡蘭畦的朋友圈擴大到成都當時許多活躍的知識分子，包括留法回省的周欽岳、陳毅等人。另外，四川省國民黨黨部負責人楊闇公、劉伯承、李筱亭等也是胡蘭畦當時認識來往的「社會賢達」。這個年輕女性率性的由男性友人提供借住之地，然後結交三教九流、各方人等，令人對左派年輕女性早年生活的浪漫、不拘小節，印象深刻。後來國民黨在廣州樹起北伐大旗，四川省國民黨黨部聲勢大振，胡蘭畦理所當然受到激勵，在四川省內暗地裡進行推翻軍閥的工作，她毅然踏入國民黨男性的政治活動圈，擔起革命重擔、作起革命工作。[87]當時似乎許多領域的男性對獨身闖蕩社會的女性，總是照顧有加，女性們樂於接受男性幫助，幫助不只是接納她加入團體，還提供庇護居所或介紹工作。當然，對單身女性產生非分之想的男性所在多有。胡蘭畦在四川時一度和軍閥楊森密切往來，楊森應允竭盡所能提供各種幫助，包括資助她出川後留學所需費用，楊森開出的優厚條件是以胡蘭畦答應成為他第六個妻子作為交換。胡蘭

86 秦德君出身四川忠州，該地沒有女子中學，後來她先到萬縣考取公費，獨自到成都上女子實業學校，五四運動中積極活躍，後被開除，再從成都前往重慶，在那裏與四川地方的激進男性結識並共同行動。參見秦德君、劉淮，《火鳳凰——秦德君和她的一個世紀》，頁五—七。

87 胡蘭畦，《胡蘭畦回憶錄（一九〇一—一九九四）》，頁二九—三五。

畦認為楊森的條件對她是種人格污辱，因而斷然拒絕。楊森當時在四川，權傾一時，一個年輕女性如何能在手握實權的地方豪強手下全身而退呢？恐怕除了有另外一股勢力作靠山外，別無其他可能，那會不會是國民黨黨部庇護胡蘭畦？回憶錄寫到這裡，敘述時間與內容就呈現跳躍、省略，但大致可以拼出一個圖景。一九二〇年代的革命在華中、華南等地捲起千堆雪，年輕女性懷著滿腔熱誠投入革命，革命陣營一呼百諾、革命同志同生共死，年輕女性有了革命頭銜加持，隻身闖蕩社會的風險大大降低。年輕女性加入革命行列，多少與個人際遇有關，革命標榜的革新作風，替她們原來離經叛道的行為找到避風港，同時，「有為者亦若是」令她們在革命陣營找到更多知音。胡蘭畦出社會、入革命幾乎可以算是一九二〇年代獨立自主女性的一種「典型」。不能否認，北伐、國民革命，給了遠在四川的胡蘭畦意料不到的突破現狀的機會。「革命」是一種精神也是一種生活，一種時代青年共同追求的理想，胡蘭畦在四川已認識了一批革命男女同志，離開四川投向廣濶天地，接觸更多志同道合的夥伴，離鄉背井者不在少數，胡蘭畦提到國民革命時期自己充滿前所未有的勇氣，她決定前往革命發源地廣州，以實踐對革命真誠的奉獻。胡蘭畦以一位具有工作經驗的四川婦女運動領袖，在廣州受到國民黨中央婦女部的熱烈招待。在一次廣州婦女群眾集會上，胡蘭畦和另一位來自湖南的婦女運動領袖廖世劭受邀發表演講，兩人分別介紹四川、湖南兩省婦運的工作成績，在場廣州婦女深受鼓舞。[88]胡蘭畦和廖世劭一個來自四川、一個來自湖南，兩人素昧平生，革命的號召使她們不約而同奔赴廣州，陌生的年輕女性，風雲際會地在廣州相遇，兩人間的經歷和結局十分相似。一九二〇年代的國民革命，對年輕女性當時及往後的人生，是一個關鍵的歷史轉變階段。

左派女性在學時，多有一段反叛或反抗的經歷。受到五四新文化運動的鼓舞，女學校的女學生，不再對師長俯首貼耳、唯校規是從。五四時期，在湖北女子師範就學的陳碧蘭、楊子烈兩人都負笈異鄉，[89]湖北女子師範是武漢女學教育的最高學府。陳碧蘭、楊子烈入學後接觸了一批湖北省所謂「進步」知識分子，兩人從思想、情感到行動全都煥然一新。首先，兩人都以剪髮來宣示獨立自主的決心，校方無法容忍，結果是她們被逐出校門。左派女性回憶學校生活中，她們的各種「反抗」，透露出相似的論調，她們承認離家的初衷本就出於「反抗」，離校不過就是變本加厲而已。和其他女性相比，左派女性和家庭、學校決裂的方式是「一去不回頭」，這預示著她們在社會上也將是「特立獨行」的一群。左派女性回想她們逃脫父母代訂的婚約，不是私下偷偷進行，而是敲鑼打鼓昭告天下，驚世駭俗的言行難免令人側目，到了學校更加無法恪遵規定，退學後走投無路，投靠革命政黨，也就理所當然。[90]陳碧蘭與楊

88 胡蘭畦，《胡蘭畦回憶錄（一九〇一—一九九四）》，頁九二—一〇〇。

89 楊子烈，《張國燾夫人回憶錄》，頁五五—七一。

90 秦德君說自己被開除後，到校長辦公室，準備把頑固保守的校長痛打一頓，但校長並不開門，她還是氣得舉起拳頭，砸破一塊窗玻璃，悻悻而去。秦德君、劉淮，《火鳳凰——秦德君和她的一個世紀》，頁七。

子烈兩人回憶錄裡不約而同提到，在湖北女子師範學校讀書時，「進步」國文教師劉子通對她們產生的巨大影響，加上認識李漢俊、陳潭秋、包慧僧、董必武等人，彼此間談話、交換刊物，一段時日後，她們成為共產主義青年團（CY）中的一員。加入共青團後，交友圈反而受到限制，一些不屬於左派或共青團的分子與她們疏遠了，回憶錄中對這段經歷的共同說法是，左派的女青年即使離開原先就學的城市，遷往其他地方，或和最初交往密切的同志失去聯繫，最後仍然可以順利在另外地方的相同圈子中被接納，轉來轉去都只能走回「激進」的陣營，說明了年輕女性一旦背負了「激進反抗」的名聲，她們幾乎不能回頭，也沒有什麼選擇餘地，只能和一群同性質的男女同志相濡以沫、共同奮鬥，一九二〇年代是激進年輕男女為自己找到出路，旋又被社會圍困的轉折時期。

一位年輕女性走上激進革命的道路，要回頭或脫身難上加難，革命浪潮一旦褪去，女性反抗一切的結局，就變成一齣悲劇。不願退縮又不甘屈服，左派年輕女性只能勇往前行，效命於激進政黨與組織。陳碧蘭高調解除自身婚約，不久又從湖北省立女師退學，回不了家又痛恨社會守舊，這樣可選擇的道路不多，只好與一群同樣激進的夥伴為伍，這些新認識的夥伴為她張羅學費，安排她轉赴北京，各式各樣複雜人脈的牽引，使她得以在北京住下並開始補習，預備大學的入學考試。陳碧蘭的北京之行並不盡如人意，一群夥伴再幫她轉去上海，安排進入上海大學就讀，從北京到上海，這段期間她加入中國共產黨，成為中共立黨最初少數女黨員之一。[91]陳碧蘭走向激進，有些因素是個人思想覺醒的引領，有些因素來自生活困頓與壓迫，現實與精神雙重拉力下做出何去何從的抉擇。革命政黨、團體、組織，有革命友誼作基礎、救急救難，走到哪兒似乎都不用擔心沒地方住，反叛年輕女性自然而然叢集在一處。中國共產黨成立之初，許多先前逃婚、出校的年輕女性後來成為第一批女黨員，她們加入政黨是「義無反顧」、「退無可退」，因此表現了高度的獻身精神，年輕女共產黨員充滿鬥志，革命氣息濃厚，她們堅信在政黨的帶領下，可以向封建守舊勢力宣戰，可以推翻社會所有不良風俗，包括令她們深受其害的舊婚制，尤其要掃進歷史的垃圾堆中。

一九二〇年代，國民革命孵育的共產黨與改組後的國民黨，兩黨從合作到分裂，並且從此勢不兩立，原因有多重，而最主要的關鍵是共產黨比起國民黨，在社會改革的主張與進行方式上，較傾向「激進」，時人的普遍說法是「進步」。至於什麼樣叫做「進步」，判斷的依據是男女共產黨員的作風。當時已流傳說共產黨男女關係較開放，男黨員、女黨員同進同出或同居同住，從不加避諱。左派女性回憶錄寫到這個情形，沒有渲染，卻有跡可尋。新誕生的中國共產黨，黨員年齡相近，男女同志正當談婚論嫁年齡。年輕女同志，不是違逆父母而退婚就是反抗校方而退學，奔放灑脫的行事帶到政黨中，與男同志相處輕易就克服扭扭捏捏

91 陳碧蘭，《我的回憶——一個中國革命者的回顧》，頁二八—七〇。

的舉止，和男性開會、聯絡各方，不畏別人指指點點，男女同行拋頭露臉，男女幾人共租共住，對外佯稱夫妻，實則關係曖昧不明，聽聞者不禁駭然認為共產黨人的男女關係的確「進步」。

這時期中共黨內「進步」的男女關係，追求的是開放自由，表面剔除許多男女交往的限制，實際上，真正受惠的是男同志，女同志的處境要坎坷得多。「進步」推到極致與「隨便」只是一線之隔，共產黨黨員中，女青年人數比起男青年要少很多，於是眾多男青年一抓住機會，就對身邊的女同志展開追求，多個男同志爭奪一個女同志的現象不足為奇。女同志物稀為貴的隨意向男同志拋撒情網，也屢見不鮮，男同志爭風吃醋之餘，不得志者攻訐女同志水性楊花、自甘墮落就無法避免了。黨內、黨外都對這群年輕女共產黨員投以異樣眼光，逼得她們只能固守在政黨的地盤之中。中共成立後，男女同志具有的牢固內聚力，不一定只靠黨紀約束，年輕的男女入黨後沒有退路，是男女同志矢志不渝的原因。左派的年輕女性自絕或被拒絕於社會，她們的立場決定了無論戀愛或婚姻，都離不開黨內的男同志，加上僧多粥少，女同志換對象的快速令人瞠目結舌，而換來換去都逃不開黨的這條紐帶，共產黨建黨初期，黨內兩性關係複雜，自無庸置疑。[92]「進步」的婚戀關係，發展到後來，變了調是有可能的，一群堅持婚姻自主的男女青年聚在一起，難道就真的能我行我素、自行其是了嗎？政黨有組織、講紀律，尤其遭逢國民黨清共、分共內外壓力步步進逼時，黨紀就更形嚴酷。左派女性回憶錄中說道，男女同志戀愛糾紛在革命情勢高漲尤其時有所聞，到了政治情勢轉折，革命行將告終時，共產黨組織隱蔽，黨員工作轉入地下，一些人改名換姓，遮掩身分便於逃匿。一些人被黨選派前往蘇聯學習。離開城市的黨員，工作往往被迫中斷，革命理想隨之幻滅。被迫出逃到莫斯科學習的中共男女黨員，不無革命煙消雲散的挫折，大有惶惶不可終日之感，這時戀愛成了一帖逃避現實的良方。莫斯科這個革命搖籃中的中共或左派黨員男多女少，為逃避革命後的悲觀，一心一意專注戀愛的男女青年，製造了一幕又一幕的失戀、別戀悲劇。留俄的黨員與國內斷絕了消息，革命的男女伴侶許多沒有同行出國，分隔兩地加上異國莫斯科的學習生活格外難熬，給了其他人介入的機會。男女黨員人數懸殊，孤絕的環境與封閉的生活，比起在國內的情況有過之無不及，女同志往往有數不清的男同志對她展開愛情攻勢，加上女同志沒有在國內那樣瞻前顧後的疑慮，態度輕浮的為數不少。男女同志合容易，分也不難，男同志間的爭執不是出於革命立場，而是在情場上競逐輸贏而彼此心生不滿，錯綜紛擾的關係令人目不暇給。

92 著名的例子有瞿秋白與上海大學學生丁玲、王劍虹之間的暖昧關係，始終像是霧裏看花。瞿秋白後來與楊之華結合，後者與前夫沈劍龍以刊登啟事的方式在報上宣告婚姻結束。施存統、王一知與張太雷之間的分合，也十分具戲劇性。參見鄭超麟，《史事與回憶：鄭超麟晚年文選》，第一卷（香港：天地圖書有限公司，一九九八），頁二八四－二九四；又參見呂芳上，〈一九二〇年代中國知識分子有關情愛問題的抉擇與討論〉，收入呂芳上主編，《無聲之聲 I：近代中國的婦女與國家（一六〇〇－一九五〇）》（臺北：中央研究院近代史研究所，二〇〇三），頁九九－一〇〇。左派女性個人在回憶錄中極少對於個人情感變遷做出更多解釋，這種「不辯解」與「輕描淡寫」，與其他非左派女性的回憶錄不迴避，甚至強調個人生活與情感變動的著墨成了明顯的對比。換句話說，從「公開隱私」的角度來看，性別、政治立場都影響了個人的自我書寫。

奪人所愛、移情別戀、甜言誘騙、始亂終棄，私人恩怨無從梳理，埋下心結就等於種下日後黨內你死我活鬥爭的禍因。[93]左派女性回憶錄當回憶涉及到黨內某些同志的情感隱私，常欲言又止，似有若無，經過細心交叉比對，一些男女同志糾葛不清的「戀愛情節」還是能夠有所還原。[94]左派女性回憶錄寫到錯綜複雜的戀愛關係時，無一例外聲稱「自己」與其他女同志不同，她們的私生活嚴謹，戀愛對象從一而終。刻意強調與重申，反給人此地無銀三百兩的感覺。對照回憶錄的前後全部紀錄，更加令人肯定這段革命退潮時期，男女青年的確有種種苦悶，革命挫敗、同志星散、組織幻滅，對戀愛的執迷與失落也躍然紙上，似乎一切都是混沌狀態，無論左派女性如何細心修飾，她們既身在激進革命陣營中，那能獨行不受牽絆與拖累。

革命退潮後的混亂局面，從男性回憶錄中得到充分的印證。莫斯科男女青年一度把蘇聯革命後的極端婦女解放觀，所謂的「一杯水主義」視作革命戀愛教條。如前所述，一杯水主義的源頭來自蘇聯著名婦女運動兼政治領袖柯倫泰（Alexandra M. Kollontai, 1872-1952），她所說的一杯水主義是為了澄清俄國革命過程中新型的男女關係，她的重點是革命戀愛要追求的是心靈身體的澈底結合，這是社會主義婦女解放戳破歐洲中產階級女性的「虛假」、「偽善」，所締造出的兩性新關係。[95]柯倫泰的一杯水說法，來到中國，被曲解是嚮往性的絕對解放與自由，以蘇聯為革命導師的中共，為一杯水主義找到革命傳承的血統，進而揮舞這把尚方寶劍，在黨內推崇自由性交的作法。自由性交確是驚世駭俗，黨內青年有人提出自由戀愛來修正自由性交的性關係氾濫。為自由性交辯護者，提出這種兩性關係的狀態更加切合革命者朝不保夕的處境，認為自由戀愛是小資產階級情調，女黨員若執著小資產階級情調，面對男同志追求處處拘謹顧慮，著重培養感情，不願迅速確定「男女關係」，就會被說成是小資產階級作風。在革命狂飆時染上一身浪漫自由的左派女性，在城市消費刺激下，也愛好打扮，也免不了愛漂亮與生活享受，她們骨子裡的反叛夾雜女性的溫雅。國民黨全力清剿共產黨，政治風暴襲來，依附城市的共產黨女黨員「小資情調」失去風采。面對越來越嚴峻的政治風暴，女黨員再無力裝扮自己，小資情調變成是一抹革命的殘痕，中共與國民黨劃出明確界線，若不清洗小資的痕跡，那麼一頂反黨帽子隨時可能扣在頭上。一九二〇年代共產黨內曾經風靡一時的「小資產階級女性」，在政治干擾下，似乎全部黯然褪色，[96]小資被摻進了許多和革命對抗的

---

93 一九二〇年代中後期隨著革命風潮的高漲，許多社會、個人問題都因為「革命」而形成新的面目和內容。其中戀愛問題尤其具有突出的時代性，關於革命的「公」和戀愛的「私」之間的論辯、糾葛與政治影響，呂芳上的研究提出了細膩深刻且具批判性的剖析。參見呂芳上，〈一九二〇年代中國知識分子有關情愛問題的抉擇與討論〉，頁七三—一〇二。

94 這部分男性的書寫遠比女性來得詳細。參見鄭超麟，《史事與回憶：鄭超麟晚年文選》，第一卷，頁二八三—二九九。茅盾的回憶錄中也提到過黨內年輕、漂亮、活躍的女同志極出風頭，黃慕蘭、陳碧蘭都被看作是浪漫女性。

95 Wendy Z. Goldman, *Women, the State and Revolution: Soviet Family Policy and Social Life, 1917-1936*（NY: Cambridge University Press, 1995）, pp. 1-57.

96 小資產階級女性的形象從物質到心理都是不革命的表現，諸如「頭蓋綢傘，足套高鞋，臉上塗了外國花粉，捲髮結成S形式，開

負面意義，如動搖、自私、背叛、吃不了苦等等。小資的負面化使年輕女黨員個個噤聲，她們有意檢點任何一個可能被說成是小資情調的行為舉止，取而代之的是中共農村革命開始時，一群粗手大腳、吃苦耐勞、騎馬扛槍的豪氣女性，她們成為革命的女性尖兵，她們出生入死、任勞任怨、能下田、能打仗，這樣一來，城市出身的女黨員只能自慚形穢，走到這一步的左派女性，許多人在回憶錄檢討自己對革命沒有絲毫貢獻，所以，黨若有需要，她們犧牲在所不惜。

打擊小資作風，提高了一杯水主義在中共黨內的影響。男黨員尤其指出革命生死轉瞬之間，同志間哪有時間拘泥於戀愛，自由性交才是理想的革命男女關係，一杯水主義近於縱情恣慾，衝動奉行的男同志比女同志多。北伐進展到兩湖時，掌握武漢政權的主要是左派及共產黨，於是社會主義改革理想的大戲在武漢登場，一時打垮封建禮教，推翻資產階級的呼喊聲，瀰漫在武漢市街，人心震動。論到封建禮教最顯著的受害者，非婦女莫屬，武漢政權的社會革命，理所當然地從解放婦女入手。左派當家，擺開陣仗向封建保守勢力叫陣。首先，著手解救寡婦，公開宣稱死了丈夫的婦女不應守節，不論寡婦本人有什麼樣的意願，通通安排再嫁，蠻幹的結果不免出現強迫。另外有些婦女訂了婚，還未過門，丈夫已過世，強令她們不可單身，由組織分配給男性黨員當配偶。武漢過激的破舊手段，惹得社會雞飛狗跳，守寡、守貞婦女們不全然有意願再適他人，一時間人人自危。左派及共產黨一心一意要打倒封建禮教，手段流於粗糙，許多未經證實的謠言飄散在長江上游，如共夫、公妻、婦女裸體遊行等等，[97] 逃離武漢的人們繪聲繪影說武漢社會墮落，人性不存。

左派女性有關於武漢時期的回憶，她們對那時的自由念念不忘。一九二七年，武漢政府明令婚姻絕對自由，認為男女選擇對象只根據一個原則，就是「志同道合」，不用顧慮門第、不用在意階級，父母意志打倒在地，當然更不用在意物質經濟。再者，女性、男性有同等的離婚權，只要一方認為「志不同道不合」，雙方說離就離，婚姻成立或解除只需在報上刊登消息即可，家庭結構因離婚自由而鬆動，革命男女同志家庭觀念淡薄，年輕女性修正與其結婚的男性配偶關係，把他們從丈夫變成「男伴」，男伴沒有什麼家庭義務和責任，就算生養子女，許多男性還是可能撒手不管，年輕女性分身乏術，帶著稚兒弱女工作畢竟不便，沒有丈夫可依靠情況下，許多年輕女同志把親生兒女送返家鄉交自己父母親照顧，國民黨清黨剿共風聲最緊時，許多女黨員不得不犧牲骨肉親情，匿名潛逃。回憶錄提到武漢的革命女同志，求助家鄉雙親照顧自己兒女，風聲鶴唳、情勢緊急，已談不上什麼親情難捨，大部分女黨員

口閉口，戀愛自由」、「做運動也是基於虛榮心理，一旦風頭出夠了，便不努力了」的描述成為彼時左派陣營中的負面女性範式。參見尚真，〈我對於婦女運動的希望〉，《新學生》，第三十一期（一九二五年三月一日），收入廣東省婦女聯合會、廣東省檔案館編，《廣東婦女運動歷史資料》（廣州：廣東省婦女聯合會、廣東省檔案館，一九九一），頁一四四—一四五。

97〈北伐中工作經過〉，《民國日報》（漢口），一九二七年六月十九日。

都在通緝名單中，自顧不暇。後來，即使風聲稍懈，她們還是不敢隨意和家人聯絡。98

武漢時代年輕女性的生命史，綁在家庭的實屬罕見罕聞。她們往往對革命趨之若鶩，在公共場域中高談闊論，成群結隊在大街上來來去去，她們把「解放」當作一面盾牌，所有新潮思想、新式作為都是「解放」。一方面她們認為女性和男性平等，男性可以做到的事，女性怎可認輸，所以武漢的軍校能立刻招募了一批年輕女學員入伍當兵。另外，自由戀愛、無條件離婚都力求男女一致，武漢時期結婚被「男女結合」取代，形式的變化顛覆中國傳統力道，不可小覷，尤其中國男人向來三妻四妾，女性若也模仿，引起的爭議就無法等閒視之。一九二〇年代中期，胡蘭畦一度回到重慶，在那裡與一位舊學出身卻對革命充滿熱情的男性陳夢雲結合，男方已有一位經過正式結婚手續娶進門的元配，胡蘭畦明知對方家庭狀況，仍毅然和陳夢雲結合，一派解放的女同志作風。革命軍進抵兩湖後，鄰省四川風雲驟起，城市裡湧現各種革命宣傳及街道演說，胡蘭畦被這股革新氣象吸引，顧不得婚姻，便拋下陳夢雲離開四川前往武漢，投考武漢軍校，成為首批軍校女學生中的一員，接著她加入革命，走入共產黨陣營。99

武漢左派及共產黨不顧社會現實狀況，埋頭推進社會主義，結果是階級對立惡化，地方上的軍事首腦和地方仕紳聯手進行反撲。許多在武漢紛亂時逃到長江下游的資本家，他們到處聲稱武漢工人、店員造反了，竟然狂妄到要和資本家老闆平分經營獲利，還有人索求店主補回過去所拿低薪，一些夥計們要求他們與老闆合營商店，認為武漢簡直到了「無法無天」的情況。

「革命」顯然破壞了武漢的生活秩序，勞動者、受雇者夾著私欲、打著革命旗幟，無所不為。一些女同志拒絕男同志所提的結合要求，被批評拋不下處女封建情結，而拒絕剪髮或堅持纏足的婦女，則被冠上「反革命」罪名，走到極端的話就成了「群眾敵人」。[100]這時解放婦女全變了調，扛著「解放」名義肆行欺侮女性的暴力事件，一件接連一件，人性的幽暗閘門被打開來並受到縱容鼓勵，那麼互相壓迫、屠殺的情況就是指顧間的事了。武漢社會到一九二七年年中，混亂失序，許多脅迫、威嚇、處罰、隔離等怪狀一一浮上枱面，[101]此際革命洪流中的女性命運便載沉載浮了。

武漢的激進社會改革，以集體力量壓制個人，個人私生活不是受到「指導」就是被「監

98 婦女解放與家庭問題始終是息息相關，一九二〇年代的左派女青年在追求獨立的轉變中連帶引出家庭倫理與經濟功能的轉變，但結果「育兒」仍然是一個有關女子與家庭間密切相連的關鍵，彼時男女分開，通常是母親而不是父親擔負兩人婚生子女的生活安排與照料事宜。

99 胡蘭畦，《胡蘭畦回憶錄（一九〇一—一九九四）》，頁一一六—一四一。

100 武漢的革命幾已演變到了無所不能、無堅不摧的地步，導致了許多混亂及腐化的情形，一些「左傾幼稚病」的社會情態被寫入小說中。姜貴刻劃由於革命被推崇到至高無上的神聖地位，許多荒唐的行為披上革命外衣成為不容置疑的信條，例如男子分妻。姜貴，《重陽》（臺北：作品出版社，一九六一）。而茅盾聲稱有若干生活經驗作基礎的作品《蝕》三部曲，浮顯出耽溺革命理想、脫離現實的青年男女時代群像，轉引自〈《茅盾選集》自序〉，收入孫中田、查國華編，《茅盾研究資料（中）》（北京：中國社會科學出版社，一九八三），頁四六。

101 武漢放足委員會會議通過《放足條例》，援用的暴力手段引來婦女恐慌。《民國日報》（漢口），一九二七年四月二十日。

管」。往好的方面來說，團體紀律凝聚了個體，如武漢軍校的一批女學員，入學時學校發放給每位女學員形式相同的軍服，其中一位女學生請了外面裁縫把軍服改得較合身，招到其他女同學批評，她們主張進軍校就是要過集體生活，大家應當穿同樣形式的軍裝，不須講求漂亮合身。這位女學生不服氣，她認為把衣服改得合身，並非反抗集體紀律，更非不革命，其他人則毫不放鬆，堅持說合不合身不是她們關心的重點，她們更加重視的是個人要服從「集體」，集體穿什麼，個人就應該跟著穿。武漢軍校女學生沒有差別地按規定一律著灰色粗布軍服。軍校有一位指導員偏就和大家不一樣，她穿著黃嗶嘰的軍裝，女學生打布綁腿，她一人穿著黑皮靴和黑皮綁腿，標新立異之餘又追求精緻，同學心生不滿，群起指摘這位指導員不顧紀律，最後這位佩有官階的指導員只好順應「民意」，換成了和其他女學生相同的軍裝。[102]集體化壯大革命女同志的聲威，激起保守力量對她們的敵意與恐懼。軍人、紳商眼見婦女解放動搖到社會既有秩序，破壞他們的權力根基，軍人聯合紳商，全力收拾武漢混亂不堪的局面，革命勢力土崩瓦解，首當其衝的是婦女，她們犧牲慘重。反彈力量對革命展開報復性的掃蕩，同時也對女性施以殘酷凌辱。據傳女共產黨員遭到挖乳、割除陰部、受刑時撕破衣服等暴力羞辱。[103]保守勢力的反撲是威嚇加上屠殺，逃過追捕的女黨員，在多年後淡化這段革命歷史的失序，國家或政黨乾脆抹去混亂的一幕，直接跳到共產黨員在清剿中的犧牲慘重景象。再怎麼遮掩，回憶錄中的歷史裂縫仍然呼之欲出，仔細交叉比對，武漢社會革命的一些圖景陸續浮顯，革命漲潮又退潮，左派婦女逃離武漢，卻不一定逃出「革命」，經過了四十多年以後，擺在她們面前的是另一場革命風暴。

曾經轟轟烈烈的社會改革瞬間抹去，武漢政權接著草草收場。分共、清共的殘酷鬥爭迫使共產黨組織及成員藏匿躲避，幾次城市暴動失敗後，共產黨轉移到農村，留在城市的黨員自顧不暇，組織星散、工作停頓，和黨失去聯繫又不得不留在城市者，只好改頭換面，斷絕過往的同志關係，藏起真實身分以求躲過風暴。這時城市已無共產黨立足之地，黨員找不到黨組織，唯一能做的是被動等待黨找上門，還有一些黨員循著從前活動軌跡，私下打探同志下落。中共黨組織幾乎全面癱瘓，黨在城市中的命脈，只能靠一些黨員斷斷續續互通消息，大部分黨員都是孤立無援，為了降低行蹤暴露的危險，聯絡、交通都採單線。這段黨員隱匿身分的時期，女黨員比起男黨員，因為知名度低，不容易被盯上，她們也較容易改頭換面，重新生活，一些女黨員甚至幫助掩護男黨員。一九二八年後，為因應內外在的險峻威脅，中共黨中央引爆路線之爭，最終決議強化組織嚴密性，黨內原本較平等的同志關係，在黨紀雷厲風行之下，中央領導權威大為提高，同時貫徹黨員須絕對服從黨紀，隱匿的黨員時刻恐懼身分暴露，又

102 胡蘭畦，《胡蘭畦回憶錄（一九〇一—一九九四）》，頁一五〇—一五一。又可參見呂芳上，〈好女要當兵：中央軍事政治學校武漢分校女生隊的創設〉，《民國史論》，上冊（臺北：臺灣商務印書館，二〇一三），頁四三六—四六七。

103. 〈武昌婦女今日追悼被難烈士〉，《民國日報》（漢口），一九二七年六月十五日。

要防備遭到同志出賣，外在恐怖的政治鎮壓推波助瀾，進一步強化中共黨中央權威。一些未追隨共產黨進入農村的女黨員，在城市中舉目無親，無依無靠，時時警覺，與任何陌生人接觸，都怕敗露行蹤。轉入農村後的黨，就成了她們唯一能夠依靠的對象，凡事也只好聽從黨的指揮安排。女黨員的前身是城市小資產階級，她們一路蛻變，保留本質，革命失敗了，她們不費吹灰之力尋回過去的小資樣貌。左派女性回憶錄寫到，她們必須丟掉革命面貌，以免引人側目，同時也為方便進行黨交派的任務，只好「不得已」以小資的形象重回社會。撇開黨的工作分派等等，這些左派女性不是後來農村革命時期的老大娘，她們本來就生在城市、長在城市，要拋下革命的集體化面貌，還原成原來小資產階級女性，可說是輕而易舉，當年的城市女青年在革命陣營可能脫了胎，但明顯未換骨。

一九三〇到一九四〇年代留在城市的中共女黨員，因為她們「掩飾黨員身分」，看上去沒有一點革命痕跡了。共產黨的力量受到重大折損時，女黨員回到小資產階級行列。一九二八年以後，中共全面撤出城市，對於留在城市的革命女黨員究竟是個人歷史的斷裂？還是個人歷史的延續？這個問題很值得玩味。女性回憶錄中，幾乎個個左派女性都觸及到這個變動的歷程。一九三三年，左派的黃慕蘭為奔母喪返回家鄉，中途經過武漢，遇到當年同為武漢婦女運動領袖的趙畹華。她倆偶遇後，另外邀約一批過去的婦女協會成員，包括王文秋、梁建華、張篤和等人，碰頭重聚。[104] 這次重聚，沒有人提到誰是共產黨女黨員，誰又不是女黨員。

黨組織渙散，外面風聲已漸平息，女共產黨員似乎也沒有人把這樣的身分放在心上，她們以曾經一起共事的線索找回以前的同志，根本也不用隱姓埋名了，於是接下來她們就大大方方、明目張膽在名流上層社會穿梭，交往一批權貴人物。胡蘭畦說她那時周旋在各種左派團體間，和國民黨一些頭面人物密切來往，並且與何香凝、宋慶齡也有不錯的交情。胡蘭畦聲稱在這段與國民黨各黨各派都有來往的期間，雖然表面是應酬交際，實際上她無時無刻不記掛「統戰」工作。一九三五年，胡蘭畦接到共產黨輾轉指示，要她前赴香港進行祕密宣傳，對象是先前發動福建事變的政、軍領導，這些人當中有人反蔣兼反共，胡蘭畦找機會與他們接近，首先圖謀建立私人交情。[105]左派女性回憶錄寫著為了能夠使工作順利進行，她們只好與各色人等保持良好關係，以製造各種有利的「革命情勢」，順勢而為也是不得不然。黃慕蘭說她和上海頭面人物間不時接觸來往，這些人在太平洋戰爭爆發後流亡到了香港，黃女和家人當時也離滬赴港，在香港居住的一批上海人，曾傳聞黃慕蘭是杜月笙的女弟子。[106]遮掩女黨員身分的這段時間，左派女性和高官顯要你來我往，生活奢靡，紙醉金迷，這些女同志變身成衣飾華貴、出手闊綽的夫人，與遠在西北邊區落腳的共產黨員，有哪一點相同呢？抗戰促成國共第二次合

104 黃慕蘭，《黃慕蘭自傳》，頁一六三—一六四。
105 胡蘭畦，《胡蘭畦回憶錄（一九〇一—一九九四）》，頁二八四—二九五。
106 黃慕蘭，《黃慕蘭自傳》，頁二三八—二五二。

作，一九二〇年代具有黨籍的女黨員，她們在北伐時因負責工作的關係結識一批友人和同志，抗戰爆發後，依據先前交往的基礎，在大家不需要遮掩、毋需藏頭匿尾時，心照不宣的過著「為黨效命」的外圍黨員生活。這批城市的女黨員從未到過蘇區，延安對她們來說非常陌生，她們從一九二〇年代革命幻滅後，就一直過著有黨籍，但沒有黨紀約束的生活，一九三〇年代還儘可能隱姓埋名，到一九四〇年代，她們不諱言自稱左派。胡蘭畦和黃慕蘭都在回憶錄中提到，一九三〇年代到一九四〇年代，她們大半都已經結婚，並且過著安定的家庭生活，和任何人來往都不用提高警覺，「中共女黨員」這個身分公開不能明言，私下也沒有任何作用，左派女性所說的黨分派任務，既缺乏強制性，更談不上是否攸關成敗。

回憶錄這段有黨員身分，沒有黨紀約束的時間，後來成了女黨員們面對新政權拷問個人歷史時，最難清楚交代的一段時期。一九三〇至一九四〇年代居留城市的中共女黨員，不僅身分不明，她們所說的一些公開或祕密活動，都發生在國民黨治下的「白區」，在敵人的陣地裡，無論怎麼自清，總有些灰色地帶，說也說不清，講也講不明。左派女性追述這段經歷，必須把工作和人脈等等和「統戰工作」連在一起，說不通時，難免就有許多矛盾，有許多縫隙。左派女性回憶錄寫來寫去都重複說著，即使黨與她們距離遙遠，她們還時時不忘「身邊有黨、心中有黨」，所有作為都把黨的命運放在第一位，無時無刻都視黨為個人行動的指南針。一而再，再而三的強調申明，偏偏又缺乏證據，黨性堅強與否變得極端重要，而強烈的自我保護心態一覽無遺，令人懷疑回憶錄這些具有辯解色彩的段落，莫非是源於某種特定目的，才不得不如此刻意著墨。綜觀回憶錄從頭到尾的內容，發現書寫者書寫回憶錄的當下，高度影響著她們整理過往所選擇的方式與所挑選的重點。政治立場的說明在行文當中不斷出現，尤其一九三〇至一九四〇年代的諸多回憶，解釋自己比呈現自己的文字多了許多，與一九〇〇至一九一〇年代的書寫方法有明顯差異。胡蘭畦曾提到她一度不受黨中央的信任，由於一九三〇至一九四〇年代個人過於複雜的社會交往，儘管她提出的解釋是因開展私人情誼以完成黨交付的任務，包括她與陳銘樞等人的關係全都是清白的。一九四〇年代遠在邊區的中共黨中央懷疑過胡蘭畦的說法，一度黨組織認定她失去革命信用，必須採取個別封鎖，不准她參加工作。經過一段時間，胡蘭畦的表現通過黨中央考核，她的黨籍才告恢復。[107]這是一九四〇年代，屬於胡蘭畦個人黨資歷的一個小考驗，中共黨中央當時對曾經失聯又重新回歸黨的城市女黨員，在考核審查上，還比較鬆懈，輕易過關的情況事屬平常，畢竟這時的中共僻處邊區，還不是中國真正當家作主的政權。

一九三〇年代後，分派任務與指揮留在城市的中共黨員，中共黨中央一律採單線聯絡。城市的女黨員幾乎清一色沒有真正和黨中央有過直接的上對下、或下對上的聯繫。黨的命令

107 胡蘭畦，《胡蘭畦回憶錄（一九〇一－一九九四）》，頁二四二－二六一。

層層下達，女黨員通常位居邊緣，被分派的任務一般來說可有可無，說黨遺忘她們，並不為過。地位邊緣，被指派到的又是些枝微末節的工作，回憶錄中女黨員卻又不厭其煩、大言不慚的說著，她們如何忍辱負重、如何顧全大局，只求成全一位女黨員該有的「氣節」，但氣節所指為何，卻語焉不詳。這段時期的回憶，左派女黨員們各有各的遭遇，陳述時卻意外透露許多「共性」。女黨員寫到一九三〇到一九四〇年代，前後有不少矛盾之處，不是所作的與所說的牴觸，不然就是言詞閃爍，時間順序錯亂，處處嗅出回憶者密不透風話語中的謹慎防備。這些行文不像前面與後面那樣飛揚跋扈，許多讀起來怪異難解，出於明明她們當時「沒做什麼」，卻硬要擠點什麼，或者說編一些「做了什麼」的事情。「做了什麼」又是回憶錄刻意加重的部分，寫著寫著就脫離過去時空了。回憶者任意調動過往事件、人物和生活，目的都是填充「做了什麼」。所以錯置、斷裂、矛盾一一暴露。左派女性回憶錄寫出來的，內容儘管各自不同，表達方式卻高度相似，推測起來，或許目的可能相同。與政黨、國家敘事相較，左派女性回憶錄以這樣的方式呈現，其中的內容就與政治敘事相差無幾了。

黃慕蘭的回憶錄中提到一九二六年年底她加入共產黨，當時的她懷著對黨的忠誠，立誓一生絕對服從組織，永不叛變。[108]「永不叛變」這樣的詞句，不像是入黨時會用來抒發自己忠誠的用語，因為誰知道中共不久後會遭到清剿，幾乎覆滅？所以要說是回憶錄書寫者因當下處境，不小心流露的自白寫照，更具有可能性。黃慕蘭回憶錄中的一些片段，涉及到黨和自己的關聯時，都刻意放大解釋，同樣的狀況也在其他女黨員回憶錄得到印證。她們說自己一直把「將黨視為生命」，解釋說自己雖然有私人婚姻生活，還是不忘為黨服務，遵循黨紀、保持和黨的關係。黃慕蘭甚至說自己選擇結婚對象時，從沒忘記依循革命的工作原則，慎重無比。女黨員拿革命作為家庭、婚姻、情感的擋箭牌，處處提到黨。女黨員選擇的配偶如果也是黨員，還為革命犧牲，回憶錄就會鉅細靡遺公開兩人婚姻的所有細節，寫來壯烈又可歌可泣。她們會說因為是一對黨員夫妻，於公於私，黨紀都是夫妻生活指南，他們從沒有一刻違背過黨，當然更不會貪圖婚姻生活的享樂，「安定舒適」這種尋常人渴望的生活，在左派婦女那裡都被矢口否認。[109]黃慕蘭說到她三〇年代和賀昌結合，兩人婚前婚後，都嚴格恪遵黨對祕密工作所訂下的紀律，絕不向配偶透露個人手上的工作和黨的一切指示。賀昌後來因工作調整調往江西蘇區，這個調動，身為妻子的黃慕蘭直到中央批准通知時才知道，後來有一段時間，黃慕蘭甚至不知道丈夫賀昌的下落。[110]黃慕蘭說夫妻生活受到黨紀約束，的確有一部

---

108 黃慕蘭，《黃慕蘭自傳》，頁三六。

109 在清共發動後，許多中共黨員自求出路，入黨、脫黨缺乏明確界限，黨紀實難有效控制。秦德君和茅盾兩人逃往日本，進而同居，秦女說不知茅盾當時已脫黨，而兩人之間的情感糾葛，始終與政治變動有如絲如縷的牽連，但黨紀卻未深入到私人生活。參見秦德君、劉淮，《火鳳凰——秦德君和她的一個世紀》，頁五九—八一。

110 黃慕蘭，《黃慕蘭自傳》，頁一一四—一一九、一六九。

分的真實，如果丈夫在黨內工作中有舉足輕重分量，那麼黨紀的確是婚姻關係中的一重束縛。如果只就女黨員來說，那她們並不是真正受到黨紀的制約。黃慕蘭回憶賀昌離開後，她踏上一段離奇的人生路，她寫道，與賀昌的婚姻關係還存在時，認識一位上海「進步律師」陳志皋，兩人交往後決定結合。這段新婚姻關係，黃慕蘭在回憶錄中說自己曾非常猶豫，掙扎許久到最後才下定決心，說服自己的理由是黨曾有過指示，說男方屬於要盡力拉攏對黨友好的對象，她也辯白說因為刻意接近對方，兩人「特殊關係」是好不容易才建立起來的。據黃慕蘭自己說，當時黨透過某些黨內同志傳話給她，指示說既然身在特殊工作崗位上，就不要辜負黨的期望與信任。另外，黨還暗示說賀昌是很開明的，不會對黃慕蘭的選擇有所埋怨。因為這些明確訊息，黃慕蘭才勉為其難和陳志皋結合。[111] 上面所敘述事情發展經過，實在有點匪夷所思，如果黨真能控制到女黨員個人情感，怎會對陳、黃兩人一九三五年結成的婚姻，一直延遲到一九三八年才批准？倒過來說，陳、黃兩人是在沒有得到黨的批准下，逕行結婚的，哪裡有什麼黨紀約束可言？黃慕蘭的例子證明，一九三〇年代女黨員不論離異或改嫁，都是一件再自由不過的事，黨沒有什麼管道，也沒有什麼理由干涉。黃慕蘭後來的婚姻看不到黨紀對個人情感的主導，既然如此，黃慕蘭回憶錄中許多前後不連貫，又彼此矛盾的說法，極力公開自己婚姻的經過，又忙不迭地加上各種解釋，刪修的痕跡過於明顯，讓人不得不追究女黨員寫到的，鉅細靡遺部分與語焉不詳部分，究竟是以什麼尺度來衡量？為什麼回憶錄在坦白中又要躲躲閃閃。

黃慕蘭回憶錄又強調，她再嫁的新丈夫受自己影響，屢屢不辭辛勞、不計後果營救中共地下黨員與民主愛國人士，從黨來看，這些貢獻不可磨滅。黃慕蘭的說法，牽出了一個重要線索，那就是她們似乎預見了共產黨終將奪得國家最後的統治權。細細檢查左派女性回憶錄，有一個疑點就是女黨員們在中共勢力離開城市後，公開或私下都無人在意她們是否是黨員，誰會在婚姻問題上還抱著「犧牲」的心情，並且說自己全然沒有私欲和不願追求安定幸福。這一切都不合情也不合理，這就是回憶錄中明顯的「裂縫」。女黨員用自己的聲音說著黨的語言，作為女性的身分因此消失，更顯示黨員的立場蓋過一切。女黨員的小資情調更是欲蓋彌彰，令人困惑重重。經歷過五四愛國運動的左派女性，曾經一度是風光至極的女學生，保留著反叛性格又割捨不下裝扮，她們並未通通拋掉物質欲望，口說追求精神革新，但缺乏農村革命鬥士的吃苦耐勞，更談不上是「職業革命家」，年輕時在城市生活的點點滴滴，使她們保持時髦外表。一九三〇年代因革命走向低潮，女黨員重回既有生活軌道，她們燙起頭髮、穿起高跟鞋、購置奢華布料訂製旗袍，一切一切都駕輕就熟，回憶錄中卻說她們勉強做這一切，原因是為工作，為掩飾真實身分，因此只好在外觀上把自己打扮成一位上層婦女。說自己變身成上層婦女是為了方便工作，實情都好像是倒過來，女黨員才是替貴婦的形象遮掩，

111 黃慕蘭，《黃慕蘭自傳》，頁一六七—一六八。

為小資產階級的本質塗脂抹粉。哪種身分是真？哪種身分是假？共產黨女黨員把真、假倒置、錯置，真正說明了回憶錄裡的女黨員動不動就說的「個人為了黨而活」。

女黨員每一個都聲稱她們身體裡藏著黨魂，即使生活苟安，又或者擺明過著爭名逐利、聲色犬馬的生活，都還是要說這中間埋藏有「犧牲個人」與為黨代受磨難的痕跡。女黨員表明自己對黨有不可置疑的忠誠，那些找不到對黨有貢獻的城市女黨員，也還是想方設法去拼湊過往的點滴，找出哪怕是一點點的工作成績，以為自己辯護。許多的解釋都努力擠出一些什麼蛛絲馬跡來填補空白的段落，尤其強調自己在革命歷史中沒有任何政治爭議。女黨員書寫考慮的是政治上如何「過關」，預設「革命歷史的政治判斷」會是什麼，用這個標準先做一番自我檢查。已寫出的文字伴隨更多不能公開、不可公開的部分，以致「經歷」變成是故事，是精心構造與鋪陳的情節，目的本就是為預設的政治審判而作。女黨員對政治爭議十分敏感，誠實書寫與自我辯護細密纏繞，到後來連日常生活細節都精心布局，原因是政治風暴越演越烈，她們受到的審查更加細密，於是連生活細節都不敢輕易放過。一連串審查、坦白、隔離、甄別，這些政治上對個人的干擾，女黨員認為是「自己向著黨員品德完善及理論修為邁進」，這個表白就足以說明撰述者書寫回憶錄，確有特定動機。回憶錄許多套上革命評價的部分，正是撰述者為政治而寫的證明。回憶錄中的段落文字與政黨的歷史解釋重疊一致時，就有可能是回憶錄的主人翁挪動「過去」，替現在的處境解圍或脫困。回憶錄的主人翁，甚至在心態上表現出過去的那個自己已死，現在的我是「重生」、「新生」的真我。

回憶錄的主軸埋藏著過去的我已死，現在的我是新生的，那麼重整「個人歷史」就成了一個人現在乃至未來的縝密工程，這可以解釋為什麼中共女黨員總是心心念念把「做黨員」看得比「做女人」重要。做黨員要服從紀律、不能脫離組織、一切以黨的利益為最高利益。做女人著重私情、怕吃苦、怕犧牲，一旦做女人的意識萌芽，那麼對待革命及黨，就可能游移動搖。女黨員在一九三〇—一九四〇年代時，並沒有陷入做黨員、做女人的矛盾，卻在後來自我辯解時，必須在這兩者中分出先後，這顯然是後來政治變動的肅殺氣氛所導致的。可疑的是，左派女性幾乎無一例外都把做黨員排在做女人之前。追溯回憶錄書寫的整個脈絡，發現了一九五〇年代全面社會主義建設展開後，中共黨內開始無止盡對幹部、對黨員甄審，女黨員的命運有了大轉變，這使得她們在回憶錄中不得不左閃右躲，來自黨的政治壓力使得「回憶正確」，或是「正確回憶」變得無比重要，因為這是救命稻草。

一九五五年後，中國共產黨對幹部展開歷史審查。審查背後牽涉到權力爭奪，同時也可看到共產黨意欲消除任何可能分裂的力量，無所不用其極要把控制深入到個人思想和生活。甄審處理的重點對象是從前在白區工作過的黨員，這些人在國民黨統治下，社會關係複雜，要把過去一筆帳交代得清楚，不是容易的事，因此許多人的清理不夠澈底，遭到關押。為了能夠「過關」，被懷疑的對象必須反覆挖掘生平的每個細節，詳細說明各種事情始末，耗費時間長短不一，同時要如何被評斷也難測，是以人人無不殫精竭慮求能「過關」。一九三〇年代留在城市的左派女黨員，她們的歷史問題不用說都非常複雜，論到當時的社會交往更是包羅萬象，政黨色彩從右到左，社會階層由低到高，因此甄審過程往往漫長折磨，何況坦白不是以敘述者的角度來決定，而是由「聽者」來論斷。陷在甄審中，難以脫身者，比比皆是。左派女性只好順從的一一核對人生每一個細節，提到戀愛對象、丈夫親人、朋友同志，尤其必須求證再求證，然後才是較屬外圍的社會關係，包括父母、子女也通通不能放過。為了自保，女黨員也只能配合一再說明與澄清以往歷史的種種，不能留有疑點更不能含糊不明。於是在解釋過去時，女黨員傾向切斷記憶，順便否認一些社會關係，表明自己從來都是孤單一人，比較容易在政治審查中脫困。甄審的壓力會逼得受審者改變自己的記憶，最終走到受審者否定一些過往，同時也否定自己。女黨員否定自己時，最明顯的說法是放棄「女人」身分，將自己完全交付給「黨」。走到這一步，從一九一〇年代以來所有的人生經歷，全部交付「黨」來決定那些是功績，那些是劣行，革命的成果攫獲了個人，結果是女黨員拋開女性、只存黨性。

左派城市婦女是一群共產黨權力邊緣中的人物，共產黨與這群婦女關係薄弱。一九五〇年後，一連串審判、自白，女性在交代私人歷史時，重新在這群婦女中樹立起黨權威，最後黨與女黨員關係得到強化。無論是過去的歷史，或是眼前的當下，女黨員自剖是對黨的臣服。胡蘭畦的改變非常典型，一九四九年「解放」前，胡蘭畦混跡在許多「民主黨派」人士當中，不少人與她有深厚交情，胡蘭畦參與一部分的宣傳工作。她與民主派人士的關係，甄審時被抓住並要胡蘭畦不能有半點隱瞞、遺漏，要盡其所能的交代清楚。中共政權成立後，對民主派人士又拉攏又防堵的政治動向，導致胡蘭畦這位女黨員在解釋與民主派人士關係時，遭到許多挑剔與指點，胡自己說黨方面懷疑她是否替特定人士搜集情報。某些來自黨的指控，不可小看，指證的方向與結局可能導致嚴重政治審判後果，是以誰也不敢掉以輕心。胡蘭畦後來被取消黨籍，組織不讓她參加任何工作。沒有了工作，就沒有收入，胡蘭畦只好四處謀求生路，被黨摒棄的人物，到哪裡都碰壁，最後經濟陷入困境，還好是一位舊識友人出面說情，才能讓她在北京工業學院總務處找到一份工作，藉以安身。不過，一連串政治運動又接續密集而來，她一再經受著折磨。在整個長達二十多年時間中，胡蘭畦所做的就是不斷向組織證明自己沒犯錯誤，政治歷史清白，其間她曾遭關禁閉、逼得在小組會議上公開交代罪行、行動受到監視。總之，一連串關押、提審、停職、反省，不斷重複再重複，直弄到個人精疲力竭。一九五七年整風時，胡蘭畦被要求寫檢討、然後挨批鬥，最終定性為右派，下放工廠進行勞動改造，原本所拿的工資連降四級，再後來，薪餉遭停發，餬口都成問題。一九六八年，文革期間，黨開始清理階級隊伍，她被扣上反革命，遭到群眾揪鬥，然後編入學院勞改隊，在身體、精神雙重壓迫下，她幾近崩潰。到了一九七四年，她的右派帽子才被摘掉，隔年一九七五年，從工作單位退休。不斷的政治審查與自我反省耗去胡蘭畦大半人生，對這段經歷，胡蘭畦語調平靜的說：「二十年勞動鍛鍊的最大收獲，是使我認識了自己的幼稚，做事不肯深思熟慮。單憑一點熱情，既無理論修養，又缺乏鬥爭經驗，對社會的複雜狀況了解不夠，這樣怎能不『事與願違』呢？」[112]這是一九二〇年代一位年輕跳躍奔放、自由反叛的左派女性，晚年時的自省。到底什麼是「事與願違」呢？是過去的浪漫還是現世的殘酷呢？左派女性欲言又止，可以確定的，一九二〇年代的胡蘭畦徹頭徹尾都是共產黨牢牢抓住的女黨員，而一九三〇年代那個徒有黨籍，卻過著散淡黨員生活的女黨員，到底有否真正存在過呢？

女學生從一九二〇至一九五〇年代，不乏左傾，支持激進政治革命者，她們某種程度是共產革命歷史洪流中，最柔韌又堅固的磐石。一九五〇年代，共產黨對過去這群城市女學生，也以清洗「資產階級」方式對待。丁秀君在國民政府統治時期，曾任四川省立第一女子師範學校校長及省立成都女師校長，當選過國大代表，丈夫一度是重慶市黨部主任委員。一九四〇年代後，夫婦兩人立場反國民黨，傾向共產黨，共產黨建立政權後，他們熱烈歡呼歌頌，等到肅反審幹時，逃不過「重點審查對象」的命運。丁秀君從教育行政部門被移轉到街道，以替人洗衣、織毛衣和糊紙盒為生，長久經營的教育職業及專長被迫放棄。[113]知識婦女在戰前受到社會敬重，她們許多人在專業領域發揮能力，一九五〇年代以後，她們卻是革命隊伍中受到最多拷問的一群。知識婦女普遍都被說成是資產階級，為了清除資產階級成分，第一步必然是將收入降低到只「過得去」的程度，包括工作、戶口、醫療、住房等等大幅縮減、甚至乾脆取消。經濟及待遇上的「歧視」，目的是為了把這些民國時期風光一時的知識婦女，翻轉成為新社會的「問題公民」，在新政權統治下，她們必須重新認識自己，重造「新人」，要對自己在舊社會中的「得利者」剝削位置以及種種錯誤，毫不含糊一一做出檢討。新社會中，知識婦女要向群眾學習，站在群眾隊伍中，要放棄以往高高在上的地位。在黨主持的改造中，知識婦女要改頭換面，要澈底否認過去，再次新生。二〇、三〇年代具有反叛性、動輒向校方發起抗議的女學生就如今已變得溫馴聽話了。

政治上的反覆拷問，消除了個體的獨立性，這是政權打造集體化社會天翻地覆的改變。女黨員經歷的政治審查，使她們主動放棄女人的身分、女人的歷史、女人的話語。當她們努力於通過「革命歷史考驗」，就不再是一個「女人」，而是「黨員」，女黨員的個人回憶錄內容與政治敘事的聲音幾乎重疊，以致再也分不清究竟個人的記憶，有多少成分是女性自身遭遇的真實呈現。集體化過程，使左派女性不得不更正自身所具有的發言權利，她們有時賣力替死去的同志發聲，以「生」的口吻說著死去的同志再也沒有機會表達的話語，拉上「死」

112 胡蘭畦，《胡蘭畦回憶錄（一九〇一—一九九四）》，頁六六五—六六六。
113 胡蘭畦，《胡蘭畦回憶錄（一九〇一—一九九四）》，頁六七二—六七四。

者來替自己辯護，時時可見。[114]在革命過程中，有一些和左派女性一樣曾經風光，後來犧牲，死於血腥鎮壓與暴亂的女同志。她們犧牲了，在後來政治歷史書寫評價中獲得崇高地位，革命犧牲同志不論身前對政黨的忠誠如何、對工作有過什麼偉大貢獻，因為死亡，使得她們得以避掉政治拷問。已消逝的生命，革命歷史書寫自然而然將她們變成集體記憶中可歌可泣的忠貞烈士，集體化的過程，高度倚賴革命烈士悲壯的犧牲記憶。面對死者，生者活下來本身就是一件可慚愧的事，所以甄審、鑒別、懲罰都會令被拷問者因自慚而低頭認錯。搬出死者的革命功績偉業，使生者無地自容，當權者儘可能利用死者來逼迫生者俯首認罪。

女黨員回憶錄有許多迂迴、許多遮掩，同時也不乏直白的揭露。左派女性在近代中國婦女解放中的歷史經歷，從辛亥革命走出家門、走入社會、走入國家，一連串漫長毀家、離家又回家的掙扎，這些屬於女人的記憶與經驗，被「革命」的國家話語淹沒。十九世紀末以來，中國女權思想，究竟導引一代又一代的婦女走向何方？左派女性回憶錄中，說出了女性隨近代中國政治變動載沉載浮的命運。高舉婦女解放的社會主義政權，最後把婦女改造成只存「黨性」、不留「女性」的革命同志，諷刺的道出五四新文化運動所倡導的「新女性」到後來成了泡影。「集體化」使左派女性在社會主義國家中有了新身分，關於女權何去何從，變成了太困難的問題。女黨員的回憶錄裡埋藏了做黨員、做女人不能同時兼顧的困境，在政治一再干擾下，小資產階級婦女在歷史中真的消失了嗎？恐怕仍無法有最終的解答。到一九八〇年代，中國大陸城市知識女性說出她們的心聲，她們再也不願被看成是革命女同志了，她們厭倦黨所鼓勵的「不像女人」的婦女身分，她們想做「像是女人」的現代婦女！

---

114 這是從Sakai探討戰後日本文學中的死亡主題得到的啟發。參見“Death and Poetic Language in Postwar Japan,” in Naoki Sakai, *Translation and Subjectivity: On "Japan" and Cultural Nationalism*（Minneapolis: University of Minnesota Press, 1997）, pp. 177-192.

第五章　結論

一九二〇年代是五四與後五四時期接榫的重要歷史階段，從近代中國婦女史的角度來看，是「女權」演變為「婦女運動」的時期。演變的脈絡，至少要考慮到幾個方向：首先是城市菁英婦女追求的女權，在目標及手段上有何改變？再者，從個人到集體，國、共兩黨與婦女運動間有什麼關聯性？最後，國民革命、民族主義與婦女爭取權益間構成的關係，在一九二〇年代及至後來的歷史中，是否持續發揮影響？

一九二〇年代，是政治、革命與婦運關係緊密的十年。十九世紀以降，關於中國求富求強的目標該如何達成，一直是知識分子念茲在茲、無日或忘的使命。一九二〇年代，北京政府修憲、省自治、南方孫中山提出的國民會議、共產黨成立、國民黨改組、反帝、反軍閥的國民革命，群眾運動等一連串政治、軍事行動，改寫一九二〇年代前略顯沉寂的「自由民國」時期的歷史。所有的一九二〇年代接連登場的政治變化，無一不牽動婦女問題的討論與婦女運動的集結。諸多書寫近代中國婦女史的作品，幾乎都一致認為一九二〇年代是中國婦女運動聲勢最高漲、席捲範圍最廣的階段。婦運高漲意味著後來的低落，以往的研究對這中間的起伏缺乏解釋。事實上，一九二〇年代的婦運同時埋伏了漲、落兩種矛盾弔詭的因素和現象。

五四新文化運動倡議各式各樣的「女權」，無論哪種女權隨後都因軍閥祭出種種迫害，一一宣告幻滅。女界領袖們越來越清楚，如果沒有團體做後盾，單憑知識分子紙上談兵，任何女權都不可能實現。一九二〇年，聯省自治運動助長婦女組織團體，跨省域的婦女合作初現端倪。具有全國知名度的婦運領袖逐漸嶄露頭角，這是過去五四新文化運動未曾出現的新契機。除此之外，上海公共媒體集中並且數量眾多，在婦女爭權的言論製造與傳播上，發揮全國性的效力。北方軍閥對待女學生的種種蠻橫壓制，在南方婦女刻意渲染下，保守、封建、落後、昏聵通通成了軍閥的罪狀，「挾南制北」使婦女運動捲入複雜紛亂的中國政治泥淖，難再自拔。

孫中山領導的國民黨，始終不放棄任何改造中國、重拾政權領導地位的機會。一九二〇年代初在蘇俄幫助下，國民黨在廣州立足。一九二四年為了擴大國民黨的影響力，孫中山應馮玉祥之邀，北上共商國是，途中孫中山提出召開國民會議主張，受到廣大回響。國民會議顧名思義，是以國民來解決國家問題，此一見解，激勵女界挺身以「國民」自居，許多省、市婦女紛紛組成某某「女界國民會議促成會」。國民會議參與運動在婦女間沸騰，到處洋溢著婦女具有參加國是大計討論的資格，女權有勢將大幅提升的熱望。最後國民會議無疾而終，女界大感失望。不過，國民會議中各省、市婦女浩浩蕩蕩的開會發宣言，並非全然沒有收穫，至少許多婦女領袖開始明白，女權不是靠恩賜得來，必得從團結婦女著手爭取，接著，政黨與婦女運動的關係越來越緊密，兩者攜手合作的局面已大致底定。

在女界爭取國民會議代表如火如荼進行時，上海爆發一波一波的女工罷工事件。大約從一九二二年開始，因為共產黨對工人運動的鼓吹與支援，上海女工開始採取罷工向資方施壓，以爭取工作條件與待遇的改善。上海產業中以絲、紗兩類紡織廠，雇用女工人數最多。絲、紗女工罷工影響範圍廣，資方受到的壓力大，較易引起公眾同情關注。左派婦女運動領袖很快就注意到，女工是婦女運動中一支前所未有極具行動力的勞動群體大軍，女黨員有計畫的開始介入女工運動，在女工中灌輸政治觀念，培養為政黨所用的女工工友，政黨的介入使女工罷工產生質變。一九二五年五卅事件爆發，女工展現與男工同樣高昂鬥爭能量，站在「反帝」、「反軍閥」行列中，女工拋却以爭取女工權利為出發的罷工內容，全力助成以男工為主體的罷工並堅持到底。女工集體化走入政治、走入國民革命，成為婦女運動的一個組成成員，獨立女工運動不復存在。

俄國革命後，試圖和中國建立友好外交關係。當時，蘇俄公開聲明放棄帝俄在中國取得的所有利權，輿論界甚至視之為「天上掉下來的天鵝肉」，使中國民眾對俄國好感大增。知識分子對俄國革命後的新社會，十分嚮往，各種介紹文字紛紛出現在公眾視野之中。共產黨與左派不吝於盛讚俄國革命是二十世紀「新文明」，種種內外在條件促使孫中山「以俄為師」道路走得理所當然。婦女組織、婦女運動與婦女工作也在俄國影響下，在中國走出「集體化」、

「群眾化」、「革命化」的全新路線。一九二四年，國民黨在黨中央設立婦女部，作為規劃指揮婦女運動的最高領導，婦女部唯國民黨黨命是從，國民黨女黨員掌握部務，婦女工作傾向以溫和、漸進方式進行。一九二四年三月八日，以共產黨員為主的婦女協會成立，婦協注重動員底層婦女，熱衷社會改革，婦運路線激進色彩濃厚，國共合作下，婦女部、婦女協會在國民革命陣營中維持表面合作。一九二四年，廣州舉辦中國婦女界第一次慶祝三八婦女節活動，這個外來節日，於國、共婦女幹部攜手合作下，在公眾面前展示婦運與革命紀念相加相乘的效果。從一九二四歷經一九二五到一九二六年，三八節的慶祝活動一次比一次盛大，舉行活動的縣市越來越多，婦運隊伍、婦運幹部增長快迅，然而，國、共兩黨的婦運路線，卻因道不同不相為謀，分殊的情況，日益顯著。政黨所帶起的群眾婦運，的確改寫五四新文化運動的女權個人化特色，國民革命吹起群眾動員號角，「婦女」這個跨階級的集體也躋身在「群眾」行列，國民革命賦與婦女運動無限風光，卻不能掩飾跨階級集體本身難以克服的弱點，只要集體中某一個階層得勢，矛盾與勾心鬥角隨之而來，國、共婦運路線注定是你死我活的相爭相鬥，絕難妥協。

一九二四年，由廣東開始，婦女運動有許多新創舉，令人耳目一新。首先，廣東勞動婦女不再是低聲下氣、無人聞問的一群，在國民黨婦女部及婦女協會的幫助下，勞動婦女挺身而出，向資方爭取利權，各種行業紛紛組織女工工會，作為團結奮鬥的中心。農婦也走出過去與世隔絕的生活方式，成為群眾婦運的大軍。廣東婦女工作牽涉到婦女部與工人部、農民部的合作，起初，以國民革命作號召，婦女與革命陣營中的男性尚能維持合作關係。隨著婦運陣線拉長拉大，不免挑戰男性權威，農婦與農民運動的矛盾，開始變得至為明顯。一九二六年，當廣東婦女工作開始擴展到其他省市，在國民黨、共產黨主持下的群眾婦運，產生分歧。國民黨偏愛救濟與扶助等婦女社會福利方面工作，共產黨迷戀群眾動員，後者極易引發黨內男性集體反彈，前者卻有流失婦運能量的危機。國民黨的婦女領袖為化解危機，把婦女工作導向督促國民黨修訂保障女權的法律。一九二六年開始，國民黨訂出依照黨綱修法的進程，女界期待頗高，一九二七年已見修法獲得菁英女性認可。反之，共產黨決定走自己的婦運路線，走出廣東後，國、共婦運分道揚鑣已成定局。

革命婦運，除動員組織婦女外，令人耳目一新的是打造婦女的革命文化。一九二〇年代婦女組織領頭出版的文宣，種類、數目傲人，各類文宣品是婦女文化重要載體。年輕女性大量投入革命刊物，她們引進歐洲革命史的英雄人物，如盧森堡（Rosa Luxemburg）、李卜克內西（Karl Liebknecht）等人，外國人套上中國魂，說明革命文宣戰異彩紛呈。革命追求解放，嚮往自由進步，當革命越來越神聖、越來越神祕，就可能變成教條，反噬投入革命隊伍年輕男女。最明顯的，戀愛自由套入革命邏輯，日見男女關係開放混亂的威脅。革命陣營中年輕男女浪漫自由的作風，與革命聲勢高漲攜手並進。與南方革命一片自由進步情景相較，北方軍閥面臨北伐軍事節節進逼，防堵「赤化」已到無所不用其極的地步，北方的女校學潮，走向步步見血的程度就不足為奇了。從女師大易長風波到三一八事件，女學生終於倒在軍閥槍口下。三一八北方軍閥對女學生的血腥屠殺，無異宣告軍閥自掘墳墓。南方婦女界趁機展開反軍閥的文宣戰，她們同情北方女學生，譏諷軍閥倒行逆施。政治使南北女界站在同一陣線，政治同時指揮南方婦女利用北方女學生的浴血事件，以達成反軍閥「裡應外合」效果。

革命氣勢如虹，但挾革命以逞私欲的情況似乎也順理成章。「革命」、「反革命」變成一套迫害手法，其中一例是戀愛自由變成無限上綱，革命軍進抵兩湖，軍事底定之處，男男女女陷入「革命與戀愛」困惑迷醉之中。後來被稱作「左傾幼稚病」的種種過激社會改革，在武漢左派主政下，一一在社會上搬演。正面的，如女性模仿男人，進軍校當女兵，還有女性高喊結婚、離婚絕對自由。反面的，強迫寡婦改嫁，強迫放足、剪髮，鬧得武漢及周圍地區婦女們雞飛狗跳。細細想來，和傳統禮教說法有異曲同工之妙，左派及共產黨全力把改造婦女身體當作新社會的標幟，此一邏輯與纏足搭配「內言不出、外言不入」的封建禮防同一脈絡，可見只要自認自己所言等同「唯一真理」，那就接近迫害。一九二七年七月，政治上的「分共」風暴來襲，革命的年輕女性與左派、共產黨一起紛紛走避，武漢市面再見不到招搖過市的革命年輕女同志、女黨員。一九二七年，陳獨秀對婦女解放的歷程做過一番回顧，他的評論是革命的婦女運動，除了先婚後嫁、私生孩子、寡婦嫁人不再是奇恥大辱外，其餘什麼也沒留下。

事實真是這樣嗎？還是有些別的什麼，是陳獨秀來不及看到的。

探討國民革命時期政治與社會改革間的關聯，落到省區，所有細節將會更清晰。一九二〇年代的廣東，是觀察國民革命與婦女運動最好的研究例證。以一九二〇年代為中心，上溯到清末乃至五四新文化運動，首先看到的是廣東與北京政治持續相左，加上開埠早、商業發達、風氣開放，種種社會條件使廣東不易集結大規模學生抗議運動，婦運也長期掌握在一群有頭有臉的菁英婦女身上，女權侷限在一小撮婦女的活動中。這個局面，從一九二一年中共廣州黨組織成立，勞工運動迅速興起，廣東社會就不再死氣沉沉。勞工運動，帶入女工議題，一群菁英婦女喊喊口號的女權很快就被具有行動力的女工運動取代。一九二三年，廣東激進的學生社團「新學生社」成立，社員大部分是左派及共產黨員，新學生社女社員是廣東罕見對政治、社會改革十分熱衷的一群青年女性。一九二四年，國民黨改組，黨中央婦女部成立。一九二四年三八婦女節過後，左派的婦女協會跟著成立。上述這些受到政治影響，同時也因民族主義刺激成立的各類婦女組織，使廣東婦女運動陷入複雜紛亂的狀態。

廣東婦女團體、政黨婦女組織、加上女師同學會等，本來都是因政治動員而誕生，但她們的目標卻不能一致。一九二四年，孫中山提出召開國民會議主張，廣東女界也組成女界國民會議促成會。作為革命根據地的廣東，女界國民會議促成會由國民黨中央婦女部發起，婦女團體並不領情，不是觀望就是毫無反應，比起其他省份的熱烈情況，廣東婦女間明爭暗鬥已到不可收拾地步。一九二六年，國民革命軍揮軍北伐，各婦女組織、團體間你爭我奪，更加肆無忌憚。在廣東，「革命幻滅」後，資產階級婦女取回原來就有的優越女權發聲地位，此後廣東婦運再沒有什麼標新立異的新招，足以為外人道矣。

革命在廣東的變質，令人瞠目結舌。在一九二六年前後，許多人目睹革命青年從熱血純真，變成新朝新貴。革命青年打著革命旗幟，衝垮這個、打倒那個，「家父長」權威被踐踏在腳下，「解放」成了最高指導。「革命」儼然橫掃一切，青年們對於父執輩們不懂革命崇高，既憤怒又不滿，每個青年的虛榮心理都膨脹到無以復加的程度。當時有人這樣說，廣州青年革命領袖成堆，隨時威風凜凜，個個都不可一世，有機會上臺演說，一開口就說「親愛的同胞們啊」，勢利又目中無人，成了青年常態。女青年也好不到哪裡，個個公開追逐有權勢的男對象，這到底算不算是股「革命歪風」？當一切都還在混亂中，來不及給出答案，國民政府北遷，廣東男女青年只能隨風而走。

一九二八年二月二日，國民黨召開二屆四中全會，會中通過黨務整理計畫。自此，國民革命各種群眾運動走入歷史，國民黨黨中央取消農民、工人、商人、青年、婦女五部，改設中央民眾訓練委員會，宣告為國民黨一黨執政的訓政階段拉開序幕。婦女運動在整理黨務階段，全面清除了共產黨階級理論的影響，國民黨女黨員重新取得婦運領導權。在各省、縣、市婦女部一律取消後，經過整理的婦女協會一躍成為負實際領導婦女工作的婦女團體。國民革命時期的婦女運動一向位居邊緣，這個弱勢處境意外使婦女工作逃過全面被取消的命運。訓政伊始，國民黨以黨領政的國家建設進程展開，婦女工作轉變成為國民黨向社會扎根的奠基石。軍政時期的婦女工作強調「動員」，訓政時期的婦女工作重點改為培養婦女智識、經濟能力，為使訓政婦女工作目標能夠確實達成，各地婦女協會著重對當地婦女的調查、救濟與扶助。走出國民革命激烈昂揚的婦運，循序漸進、有理有據、有為有守的婦女工作方式，打開日後國民黨對婦女工作的基本歷史格局。

訓政本質上是國民黨執政下的國民政府改造社會的政治新階段。國民黨設想的婦女工作是把婦女打造成輔助男性的「女公民」，婦女團體、婦女組織的存在是為助成社會建設。各地在黨務整理後，陸續出現的婦女協會，大體著重婦女福利工作。婦女福利工作概言之，是全面造就「賢內助」，不論是智識培養或提高職業能力，都是朝「男性好幫手」的方向推進，此點在國民黨往後婦女工作中一直是核心宗旨。從一九二〇年代就伴隨國民革命出現的婦女協會，到國民革命告一段落後還維持了一段運作時間，不過，等到訓政婦女工作一一上軌道後，婦女協會的重要性便大大降低。一九三〇年代開始，京滬兩地陣容龐大並且位居要津的黨政軍，他們的夫人們能見度大大提高。與丈夫的權力網絡緊密結合，官夫人不時領銜掛名各式各樣的婦女慈善及社會工作，輿論與公眾以錦上添花方式大加吹捧，那些默默無聞的婦女團體，顯得聲勢疲弱黯淡無光。婦女協會在官夫人光芒照耀下，社會活動的能量流失，許多工作乏人問津。國民黨於一九三〇年公布〈婦女團體組織原則及婦女團體組織大綱〉，婦女協會全面熄燈關門，各地婦女協會一一收攤。不過，婦女協會從軍政到訓政，其間婦女工作從共產黨主導到國民黨重新掌握，還是可以看到近代中國政黨對婦女問題、婦女工作，若隱若現的，食之無味、棄之可惜的共同心態。

近代中國「不斷革命論」中，左派女性從她們自身經驗出發，與國族、革命歷史敘事展開曲折的對話。許多左派婦女回憶錄，道出女性在近代中國革命浪滔沖擊下跌撞起伏的坎坷歷程。解讀回憶錄涉及極端複雜、困難的歷史研究方法論，必須在文字「再現」的層次上，再深入挖掘說與不說間的罅隙裂縫。首先，與國族革命史敘事交叉比對，拉開回憶錄閱讀的序幕，搭配的是婦女運動的大致藍圖，最終再疊上回憶錄內容。掌握多本左派女性回憶錄是必要的，以性別的眼光來釐清諸多蛛絲馬跡，才能使得解讀工作立體生動，這通常是困難重重的挑戰。所有一切一切，都是為了穿透文字，展現革命跨越五十年左右，對個別婦女生命點點滴滴的滲透，革命歷史敘事與婦女歷史記憶間的分裂、合一，若能說清楚、講明白，無疑就等於解釋了近代中國，尤其是一九二〇年代以降婦女歷史變動的一長串歷程。

左派女性在近代中國婦女解放中的歷史經驗，從辛亥革命走出家門、走入社會、走入國家，一連串毀家、離家又回家的掙扎，這些屬於女人的記憶與經驗，最終顯然是被革命的國家話語所淹沒。十九世紀末以來，中國女權思想，究竟導引一代又一代的婦女走向何方？左派女性回憶錄中，道盡了女性隨近代中國政治變動載沉載浮的命運。高舉婦女解放的社會主義政權，最後把婦女改造成只存黨性、不留女性的「革命同志」，諷刺的道出五四新文化運動所倡導的「新女性」，到後來都成了泡影。「集體化」使左派女性在社會主義國家中有了新身分，關於女權何去何從，變成了太困難的問題。女黨員的回憶錄裡埋藏了做黨員、做女人不能同時兼顧的困境。近代中國革命、政治一再干擾人們的日常生活，直至一九八〇年代。一九八〇年代曾經背負歷史罪惡的城市文明再展風姿，中國大陸的城市知識女性重回歷史舞臺，她們說再也不願被看成是革命女同志，她們厭倦黨所鼓勵的「不像女人」的婦女身分，她們想做有「女人味」的現代城市婦女。

綜觀一九二〇年代激進時代的婦運，從後五四時期國共合作始，兩黨隱約有兩條路線之爭。一個走改良、溫和的改革方式，這是國民黨的婦運；一個走激進道路，以「解放」和「革命」作號召，這是中共左派的婦運。不論溫和或激進，在國民黨旗幟下，一路走來日見個體女權隱沒，集體黨派利益至上的變化軌跡。這樣的婦運，歷經險阻，一路崎嶇。一九二〇年代遭遇「解放」，又迎向「革命」，包括婦女運動在內的群眾運動，說它是命運多舛，大約相近。婦女的主體性在哪？婦運還需要嗎？只有等待激越年代的歷史沉澱之後的反省，才有意義。

一九八〇年代的臺灣，一波一波的女性主義思潮輸入學界。關於女性不是天生就是女性，而是學習才成為女性，這句西蒙・波娃（Simone Lucie Ernestine Marie Bertrand de Beauvoir,

1908-1986）的名言，融入「社會性別」研究視角，挾著西方學術新一波性別與婦女學成果浪頭，席捲臺灣高等教育界及研究機構，成為推動婦女史、婦女研究的新口號，同時在社會帶起新的婦女運動，而後性別解放與政治間若即若離地走到「多元成家」的關口，研究婦女史的學者似乎更能冷眼旁觀這一切變化，畢竟有一百年歷史演變可供借鏡。一九八〇年代熱鬧繽紛的婦女研究高峰走到目前，二十年過去了，似乎兩岸的婦女研究有落潮趨勢。落潮來臨，可能才正是總結婦女運動歷史及性別研究成果的良機。

參考書目

一、原始檔案

（一）中國國民黨文化傳播委員會黨史館館藏檔案（臺北）

1〈（南京）中央婦女部成立宣言〉（一九二七年十月），《五部檔案》，中國國民黨文化傳播委員會黨史館藏，館藏號：部四三八五。

2〈（南京）中央婦女部組織大綱〉（一九二七年十月），《五部檔案》，中國國民黨文化傳播委員會黨史館藏，館藏號：部一四八一。

3〈（南京）中央婦女部職員表〉（一九二七年十月），《五部檔案》，中國國民黨文化傳播委員會黨史館藏，館藏號：部一一九四一。

4〈十五年二月十八日第六次部務會議〉，《五部檔案》，中國國民黨文化傳播委員會黨史館藏，館藏號：部四三四八。

5〈中山分會受土豪劣紳的壓迫〉（一九二六年九月），《五部檔案》，中國國民黨文化傳播委員會黨史館藏，館藏號：部一〇〇二九。

6〈中央民訓會報告中央常會第一號〉（一九二八年六月），《五部檔案》，中國國民黨文化傳播委員會黨史館藏，館藏號：部一〇八三四。

7〈中央婦女部一週工作報告〉（一九二六年八月二十七日至九月二日），《五部檔案》，中國國民黨文化傳播委員會黨史館藏，館藏號：部一〇六二七。

8〈中央婦女部十五年一月至五月中工作經過〉，《五部檔案》，中國國民黨文化傳播委員會黨史館藏，館藏號：部一〇六一二。

9〈中央婦女部五月份工作報告〉（一九二六年六月二十六日），《五部檔案》，中國國民黨文化傳播委員會黨史館藏，館藏號：部一〇六一〇。

10〈中央婦女部六月份工作報告〉，《漢口檔案》，中國國民黨文化傳播委員會黨史館藏，館藏號：漢一二七五〇。

11〈中央婦女部七月份第一星期工作〉（一九二四年六月），《五部檔案》，中國國民黨文化傳播委員會黨史館藏，館藏號：部一〇六二五。

12〈中央婦女部八月份第一星期工作經過〉（一九二六年八月六日），《五部檔案》，中國國民黨文化傳播委員會黨史館藏，館藏號：部一〇六四九。

13〈中央婦女部致佛山市婦女部長函〉（一九二六年四月二十日），《五部檔案》，中國國民黨文化傳播委員會黨史館藏，館藏號：部一六〇五二。

14〈中央婦女部祝婦女解放協會成一週年紀念〉（一九二六年五月十四日），《五部檔案》，中國國民黨文化傳播委員會黨史館藏，館藏號：部一四二八四。
15〈中央婦女部婦女運動報告〉（一九二六年五月十五日至一九二七年三月十日），《漢口檔案》，中國國民黨文化傳播委員會黨史館藏，館藏號：漢一二七六三。
16〈中央婦女部第一次部務會議紀錄〉（一九二五年十一月十九日），《五部檔案》，中國國民黨文化傳播委員會黨史館藏，館藏號：部四三四三・一。
17〈中央婦女部辦事細則（第六次部務會議附件）〉（一九二六年二月），《五部檔案》，中國國民黨文化傳播委員會黨史館藏，館藏號：部一四五・五。
18〈中國國民黨第一屆中央執行委員會第一〇三次會議〉（一九二五年八月十日），收入《中國國民黨第一屆中央執行委員會會議紀錄彙編》（臺北：中央委員會祕書處編印，一九五四），頁一五三，中國國民黨文化傳播委員會黨史館藏，會議紀錄一・三一一。
19〈司法行政委員會函覆中央執行委員會〉（一九二六年十月十六日），《漢口檔案》，中國國民黨文化傳播委員會黨史館藏，館藏號：漢一三五五／一。
20〈民國十五年一至五月份中央婦女部婦女運動概要報告〉（一九二六年六月），《五部檔案》，中國國民黨文化傳播委員會黨史館藏，館藏號：部一〇六一一。
21〈江蘇省黨部婦女部三月份工作報告〉（一九二六年），《五部檔案》，中國國民黨文化傳播委員會黨史館藏，館藏號：部一一二〇九。

22〈何香凝致黨立貧民生產醫院〉（一九二四年七月二十五日），《漢口檔案》，中國國民黨文化傳播委員會黨史館藏，館藏號：漢四二三〇．一—四二三〇．二。

23〈何部長辭職函〉（一九二五年六月十八日），《五部檔案》，中國國民黨文化傳播委員會黨史館藏，館藏號：部二七一六。

24〈函飭市婦女部辦理馮秀娟被誣不貞案〉（一九二六年三月二日），《五部檔案》，中國國民黨文化傳播委員會黨史館藏，館藏號：部一一二四九。

25〈宜興縣婦女協會婚姻自主宣言〉（一九二七年十月十日），《五部檔案》，中國國民黨文化傳播委員會黨史館藏，館藏號：部一三一五九。

26〈南昌婦女解放協會宣言及簡章〉（一九二七年），《五部檔案》，中國國民黨文化傳播委員會黨史館藏，館藏號：部一八五三。

27〈宣傳科——婦女運動口號〉（一九二七年十月十四日），《五部檔案》，中國國民黨文化傳播委員會黨史館藏，館藏號：部一〇二七六。

28〈英德拐騙婦女轉省婦女部查辦〉（一九二六年六月十八日），《五部檔案》，中國國民黨文化傳播委員會黨史館藏，館藏號：部一六〇五三。

29〈送中央執行委員會黨員清冊一本〉，《五部檔案》，中國國民黨文化傳播委員會黨史館藏，館藏號：部一二〇六四。

30〈參加統一廣東各界代表大會出發東江慰勞情形〉（一九二五年十一月二十四日），《五部檔案》，中國國民黨文化傳播委員會黨史館藏，館藏號：部一〇六一〇。
31〈國民黨中央黨部婦女呈中央執行委員會函〉（一九二六年），《五部檔案》，中國國民黨文化傳播委員會黨史館藏，館藏號：部一〇六二九。
32〈國民黨中央黨部婦女部請求實行議決案〉，《漢口檔案》，中國國民黨文化傳播委員會黨史館藏，館藏號：漢一六〇二九。
33〈婦女部致中央執行委員會函〉（一九二六年三月三日），《漢口檔案》，中國國民黨文化傳播委員會黨史館藏，館藏號：漢六三〇九．一。
34〈婦女部致中央執行委員會函〉（一九二五年八月十一日），《五部檔案》，中國國民黨文化傳播委員會黨史館藏，館藏號：部一二四一四。
35〈婦女部通告〉（一九二五年三月三日），《漢口檔案》，中國國民黨文化傳播委員會黨史館藏，館藏號：漢六二七三。
36〈婦女部部長廖冰筠致中央執委員會函〉（一九二四年八月三十一日），《五部檔案》，中國國民黨文化傳播委員會黨史館藏，館藏號：部二七一一。
37〈婦女部發起組織軍人家屬婦女救護員傳習所〉（一九二六年十一月十三日），《五部檔案》，中國國民黨文化傳播委員會黨史館藏，館藏號：部一九七九。
38〈第二次全國代表大會婦女運動決議案〉（一九二六年一月），《漢口檔案》，中國國民黨文化傳播委員會黨史館藏，館藏號：漢六二〇九。

39〈提議請明白規定出席第二次全國代表大會各女特別委員有表決權案〉（一九二六年一月），《漢口檔案》，中國國民黨文化傳播委員會黨史館藏，館藏號：漢五四六二。
40〈廣東省立女子師範學生會全體大會致中央青年部〉（一九二六年十一月二十六日），《五部檔案》，中國國民黨文化傳播委員會黨史館藏，館藏號：部三〇五三。
41〈罷工女工工讀傳習所開學〉（一九二六年七月二十八日），《五部檔案》，中國國民黨文化傳播委員會黨史館藏，館藏號：部一六〇四〇。
42〈蕪湖婦女協會對女同胞宣言〉（一九二七年十月），《五部檔案》，中國國民黨文化傳播委員會黨史館藏，館藏號：部一三二六一。
43〈關於整理黨務案之訓令（第五號）〉（一九二六年），《漢口檔案》，中國國民黨文化傳播委員會黨史館藏，館藏號：漢一三三六九。

（二）中國第二歷史檔案館館藏檔案（南京）

1〈中央執行委員會祕書處致中央訓練部，抄錄南京特別市婦女協會第二次代表大會決議案〉（一九二九年五月二十一日），中國第二歷史檔案館藏，檔號：七二二．一八七七。
2〈北平特別市黨務指導委員會民訓會一九二八年七至十二月份工作報告〉，中國第二歷史檔案館藏，檔號：七二二．八〇四。
3〈江蘇省黨務指導委員會民眾訓練委員會呈農民、婦女協會、青年聯合會、工會委員會成績表和一九二八年六、八月份組織部黨務報告〉，中國第二歷史檔案館藏，檔號：七二二．一八七八。

4〈河北、江蘇、浙江、湖北、湖南、雲南、廣西、西康、南京、天津、北平、廣州、漢口省市黨部呈送婦女團體調查表〉，中國第二歷史檔案館藏，檔號：七二二．一八七二。

5〈南京市婦女協會控訴整理委員徐闓瑞等違背黨紀案和該會與南京市商民協會、總工會、學生聯合會經費預算事項〉，中國第二歷史檔案館藏，檔號：七二二．一八七六。

6〈南京市婦女救濟會籌委會函中央黨部〉，中國第二歷史檔案館藏，檔號：七二二．一八七七。

7〈南京市婦女團體關於婦女活動與集會派員指導及婦女運動方案〉，中國第二歷史檔案館藏，檔號：七二二．一八七七。

8〈南京特別市黨部民眾訓練委員會報告〉，中國第二歷史檔案館藏，檔號：七二〇．一五。

9〈首都婦女代表呈第四次中央全體會議〉，中國第二歷史檔案館藏，檔號：七二二．一八七七。

10〈國民黨安徽省黨部訓練部工作報告，一九二九年〉，中國第二歷史檔案館藏，檔號：七二二．七三二。

二、檔案、史料彙編

1 人民出版社編，《三一八運動資料》，北京：人民出版社，一九八四。
2 上海市檔案館編，《五卅運動》，上海：上海人民出版社，一九九一。
3 上海社會科學院歷史研究所編，《五卅運動史料》，第一卷，上海：上海人民出版社，一九八一。
4 上海通訊社編，《上海研究資料》續集，臺北：文海出版社，一九八八。
5 中央檔案館、廣東省檔案館編，《廣東革命歷史文件匯集，一九二一—一九二六》，廣州：中央檔案館、廣東省檔案館，一九八三。
6 中共中央黨校黨史教研室編，《中共黨史參考資料（一）：黨的創立時期》，北京：人民出版社，一九七九。
7 中共天津市委黨史資料徵集委員會、天津市婦女聯合會編，《天津女星社：婦女運動史資料選編》，北京：中共黨史資料出版社，一九九五。
8 中國國民黨中央委員會黨史委員會編，《中國國民黨黨務發展史料——婦女工作》，臺北：近代中國出版社，一九八五。
9 中國國民黨中央委員會黨史委員會編訂，《國父全集》，第二冊，臺北：中國國民黨中央委員會黨史委員會，一九七三。

10 中華全國婦女聯合會婦女運動歷史研究室編，《中國婦女運動歷史資料，一九二一—一九二七》，北京：人民出版社，一九八六。

11 中華全國婦女聯合會婦女運動歷史研究室編，《中國近代婦女運動歷史資料，一八四〇—一九一八》，北京：中國婦女出版社，一九九一。

12 江長仁編，《三一八慘案資料匯編》，北京：北京出版社，一九八五。

13 江蘇省婦女聯合會編，《婦女運動史資料，一九一九—一九二七》，南京：江蘇省婦女聯合會，一九八一。

14 李又寧、張玉法主編，《近代中國女權運動史料，一八四二—一九一一》，臺北：傳記文學出版社，一九七五。

15 舒新城，《中國近代教育史資料》，北京：人民教育出版社，一九六一。

16 黃美真、石源華、張雲編，《上海大學史料》，上海：復旦大學出版社，一九八四。

17 廣東省海豐縣婦女聯合會編，《海豐婦運史料，一九二一—一九三五》，海豐：廣東省海豐縣婦女聯合會，一九八七。

18 廣東省婦女聯合會、廣東省檔案館編，《廣東婦女運動歷史資料》，廣州：廣東省婦女聯合會、廣東省檔案館，一九九一。

19 廣東省檔案館、廣東婦女運動歷史資料編纂委員會工作室編，《廣東婦女運動史料，一九二四—一九二七》，廣州：廣東省檔案館、廣東婦女運動歷史資料編纂委員會工作室，一九八三。

20 廣東省檔案館等編，《廣東區黨、團研究史料，一九二七—一九三四》，廣州：廣東人民出版社，一九八三。
21 廣東省檔案館、廣東青運史研究委員會編，《廣東青年運動歷史資料》，廣州：廣東省檔案館、廣東青運史研究委員會，一九八六—一九九〇。

三、專書

1 丁守和、殷敘彝、張伯昭，《十月革命對中國革命的影響》，北京：人民出版社，一九五七。
2 丁玲，《丁玲文集》，第五卷，長沙：湖南人民出版社，一九八四。
3 人民出版社編，《回憶蔡和森》，北京：人民出版社，一九八〇。
4 人民出版社編輯部編，《回憶張太雷》，北京：人民出版社，一九八四。
5 上海市青運史研究會、共青團上海市青運史研究室編，《上海學生運動史》，上海：學林出版社，一九九五。
6 上海市檔案館編，《五卅運動》，第一—三輯，上海：上海人民出版社，一九九一。
7 上海婦女聯合會編，《上海婦女運動史》，上海：上海人民出版社，一九九〇。
8 上海圖書館編，《中國近代期刊篇目彙錄》，上海：上海人民出版社，一九八四。
9 中共上海市委黨史資料徵集委員會編，《中共上海黨史大事記，一九一九—一九四九》，上海：知識出版社，一九八九。
10 中共廣東省委黨史研究室、廣東省中共黨史人物研究會、廣東省民政廳編，《南粵英烈傳》，第一—七輯，廣州：廣東人民出版社，一九八三—一九九二。
11 中國人民政治協商會議全國委員會文史資料委員會編，《五四運動親歷記》，北京：中國文史出版社，一九九九。
12 中國社會科學院近代史研究所近代史資料編輯組編，《五四愛國運動》，上冊，北京：中國社會科學出版社，一九七九。
13 中國社會科學院近代史研究所編，《五四運動回憶錄》，北京：中國社會科學出版社，一九七九。
14 中國社會科學院歷史研究所第三所近代史資料編輯組編，《五四愛國運動資料》，北京：科學出版社，一九五九。
15 中國社會科學院歷史研究所第三所編，《五四運動回憶錄》，北京：中華書局，一九五九。
16 天矞、劍波，《新婦女的解放》，上海：泰東書局，一九二八。
17 戈公振，《中國報學史》，上海：商務印書館，一九二八。
18 王德威，《想像中國的方法：歷史・小說・敘事》，北京：生活・讀書・新知三聯書店，一九九八。
19 北京師範大學校史資料室編，《五四運動與北京高師》，北京：北京師範大學出版社，一九八四。
20 司馬新原著，徐斯、司馬新譯，《張愛玲在美國——婚姻與晚年》，上海：上海文藝出版社，一九九六。
21 本間久雄著，姚伯麟譯，《婦人問題十講》，上海：學術研究會，一九三四。
22 皮以書，《中國婦女運動》，臺北：婦聯畫刊社，一九七三。
23 任建樹、張銓，《五卅運動簡史》，上海：上海人民出版社，一九八五。
24 任桐君，《一個女教師的自述》，北京：生活．讀書．新知三聯書店，一九八九。
25 朱文通等整理編輯，《李大釗全集》，天津：河北教育出版社，一九九〇。
26 朱其華，《一九二七年底回憶》，上海：新新出版社，一九三三。
27 江蘇省社會科學院明清小說研究中心文學研究所編，《中國通俗小說總目提要》，北京：新華書局，一九九〇。
28 艾以、曹度主編，《謝冰瑩文集》，全三冊，合肥：安徽文藝出版社，一九九九。
29 吳成平主編，《上海名人辭典》，上海：上海辭書出版社，二〇〇〇。
30 吳昊等彙編，《都會摩登，一九一〇s—一九三〇s》，香港：三聯書店，一九九四。
31 吳雁南、馮祖貽、蘇中立、郭漢民編，《中國近代社會思潮，一八四〇—一九四九》，湖南：湖南教育出版社，一九九八。
32 呂芳上，《從學生運動到運動學生：民國八年到十八年》，臺北：中央研究院近代史研究所，二〇一五年。
33 呂美頤、鄭永福，《中國婦女運動，一八四〇—一九二一》，鄭州：河南人民出版社，一九九〇。
34 呂雲章，《婦女問題論文集》，上海：女子書店，一九三三。
35 李又寧編著，《近代中華婦女自敘詩文選》，臺北：聯經出版事業有限公司，一九七九。
36 李大釗年譜編寫組編，《李大釗年譜》，蘭州：甘肅人民出版社，一九八四。
37 李小江、朱虹、董秀玉主編，《性別與中國》，北京：生活・讀書・新知三聯書店，一九九四。
38 李孝悌，《戀戀紅塵：中國的城市、欲望與生活》，臺北：一方出版社，二〇〇二。
39 李季，《我的生平》，上海：亞東圖書館，一九三二。
40 李忠誠、趙潤庭等主編，《中國共產黨英烈傳》，北京：經濟日報出版社，一九九一。
41 李龍牧，《五四時期思想史論》，上海：復旦大學出版社，一九九〇。
42 杜君慧，《婦女問題講話》，重慶：新知書店，一九四五。
43 杜學元，《中國女子教育通史》，貴陽：貴州教育出版社，一九九五。
44 汪榮祖編，《五四研究論文集》，臺北：聯經出版事業有限公司，一九七九。
45 沈寂，《影星悲歡錄》，上海：上海書店出版社，二〇〇一。
46 來鳳儀編，《張愛玲散文全編》，杭州：浙江文藝出版社，一九九二。
47 周作人，《知堂回想錄》，下冊，香港：三育圖書文具公司，一九七〇。

48 周昌龍，《新思潮與傳統》，臺北：時報文化出版企業股份有限公司，一九九五。
49 周策縱，《五四與中國》，臺北：時報文化出版企業股份有限公司，一九八二。
50 周興梁，《廖仲愷和何香凝》，鄭州：河南人民出版社，一九八九。
51 孟悅、戴錦華，《浮出歷史地表：現代婦女文學研究》，開封：河南人民出版社，一九八九。
52 尚明軒、余炎光編，《雙清文集》，下卷，北京：人民出版社，一九八五。
53 青長蓉、馬士慧、黃筱娜、劉宗堯編著，《中國婦女運動史》，成都：四川大學出版社，一九八九。
54 姜貴，《重陽》，臺北：作品出版社，一九六一。
55 柯興，《一代才女石評梅傳》，北京：華藝出版社，一九九五。
56 洪瑞釗，《革命與戀愛》，上海：民智書局，一九二八。
57 胡南省志編纂委員會編，《湖南省志（第一卷：湖南近百年大事記述）》，長沙：湖南人民出版社，一九八〇。
58 胡蘭畦，《胡蘭畦回憶錄（一九〇一—一九九四）》，成都：四川人民出版社，一九九五。
59 范祥善編，《現代婦女評論集》，上海：世界書局，一九三〇。
60 茅盾，《我走過的道路》，香港：三聯書店，一九八一。
61 茅盾，《茅盾全集》，第一卷，北京：人民文學出版社，一九八四。
62 茅盾，《茅盾論創作》，上海：上海文藝出版社，一九八〇。

63 迪特瑞希·史汪尼滋（Dietrich Schwanitz）著，劉海寧、郜世紅譯，《男人是不完美的女人》，臺北：商周文化，二〇〇三。
64 夏志清原著，劉紹銘等譯，《中國現代小說史》，香港：友聯出版社，一九七九。
65 夏曉虹，《晚清文人婦女觀》，北京：作家出版社，一九九五。
66 孫中田、查國華編，《茅盾研究資料（中）》，全三冊，北京：中國社會科學出版社，一九八三。
67 孫石月，《中國近代女子留學史》，北京：中國和平出版社，一九九五。
68 徐天嘯，《神州女子新史》，臺北：稻鄉出版社，一九九三。
69 徐鼎新、錢小明，《上海總商會史，一九〇二—一九二九》，上海：上海社會科學院出版社，一九九一。
70 秦德君、劉淮，《火鳳凰——秦德君和她的一個世紀》，北京：中央編譯出版社，一九九九。
71 馬超俊，《中國勞工運動史》，上海：商務印書館，一九四二。
72 高大倫、范勇編譯，《中國女性史，一八五一—一九五八》，成都：四川大學出版社，一九八七。
73 國民革命軍總司令部政治部編，《婦女與奉系軍閥》，廣州：國民革命軍總司令部政治部，一九二七。
74 張中禮主編，《近代上海城市研究》，上海：上海人民出版社，一九九〇。

75 張玉法、李又寧編，《中國婦女史論文集》，第一輯，臺北：臺灣商務印書館，一九八八。
76 張玉法、李又寧編，《中國婦女史論文集》，第二輯，臺北：臺灣商務印書館，一九八八。
77 張邦梅，《小腳與西服》，臺北：智庫文化，一九九六。
78 張靜如、劉志強主編，《北洋軍閥統治時期中國社會之變遷》，北京：中國人民大學出版社，一九九二。
79 張靜廬輯注，《中國近代出版史料》初編，北京：中華書局，一九五七。
80 張寶明，《啟蒙與革命——五四激進派的兩難》，上海：學林出版社，一九九八。
81 梁占梅，《中國婦女奮鬥史話》，上海：建中出版社，一九四三。
82 梅生編，《中國婦女問題討論集》，收入《民國叢書》，第一編第十八冊，臺北：文海出版社，一九八九。
83 許德珩，《許德珩回憶錄》，北京：中國青年出版社，二〇〇一。
84 郭箴一，《中國婦女問題》，上海：商務印書館，一九三七。
85 陳三井主編，《近代中國婦女運動史》，臺北：近代中國出版社，二〇〇〇。
86 陳東原，《中國婦女生活史》，上海：商務印書館，一九三七。
87 陳景磐，《中國近代教育史》，北京：人民教育出版社，一九七九。
88 陳達，《中國勞工問題》，上海：商務印書館，一九二九。
89 陳碧雲，《婦女問題論文集》，上海：中華基督教女青年會全國協會，一九三五。

90 陳碧蘭，《我的回憶——一個中國革命者的回顧》，香港：十月書屋，一九九四。
91 陳衡哲，《衡哲散文集》，石家莊：河北教育出版社，一九九五。
92 陸晶清，《陸晶清詩文選》，成都：四川大學出版社，一九九七。
93 彭明，《五四運動史》，北京：人民出版社，一九八四年。
94 復旦大學語言研究室編，《陳望道文集》，上海：上海人民出版社，一九七九。
95 湖南省婦女聯合會編，《湖南婦女英烈志》，長沙：湖南人民出版社，一九八二。
96 程謫凡，《現代女子教育史》，上海：中華書局，一九三六。
97 華友根、倪正茂，《中國近代法律思想史》，上海：上海社會科學出版社，一九九二。
98 黃育馥，《京劇・蹺和中國的性別關係，一九〇二—一九三七》，北京：生活・讀書・新知三聯書店，一九九八。
99 黃金麟，《歷史、身體、國家：近代中國的身體形成，一八九五—一九三七》，臺北：聯經出版事業有限公司，二〇〇〇。
100 黃新憲，《中國近現代女子教育史》，福州：福建教育出版社，一九九二。
101 黃慕蘭，《黃慕蘭自傳》，北京：大百科全書出版社，二〇〇四。
102 楊子烈，《張國燾夫人回憶錄》，香港：自聯出版社，一九七〇。
103 楊木，《徐特立》，北京：人民出版社，一九八七
104 楊絳，《將飲茶》，香港：三聯書店，一九八七。

105 楊揚，《轉折時期的文學思想——茅盾早期文學思想研究》，上海：華東師範大學出版社，一九九六。
106 葛一虹主編，《中國話劇通史》，北京：文化藝術出版社，一九九七。
107 實藤惠秀著，譚汝謙、林啟彥譯，《中國人留學日本史》，香港：香港中文大學，一九八二。
108 維什尼亞科娃・阿基莫娃著，王馳譯，《中國大革命見聞（一九二五—一九二七）：蘇聯駐華顧問團譯員的回憶》，北京：中國社科院出版社，一九八五。
109 趙鳳喈，《中國婦女在法律上之地位》，臺北：稻鄉出版社，一九九三。
110 劉人鵬，《近代中國女權論述——國族、翻譯與性別政治》，臺北：學生書局，二〇〇〇。
111 劉士聖，《中國古代婦女史》，青島：青島出版社，一九九一。
112 劉王立明，《中國婦女運動》，上海：商務印書館，一九三四。
113 劉巨才，《中國近代婦女運動史》，北京：中國婦女出版社，一九八九。
114 劉志琴主編，《近代中國社會文化變遷錄》，杭州：浙江人民出版社，一九九八
115 劉明逵、唐玉良主編，《中國工人運動史》第三卷，廣州：廣東人民出版社，一九九八。
116 劉泳聰，《女性與歷史——中國傳統觀念新探》，臺北：臺灣商務印書館，一九九三。
117 劉寧元，《中國女性史類編》，北京：北京師範大學出版社，一九九九。
118 廣州市婦女聯合會、廣州市婦運史徵集研究委員會編，《五羊巾幗》，全四冊，廣州：廣州市婦運史徵集研究委員會，一九八八。

119 樂正，《近代上海人社會心態，一八六〇—一九一〇》，上海：上海人民出版社，一九九一。
120 蔣俊、李興芝，《中國近代的無政府主義思潮》，濟南：山東人民出版社，一九九〇。
121 談社英邊著，《中國婦女運動通史》，南京：婦女共鳴社，一九三六。
122 鄧中夏，《中國職工運動簡史》，上海：東北書店，一九四八。
123 鄭超麟，《史事與回憶：鄭超麟晚年文選》，第一—三卷，香港：天地圖書有限公司，一九九八。
124 魯迅先生紀念委員會編，《魯迅全集》，第七卷，上海：人民文學出版社，一九七三。
125 盧君，《盧隱：驚世駭俗才女情》，重慶：四川文藝出版社，一九九五。
126 盧燕貞，《中國近代女子教育史》，臺北：文史哲出版社，一九八九。
127 錢塘，《革命的女性》，上海：廣文社，一九四九。
128 鮑家麟編著，《中國婦女史論集》，臺北：稻鄉出版社，一九七九。
129 鮑家麟編著，《中國婦女史論集》續集，臺北：稻鄉出版社，一九九一。
130 鮑家麟編著，《中國婦女史論集》三集，臺北：稻鄉出版社，一九九三。
131 戴緒恭，《向警予傳》，北京：人民出版社，一九八一。
132 璩鑫圭、唐良炎，《中國近代教育史資料匯編》，上海：上海教育出版社，一九九一。
133 羅志田，《權勢轉移：近代中國的思想、社會與學術》，武漢：湖北人民出版社，一九九九。
134 羅敦偉、易家鉞，《中國家庭問題》，臺北：水牛出版社，一九七二。

135 羅．葉夫澤羅夫、英．亞日鮑羅夫斯卡婭著，汪秋珊譯，《羅莎．盧森堡傳》，北京：人民出版社，一九八三。
136 羅蘇文，《女性與近代中國社會》，上海：上海人民出版社，一九九六。
137 嚴昌洪，《中國近代社會風俗史》，臺北：南天書局，一九九八。
138 蘇平，《蔡暢傳》，北京：中國婦女出版社，一九九〇。

四、論文及論文集

1 中國社會科學院近代史研究所民國史研究室、四川師範大學歷史文化學院編，《一九二〇年代的中國》，北京：社會科學文獻出版社，二〇〇五。
2 中華民國史料研究中心編印，《一九二〇年代的中國》，臺北：中華民國史料研究中心，二〇〇二。
3 毛彥文，〈我所知道的吳貽芳校長〉，《傳記文學》，第四十八卷第二期，一九八六年二月。
4 王正華，〈何香凝與廣東婦運，一九二四—一九二六〉，《國史館館刊》，復刊第十二期，一九九二年六月。
5 王建國、郝平，〈近代女子職業發展與婦女解放〉，《山西大學學報（哲學社會科學版）》，第二十三卷第一期，二〇〇〇年二月。

6 王美秀，〈中國近代社會轉型與女子教育的發展〉，《北京大學學報（哲學社會科學版）》，二〇〇一年第三期，二〇〇一年五月。
7 王英志，〈詩壇久作風騷主 閨閣頻添弟子班——隨園與女弟子〉，《文史知識》，一九九四年第七期，一九九四年七月。
8 王家儉，〈民初的女子參政運動〉，《歷史學報》，第十一期，一九八三年六月。
9 王媛，〈近代中國女子高等教育產生雛論〉，《四川師範大學學報（社會科學版）》，第二十三卷第四期，一九九六年十月。
10 史書美，〈中國現代文學中的女性自白小說〉，《當代》，第九十五期，一九九四年三月。
11 余麗芬，〈向警予婦女解放思想芻議——紀念向警予百歲誕辰〉，《浙江學刊》，一九九五年第四期，一九九五年七月。
12 呂士朋，〈辛亥前十餘年間女學的倡導〉，《東海大學歷史學報》，第五期，一九八二年十二月。
13 呂妙芬，〈婦女與明代理學的性命追求〉，收入羅久蓉、呂妙芬主編，《無聲之聲Ⅲ：近代中國的婦女與文化（一六〇〇—一九五〇）》，臺北：中央研究院近代史研究所，二〇〇三。
14 呂芳上，〈一九二〇年代中國知識分子有關情愛問題的抉擇與討論〉，收入呂芳上主編，《無聲之聲Ⅰ：近代中國的婦女與國家，一六〇〇—一九五〇》，臺北：中央研究院近代史研究所，二〇〇三。
15 呂芳上，〈好女要當兵：中央軍事政治學校武漢分校女生隊的創設〉，《民國史論》，上冊，臺北：臺灣商務印書館，二〇一三。

16 呂芳上，〈兒女情短、英雄氣長：辛亥革命時期的性別與革命〉，收入熊秉真主編，《欲掩彌彰：中國歷史文化中的「私」與「情」——公義篇》，臺北：漢學研究中心，二〇〇三。

17 呂芳上，〈娜拉出走以後——五四到北伐青年婦女的活動〉，《近代中國》，第九十二期，一九九二年十二月。

18 呂美頤，〈中國近代女子服飾的變遷〉，《史學月刊》，一九九四年第六期，一九九四年十一月。

19 呂美頤，〈評中國近代關於賢妻良母主義的論爭〉，《天津社會科學》，一九九五年第五期，一九九五年十月。

20 宋瑞之，〈近代婦女教育的興起與婦女的覺醒〉，《河北學刊》，一九九五年第五期，一九九五年九月。

21 李又寧，〈北伐時期的婦女〉，收入教育部主編，《中華民國建國史‧第三篇：統一與建設（二）》，臺北：國立編譯館，一九八九。

22 汪榮祖，〈胡適、吳宓和愛情——兼論私情與公論〉，收入熊秉真主編，《欲掩彌彰：中國歷史文化中的「私」與「情」——公義篇》，臺北：漢學研究中心，二〇〇三。

23 周策縱著，蔡振念譯，〈五四前後的孔教與反孔教運動〉，《大陸雜誌》，第七十六卷第三期，一九八八年三月。

24 周慧玲，〈女演員、寫實主義、「新女性」論述——晚清到五四時期中國現代劇場中的性別表演〉，《近代中國婦女史研究》，第四期，一九九六年八月。
25 孟憲琴，〈劉清揚與《婦女日報》〉，《回族研究》，一九九四年第三期，一九九四年八月。
26 定宜莊，〈從婚書契約看清代的婦女再嫁問題〉，收入游鑑明主編，《無聲之聲II：近代中國的婦女與社會（一六〇〇—一九五〇）》，臺北：中央研究院近代史研究所，二〇〇三。
27 洪喜美，〈五四前後婦女時尚的轉變——以剪髮為例的探討〉，收入國立政治大學文學院編，《五四運動八十週年學術研討會論文集》，臺北：國立政治大學文學院，一九九九。
28 范雲，〈當愛欲逝去時，母職仍在——從周華山的摩梭社會看婚姻與家庭的性政治〉，《婦女與性別研究通訊》，第六十一期，二〇〇一年十二月。
29 夏曉虹，〈中西合璧的上海「中國女學堂」〉，《學人》，第十四輯，一九九八年十二月。
30 徐永志，〈晚清婚姻與家庭觀念的演變〉，《河北師範大學學報（哲學社會科學版）》，一九九九年第二期，一九九九年四月。
31 高華德、崔薇圃，〈論中國近代女學的產生和發展〉，《齊魯學刊》，一九九五年第四期，一九九五年七月。
32 張玉法，〈二十世紀前半期中國婦女參政權的演變〉，收入呂芳上主編，《無聲之聲I：近代中國的婦女與國家（一六〇〇—一九五〇）》，臺北：中央研究院近代史研究所，二〇〇三。
33 張玉法，〈新文化運動時期對中國家庭問題的討論〉，收入中央研究院近代史研究所編，《近世家族與政治比較歷史論文集》，臺北：中央研究院近代史研究所，一九九二。

34 張立國，〈雜談《蝕》的時代描寫〉，《中國現代文學研究叢刊》，第四期，一九八一年。
35 張景華，〈悲劇中的人和人的悲劇：從子君的悲劇看現代婦女的解放〉，《許昌師專學報》，第十三卷第一期，一九九四年一月。
36 張蓮波，〈民國初年的婦女團體〉，《信陽師範學院學報（哲學社會科學版）》，第十九卷第二期，一九九四年四月。
37 梁惠錦，〈北伐期間國民黨領導下的婦女運動，一九二六－一九二八〉，收入北伐統一六十週年學術討論會編輯委員會編，《北伐統一六十週年學術討論集》，臺北：北伐統一六十週年學術討論會編輯委員會，一九八八。
38 梁惠錦，〈婚姻自由權的爭取及其問題（一九二〇－一九三〇）〉，收入呂芳上主編，《無聲之聲I：近代中國的婦女與國家（一六〇〇－一九五〇）》，臺北：中央研究院近代史研究所，二〇〇三。
39 梁景和，〈論清末的「家庭革命」〉，《史學月刊》，一九九四年第一期，一九九四年一月。
40 梁景時，〈論民初至五四時期的「家庭革命」〉，《晉陽學刊》，一九九四年第六期，一九九四年十一月。
41 陳蘊茜，〈論民國時期城市家庭制度的變遷〉，《近代史研究》，一九九七年第二期，一九九七年三月。
42 游鑑明，〈中國國民黨改組後的婦女運動〉，《國立台灣師範大學歷史學報》，第十八期，一九九〇年六月。
43 華瑋，〈世變中的女聲——傳奇《六月霜》之秋瑾形象及其意涵〉，收入胡曉真編，《世變與維新——晚明與晚清的文學藝術》，臺北：中央研究院文哲研究所，二〇〇一。
44 賀智利、劉曉榮，〈茅盾小說中的女性形象新論〉，《哈爾濱師專學報》，一九九九年第二期，一九九九年四月。
45 楊興梅，〈觀念與社會：女子小腳的美醜與近代中國的兩個世界〉，《近代史研究》，二〇〇〇年第四期，二〇〇〇年七月。
46 董振修，〈鄧穎超早期在天津的革命活動〉，《天津師大學報（社會科學版）》，一九九〇年第四期，一九九〇年八月。
47 趙志邦，〈前金陵女子大學校長吳貽芳病逝〉，《傳記文學》，第四十七卷第六期，一九八五年十二月。
48 羅蘇文，〈論清末上海都市女裝的演變，一八八〇—一九一〇〉，收入游鑑明主編，《無聲之聲II：近代中國的婦女與社會（一六〇〇—一九五〇）》，臺北：中央研究院近代史研究所，二〇〇三。
49 櫻庭弓子著，王惠敏譯，〈女校長之夢——北京女子師範大學校長楊蔭榆〉，《魯迅研究月刊》，一九九四年第二期，一九九四年二月。

五、博碩士論文

1 吳怡萍，《北伐前後婦女解放觀的改變——以魯迅、茅盾、丁玲小說為中心的探討》，臺北：國立政治大學歷史所碩士論文，一九九四。

2 洪曉惠，《晚清女性政治文本的性別與國家》，新竹：國立清華大學中國文學研究所碩士論文，一九九七。

3 張錦堂，《動員婦女：國共兩黨在廣東省的婦女運動，一九二五—一九二七》，臺北：國立臺灣師範大學歷史研究所碩士論文，一九九三。

4 許慧琦，《「娜拉」在中國：新女性形象的塑造及其演變》，臺北：國立政治大學歷史研究所博士論文，二〇〇一。

5 曾芳苗，《民國教會女子教育——「金陵女子文理學院」的個案研究》，桃園：國立中央大學歷史研究所碩士論文，一九九六。

6 藍承菊，《五四新思潮衝擊下的婚姻觀》，臺北：國立臺灣師範大學歷史研究所碩士論文，一九九三。

六、報紙

1《上海日報》
2《大公報》
3《中央日報》
4《世界日報》
5《北平日報》
6《民國日報》（上海）
7《民國日報》（漢口）
8《民國日報》（廣州）
9《民聲日報》
10《申報》
11《京報》
12《時事新報》
13《時報》
14《益世報》
15《婦女日報》

16《晨報》
17《新申報》
18《新晨報》

七、期刊

1《上海女界聯合會旬報》
2《上海婦女》
3《女學生》
4《中央日報》副刊
5《中央副刊》
6《中國青年》
7《中國國民黨漢口特別市黨務指導委員會半月刊》
8《中國婦女》
9《中國婦女報》
10《中華婦女界》
11《天津婦協月刊》

12《少年中國》
13《少年世界》
14《文學周報》
15《司法公報》
16《光明》
17《每週評論》
18《赤女雜誌》
19《京報》副刊
20《東方雜誌》
21《青年婦女》
22《前鋒》
23《革命民眾》
24《革命婦女》
25《革命評論》
26《家庭研究》
27《浙江民政》
28《浙江黨務》

29《國民政府公報》
30《婦女之聲》
31《婦女生活》
32《婦女先鋒》
33《婦女共鳴》
34《婦女時報》
35《婦女評論》
36《婦女週報》
37《婦女雜誌》
38《教育雜誌》
39《梅縣婦女》
40《現代婦女》
41《現代評論》
42《創造》
43《勞動界》
44《勞動與婦女》
45《湖北婦女》

46《新女性》
47《新青年》
48《新潮》
49《新學生》
50《解放與改造》
51《語絲》
52《廣西婦女運動月刊》
53《廣東婦女解放協會一週年紀念特刊》
54《廣東婦女解放協會會刊》
55《學生雜誌》
56《曙光》
57《嚮導》
58《禮拜六》
59《覺悟》

八、英文專書

1 Alitto, Guy S., *The Last Confucian: Liang Shu-ming and the Chinese Dilemma of Modernity*, Berkeley: University of California Press, 1979.

2 Barlow, Tani E., *Gender Politics in Modern China*, London: Duke University Press, 1993.

3 Baxter, Sandra, *Women and Politics: The Invisible Majority*, Michigan: University of Michigan Press, 1980.

4 Bray, Francesca, *Technology and Gender: Fabrics of Power in Late Imperial China*, Berkeley: University of California Press, 1997.

5 Chatterjee, Partha, *The Nation and Its Fragments: Colonial and Post Colonial Histories*, Princeton, NJ: Princeton University Press, 1993.

6 Chow, Tse-tsung, *Research Guide to the May Fourth Movement: Intellectual Revolution in Modern China, 1915-1924*, Cambridge, Mass.: Harvard University Press, 1963.

7 Clifford, James, *Routes: Travel and Translation in the Late Twentieth Century*, Cambridge, Mass.: Harvard University Press, 1997.

8 Croll, Elisabeth, *Feminism and Socialism in China*, London: Routledge & Kegan Paul, 1978.

9 Dirlik, Arif, *The Origins of Chinese Communism*, New York: Oxford University Press, 1989.

10 Ebrey, Patricia, *The Inner Quarters: Marriage and the Lives of Chinese women in the Sung Period*, Berkeley: University of California Press, 1993.

11 Fitzgerald, John, *Awakening China: Politics, Culture, and Class in the Nationalist Revolution*, California: Stanford Univeristy Press, 1996.

12 Gentzler, Edwin, *Contemporary Translation Theories*, London and New York: Routledge, 1993.

13 Gilmartin, Christina K., Hershatter, Gail, Rofel, Lisa, and White, Tyrene eds., *Engendering China: Women, Culture, and the State*, Cambridge, Mass.: Harvard University Press, 1994.

14 Gilmartin, Christina Kelley, *Engendering the Chinese Revolution: Radical Women, Communist Politics, and Mass Movement in the 1920s*, Berkeley: University of California Press, 1995.

15 Goldman, Wendy Z., *Women, the State and Revolution: Soviet Family Policy and Social Life, 1917-1936*, New York: Cambridge University Press, 1995.

16 Harrison, Henritta, *The Making of the Republican Citizen: Political Ceremonies and Symbols in China, 1911-1929*, Oxford: Oxford University Press, 2000.

17 Harrison, James, *Modern Chinese Nationalism*, New York: Hunter College of the City University of New York, Research Institute on Modern Asia, 1969.

18 Honig, Emily, *Sisters and Strangers: Women in the Shanghai Cotton Mills, 1919-1949*, California: Stanford University Press, 1986.

19 Hunt, Lynn, *Politics, Culture, and Class in the French Revolution*, Berkeley: University of California Press, 1984.

20 Huters, Theodore, Wong, R. Bin and Yu, Pauline eds., *Culture and State in Chinese History: Conventions, Accommodations, and Critiques*, California: Stanford University Press, 1997.

21 Johnson, Kay Ann, *Women, the Family and Peasant Revolution in China*, Chicago: University of Chicago Press, 1983.

22 Kaplan, Marion A., *Between Dignity and Despair: Jewish Life in Nazi Germany*, Oxford: Oxford University Press, 1998.

23 Kazuko, Ono; Fogel, Joshua A. eds., *Chinese Women in a Century of Revolution, 1850-1950*, California: Stanford University Press, 1978.

24 Ko, Dorothy, *Every Step a Lotus: Shoes for Bound Feet*, Berkeley: University of California Press, 2001.

25 Levenson, Joseph R., *Confucian China and its Modern Fate: A Trilogy*, Berkeley: University of California Press, 1968.

26 Levenson, Joseph R., *Liang Ch'i-ch'ao and the Mind of Modern China*, Berkeley: University of California Press, 1959.

27 Levy, Jr., Marion J., *The Family Revolution in Modern China*, New York: Octagon Books Inc., 1963.

28 Lin, Yu-sheng, *The Crisis of Chinese Consciousness: Radical Antitraditionalism in the May Fourth Era*, Madison: University of Wisconsin Press, 1979.

29 Link, Perry, *Mandarin Ducks and Butterflies: Popular Fiction in Early Twentieth-Century Chinese Cities*, Berkeley: University of California Press, 1981.

30 Lo, Jung-pang, *K'ang Yu-wei: A Biography and a Symposium*, Tucson: University of Arisona Press, 1967.

31 Lu, Tonglin ed., *Gender and Sexuality in Twentieth-Century Chinese Literature and Society*, Albany: State University of New York Press, 1993.

32 Mann, Susan, *Precious Records: Women in China's Long Eighteenth Century*, California: Stanford University Press, 1997.

33 Rankin, Mary Backus, *Early Chinese Revolutionaries: Radical Intellectuals in Shanghai and Chekiang, 1902-1911*, Cambridge, Mass.: Harvard University Press, 1971.

34 Sakai, Naoki, *Translation and Subjectivity: On "Japan" and Cultural Nationalism*, Minneapolis: University of Minnesota Press, 1997.

35 Specner, Herbert, *Social Statics, The Conditions Essential to Human Happiness Specified; and the First of them Developed*, New York: D. Appleton and Company, 1985.

36 Unger, Jonathan ed., *Chinese Nationalism*, New York: M. E. Sharpe, Inc., 1996.

37 Wang, Zheng, *Women in the Chinese Enlightenment: Oral and Textual Histories*, Berkeley: University of California Press, 1999.

38 Wei, Yü-hsiu Chêng, *My Revolutionary Years: The Autobiography of Madame Wei Tao-Ming*, New York: Charles Scribner's Sons, 1943.

39 Yeh,Wen-hsin, *The Alienated Academy: Culture and Politics in Republican China, 1919-1937*, Cambridge, Mass.: Harvard University Asia Center, 1990.

40 Yuval-Davis, Nira, *Gender and Nation*, London: SAGE Publications, 1997.

41 Zarrow, Peter, *Anarchism and Chinese Political Culture*, New York: Columbia University Press, 1990.

九、英文論文

1 Anagnost, Ann, "The Politicized Body", in Zito, Angela and Barlow, Tani E. eds., *Body , Subject and Power in China*, Chicago: the University of Chicago Press, 1994.

2 Bailey, Paul J., "Unharessed Fillies: Discourse on the Modern Female Student in Early Twentieth-Century China," 收入羅久蓉、呂妙芬主編，《無聲之聲Ⅲ：近代中國的婦女與文化，一六〇〇－一九五〇》，臺北：中央研究院近代史研究所，二〇〇三。

3 Barlow, Tani E., "Theorizing Woman: Funu, Guojia, Jiating," in Zito, Angela and Barlow, Tani E.

eds., *Body, Subject and Power in China*, Chicago: University of Chicago Press, 1994.

4 Beahan, Charlotte L., "Feminism and Nationalism in the Chinese Women's Press, 1902-1911," *Modern China*, Vol.1, No. 4, October 1975.

5 Brown, Carolyn T., "Woman as Trope: Gender and Power in Lu Xun's Soap," in Barlow, Tani E. ed., *Gender Politics in Modern China: Writing and Feminism*, Durham: Duke University Press, 1993.

6 Chang, Kang-I Sun, "Ming and Qing Anthologies of Women's Poetry and Their Selection California," in Widmer, Ellen and Sun Chang, Kang-I eds., *Writing Women in Late Imperial China*, Stanford: Stanford University Press, 1997.

7 Chatterjee, Partha, "Colonialism, Nationalism and Colonized Women: The Contest in India," *American Ethnologis*t, Vol. 16, No. 4, November 1989.

8 Chen, Ching-kiu Stephen, "The Language of Despair: Ideological Representations of the "New Woman" by May Fourth Writers," *Modern Chinese Literature*, Vol. 4, No. 1/2, Spring & Fall, 1988.

9 Cheng, Weikun, "Going Public Through Education", *Late Imperial China*, Vol.21, No.1, June 2000.

10 Chow, Tse-tsung, "The Anti-Confucian Movement in Early Republic China" in Wright, Arthur ed., *The Confucian Persuasio*n, California: Stanford University Press, 1960.

11 Cochran, Sherman, "Transnational Origins of Advertising in Early Twentieth-Century China," in Cochran, Sherman ed., *Inventing Nanjing Road: Commercial Cultrure in Shanghai, 1900-1945*, Ithaca:

East Asian Program Cornell University, 2001.

12 Dirlik, Arif, "Ideology and Organization in the May Fourth Movement: Some Problems in the Intellectual Historiography of the May Fourth Period," *Republican China*, Vol. 12, No.1, November 1986.

13 Dirlik, Arif, "Mass Movements and the Left Kuomintang," *Modern China*, Vol. 1 No. 1, January 1975.

14 Duara, Prasenjit "De-Constructing the Chinese Nation," in Unger, Jonathan ed., *Chinese Nationalsim*, New York: M. E. Sharpe, Inc., 1996.

15 Duara, Prasenjit "Knowledge and Power in the Discourse of Modernity: The Campaigns against Popular Religion in Early Twentieth-Century China," *The Journal of Asian Studies*, Vol. 50, No. 1, February 1991.

16 Duara, Prasenjit, "The Regime of Authenticity: Timelessness, Gender, and National History in Modern China," *History and Theory*, Vol. 37, No. 3, October 1998.

17 Duara, Prasenjit, "Of Authenticity and Woman: Personal Narratives of Middle-Class Women in Modern China," in Yeh, Wen-shin ed., *Becoming Chinese: Passages to Modernity and Beyond*, Berkeley: University of California Press, 2000.

18 Edwards, Louise, "Policing the Modern Woman in Republican China," *Modern China*, Vol. 26, No. 2, April 2000.

19 Elvin, Mark, "Female Virtue and the State in China," *Past and Present*, No. 104, August 1984.

20 Finnane, Antonia, "What Should Chinese Women Wear? A National Problem," in Finnane, Antonia and McLaren, Anne eds., *Dress, Sex and Text in Chinese Culture*, Clayton: Monash Asia Institute, 1999.

21 Gamble, Sidney D., "The Disappearance of Footbinding in Tinghsien," *American Journal of Sociology*, Vol. 49, No. 2, September 1943.

22 Gilmartin, Christina K., "Inscribing Gender Codes: Male-Feminist in the Early CCP," in Leutner, Mechthild ed., *the Chinese Revolution in the 1920s: Between Triumph and Disaster*, London: Routledge Curzon, 2002.

23 Gilmartin, Christina K., "The Politics of Gender in the Making of the Party," in Van de Ven, Hans J, *From Friend to Comrade: The Founding of the Chinese Communist Party, 1920-1927*, Berkeley: University of California Press, 1991.

24 Gipoulon, Catherine, "Intergrationg the Feminist and Worker's Movement: The Case of Xiang Jingyu," *Republican China*, Vol.10, No. 1a, November 1984.

25 Glosser, Susan L., "The Business of Family: You Huaigao and the Commercialization of a May Fourth Ideal," *Republican China*, Vol. 20, No. 2, April 1995.

26 Glosser, Susan L., "The Truths I Have Learned: Nationalism, Family Reform, and Male Identity in

China's New Culture Movemetn, 1915-1923," in Brownell, Susan and Wasserstrom, Jeffrey N. eds., *Chinese Femininities/Chinese Masculinities*, California: University of California Press, 2002.

27 Handlin, Joanna, "Lu Kun's New Audience: The Influence of Women's Literacy on Sixteenth-Century Thought," in Wolf, Margery and Witke, Roxane eds., *Women in Chinese Society*, California: Stanfrod University Press, 1975.

28 Ho, Virgil Kit-yiu, "Selling Smiles in Canton: Prostitution in the Early Republic", *East Asian History*, No. 5, June 1993.

29 Hsiung, Ping-chen "Constructed Emotions: The Bond Between Mothers and Sons in Late Imperial China," *Late Imperial China*, Vol. 15, No. 1, June 1994.

30 Hu, Ying, "Re-Configuring Nei/Wai: Writing the Woman Traveler in the Late Qing," *Late Imperial China*, Vol. 18, No. 1, June 1997.

31 Huang, Philip, "Liang Ch'i-ch'ao: the Idea of the New Citizen and the Influence of Meiji Japan," in Buxbaum, David C. ed., *Transition and Permanence: Chinese History and Culture*, Hongkong: Chahay Press, 1972.

32 Judge, Joan, "Talent, Virtue, and the Nation: Chinese Nationalisms and Female Subjectivities in the Early Twentieth Century," *The American Historical Review*, Vol.106, No. 3, June 2001.

33 Ko, Dorothy, "Lady-Scholars at the Doors: the Practice of Gender Relations in Eighteenth-

Century Suzhou," in Hay, John ed., *Boundaries in China*, London: Reaktion Books Ltd., 1994.

34 Ko, Dorothy, "Pursuing Talent and Virtue: Education and Women's Culture in Seventeenth-and Eighteenth-Century China," *Late Imperial China*, Vol.13, No.1, June 1992.

35 Lau, S. M., "Duty, Reputation, and Selfhood in Traditional Chinese Narratives", in E. Hegel, Robert and Hessney, Richard C. eds., *Expressions of Self in Chinese Literature*, New York: Columbia University Press, 1985.

36 Leutner, Mechthild, "Sentiments and Interests in Marriage Ceremonies in the Late Qing Period," 收入熊秉真主編，《欲掩彌彰：中國歷史文化中的「私」與「情」──公義篇》，臺北：漢學研究中心，二〇〇三。

37 Levy, Howard S., *Chinese Footbinding: The History of a Curious Erotic Custom*, New York: Bell Publishing Co., 1967.

38 Mann, Susan, "Grooming a Doughter for Marriage: Brides and Wives in the Mid-Qing Period," in Brownell, Susan and Wasserstrom, Jeffrey N. eds., *Chinese Femininities/Chinese Masculinitiess*, Berkeley: University of California Press, 2002.

39 Mann, Susan, "Learned Women in the Eighteenth Century," in Gilmartin, Christina K., Hershatter, Gail, Rofel, Lisa, and White, Tyrene eds., *Engendering China: Women, Culture, and the State*, Cambridge, Mass.: Harvard University Press, 1994.

40 Mann, Susan, "Widows in the Kinship, Class and Community Structures of Qing Dynasty China," *The Journay of Asian Studies*, Vol. 46, No. 1, February 1987.

41 McElderry, Andrea, "Woman Revolutionary: Xiang Jingyu," *The China Quarterly*, No. 105, March 1986.

42 Nivard, Jacqueline, "Women and Women's Press: The Case of the Ladies's Journal（Funu zazhi）, 1915-1931," *Republican China*, Vol.10, No. 1, November 1984.

43 Price, Don C., *Russia and the Roots of the Chinese Revolution, 1896-1911*, Cambrideg, Mass.: Harvard University Press, 1974.

44 Rankin, Mary Backus, "The Emergence of Women at the End of the Ch'ing: the Case of Ch'iu Chin," in Wolf, Margery and Witke, Roxane eds., *Women in Chinese Society*, California: Stanford University Press, 1975.

45 Robertson, Maureen, "Changing the Subject: Gender and Self-Inscription in Authors' Prefaces and Shi Poetry," in Wider, Ellen and Sun Chang, Kang-I eds., *Writing Women in Late Imperial China*, California: Stanford University Press, 1997.

46 Rowe, William T., "Women and the Family in Mid-Qing Social Thought: The Case of Chen Hongmou," *Late Imperial China*, Vol. 13, No. 2, December 1992.

47 Schoppa, R. Keith, "Local Self-Government in Zhejiang, 1909-1927," *Modern China*, Vol. 2, No. 4,

October 1976.

48 Schwarcz, Vera, "Ibsen's Nora: the Promise and the Trap," *Bulletin of Concerned Asian Scholars*, Vol. 7, No. 1, January-March, 1975.

49 Sen, Samita, "Motherhood and Mothercraft: Gender and Nationalism in Bengal," *Gender and History*, Vol. 5, No. 2, June 1993.

50 Widmer, Ellen,"Honglu meng ying and three Novels by Women of the Late Qing," 收入羅久蓉、呂妙芬主編，《無聲之聲□：近代中國的婦女與文化，一六〇〇－一九五〇》，臺北：中央研究院近代史研究所，二〇〇三。

51 Witke, Roxane, "Mao Tse-tung, Women, and Suicide in the May Fourth Ear," in Young, Marilyn B. ed., *Women in China: Studies in Social Change and Feminism*, Ann Arbor: Center for Chinese Studies, University of Michigan, 1973.

52 Witke, Roxane, "Woman as Politician in China of the 1920s," in Young, Marilyn B. ed., *Women in China: Studies in Social Change and Feminism*, Ann Arbor: Center for Chinese Studies, University of Michigan, 1973.

53 Wolf, Margery, "Child Training and the Chinese Family," in Freedman, Mauricw ed., *Family and Kinship in Chinese Sociey*, California: Stanford University Press, 1972.

54 Wright, Mary C., "Introduction: The Rising Tide of Chang", in *China in Revolution: the First Phrase,*

1900-1913, New Haven and London: Yale University Press, 1968.

十、英文博碩士論文

1 Beahan, Charolttethe, *The Women's Movement and Nationalism in Late Ch'ing China*, Ph. D. Dissertation, New York: Columbia University, 1976.

2 Witke, Roxane, *Transformation of Attitudes towards Women during the May Fourth Era of Modern China*, Ph. D. Dissertation, Berkeley: University of California, 1970.

十九畫

二十畫

二十一畫

十六畫

十七畫

十八畫

十三畫

十四畫

十五畫

十二畫

十一畫

八畫

九畫

十畫

七畫

人名索引

歷史 中國史

她來了：
後五四新文化女權觀，激越時代的婦女與革命，1920-1930

作　　者—柯惠鈴
發 行 人—王春申
總 編 輯—李進文
編輯指導—林明昌
主　　編—王育涵
責任編輯—徐平
校　　對—鄭秋燕
封面設計—廖韡

營業經理—陳英哲
行銷企劃—葉宜如
出版發行—臺灣商務印書館股份有限公司
23141 新北市新店區民權路 108-3 號 5 樓（同門市地址）
電話：(02)8667-3712　傳真：(02)8667-3709
讀者服務專線：0800056196
郵撥：0000165-1
E-mail：ecptw@cptw.com.tw
網路書店網址：www.cptw.com.tw
Facebook：facebook.com.tw/ecptw

局版北市業字第 993 號
初版：2018 年 9 月
印刷廠：禹利電子分色有限公司
定價：新台幣 400 元
法律顧問：何一芃律師事務所

她來了：後五四新文化女權觀，激越時代的婦女與革命，1920-1930 / 柯惠鈴 著. -- 初版. -- 新北市： 臺灣商務, 2018.09
面 ； 公分

ISBN 978-957-05-3159-6(平裝)

1. 女權 2. 女性運動 3. 中國史

544.54　　107011354